Les auteurs du guide

Romancière et voyageuse, **Isabelle Cervellin-Chevalier** est docteur en études grecques et traductrice littéraire. Après avoir vécu à Corfou, travaillé à Chypre, elle est revenue poser ses valises en Grèce qu'elle sillonne à pied, en voiture ou en voilier. Pour ce guide, elle est allée redécouvrir les grands sites archéologiques, les vestiges francs et les villes fascinantes de cette île meurtrie. Elle a parcouru à pied et à vélo des sentiers reliant des villages préservés dans la montagne du Troodos, rencontré des artistes et des artisans qui perpétuent des savoir-faire ancestraux et traversé la ligne de démarcation pour rendre compte de l'île dans ce qu'elle a de plus remarquable au sud comme au nord.

Historien de formation, voyageur-écrivain, collaborateur fidèle des éditions Hachette et auteur du guide original, **Serge Bathendier** a tenu à partager le meilleur de Chypre : l'accueil chaleureux de ses habitants, mais aussi les paysages somptueux de ses montagnes, reliefs vigoureux ou douces collines. Autant de terrains d'exercice pour les randonneurs. Le tout piqueté de coupoles d'églises ou de minarets effilés.

CHYPRE

^ Mosaïque du monastère de Kykko

SOMMAIRE

Larnaca

Porte d'entrée de Chypre avec son aéroport, la ville mérite mieux qu'une rapide escale. D'abord pour sa longue plage en pleine ville bordée d'une promenade plantée de palmiers, mais aussi pour son côté oriental avec l'ancien quartier ottoman de Piale Pasha et ses tavernes de poisson. Côté culture, la collection Piéridès conserve des merveilles venues du fond des âges, et la cathédrale Saint-Lazare les reliques du ressuscité de la Bible.

p. 36

ÉGLISE DE LA PANAYIA ANGELOKTISTOS DE KITI

Amoureux des splendeurs de Byzance, voici une étape à ne pas manquer! Sous une majestueuse coupole, l'église abrite une mosaïque à fond d'or, une merveille réalisée au VIe s., sans doute par des artistes venus de Constantinople.

p. 43

^ L'art de la mosaïque au célèbre monastère de Kykko

LES IN-CONTOURNABLES

Lefkosia ›

LEFKOSIA / NICOSIE

Depuis 1974, la capitale de Chypre est coupée en deux. Un gouffre sépare les deux côtés de la ligne de démarcation: active cité grecque à l'européenne au sud, bourgade turque de province au nord. Le passage d'un côté à l'autre est possible depuis plusieurs checkpoints, l'occasion de redonner le temps d'une visite, une unité à cette ville.

p. 70

Pétra tou Romiou

Un ensemble de rochers jetés près du rivage, caressés par les vagues: c'est la photo symbole de Chypre. Pour les Anciens, c'était le lieu de naissance de la divine Aphrodite, fille d'Ouranos et de l'écume. Après l'indispensable bain, poursuivez votre chemin vers le sanctuaire où les pèlerins venus de tout le monde gréco-romain venaient lui rendre hommage.

p. 148

⌄ Pétra tou Romiou

Kykko et la vallée des Cèdres

Kykko est la visite vedette dans les montagnes du Troodos. Un imposant monastère, avec ses cours intérieures, ses logis de moines, son hôtellerie, son église et son musée. Du monastère, la vallée des Cèdres n'est qu'à 10 min de voiture.

p. 101 et 102

ÉGLISE D'ASINOU

Les montagnes du Troodos fourmillent de petites églises byzantines aux murs couverts de peintures exceptionnelles. Dix d'entre elles ont été inscrites au Patrimoine mondial de l'Unesco. Celle d'Asinou est une pure merveille.

p. 113

Le site archéologique de Kato Paphos

La grande station balnéaire était la capitale de Chypre à l'époque romaine. En retrait du port, les archéologues ont mis au jour les vestiges du palais du gouverneur et des villas alentour. De somptueux tapis de mosaïques en ornaient le sol : un ensemble unique à Chypre.

p. 129

KOURION

C'est le plus beau site antique de Chypre. Il est composé d'un immense théâtre avec en toile de fond le bleu de la mer, d'une villa ornée de mosaïques et d'une vaste agora, où apparaît encore l'emplacement des boutiques... Une belle promenade, entre mer et maquis, vous y attend !

p. 175

Kyrénia

LA COMMANDERIE DES CHEVALIERS DE KOLOSSI

C'est un haut et puissant donjon, laissé par les Hospitaliers. Les moines-soldats, qui avaient introduit à Chypre la culture de la canne, y produisaient du sucre – dans des installations toujours en place – mais aussi du vin ! C'est ici qu'est né le célèbre vin de Koumandaria.

p. 174

Kyrénia (Girne)

Un petit port cerné de belles maisons de capitaines, des terrasses qui forment une alléchante guirlande sur les quais, la silhouette d'un château médiéval... Les ruelles en retrait du port ne manquent pas non plus de charme : étroites et pavées, elles sont bordées de maisons à balcons de bois et de minarets tendus vers le ciel.

p. 188

^ Famagouste

L'abbaye de Bellapaïs

Sous les palmiers, les dentelles gothiques ! Voici le legs le plus poétique des Francs à Chypre : une abbaye de pierres blondes, son cloître, son réfectoire, sa chapelle, au milieu de collines fleuries de vergers qui dévalent jusqu'à la mer. Le monastère de ce qui fut jadis « abbaye de la belle paix » est en ruine, mais ce qu'il en reste est toujours chargé d'un pan de l'histoire qui nous est commune.

p. 190

FAMAGOUSTE (AMMOCHOSTOS)

C'est ici que s'est achevée l'aventure des Francs à Chypre et que Shakespeare a puisé son inspiration pour écrire son Othello. Aujourd'hui dans la partie nord de l'île, la ville – devenue Gazimağusa – est une paisible bourgade où il fait bon flâner, toute proche du fabuleux site romain de Salamine.

p. 203

v Cloître de l'abbaye Bellapaïs

SI VOUS AIMEZ...

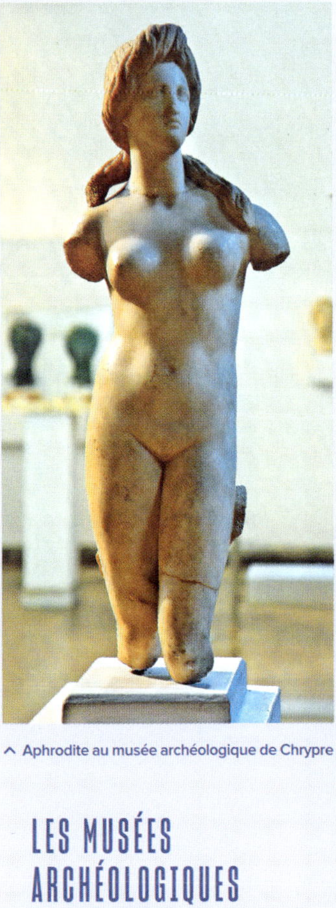

^ Aphrodite au musée archéologique de Chrypre

LA PEINTURE BYZANTINE

C'est dans l'intimité de petites **chapelles de campagne** que se déploient les fastes de cet art méconnu en France. La région du Troodos en est particulièrement riche, avec dix d'entre elles classées au patrimoine mondial de l'Unesco. Vous pourrez compléter cette découverte par la visite de l'exceptionnelle collection du musée d'Art byzantin installé dans une aile de de l'**archevêché de Nicosie**.

Chapelles du patrimoine mondial de l'Unesco p. 112
Musée d'Art byzantin p. 74

Les plages

Vous aurez l'embarras du choix: des spots effervescents d'**Ayia Napa** avec DJ aux platines aux solitudes des plages du **Karpas**... Pour de paisibles baignades en famille, voyez du côté de la baie de **Polis**.

Ayia Napa p. 49
Polis p. 150
Karpas p. 196

LES MUSÉES ARCHÉOLOGIQUES

Les plus anciennes traces de présence humaine remontent au VIe millénaire avant notre ère. Puis sont venus les Mycéniens, les Phéniciens, les Grecs, les Égyptiens, les Romains... Le sous-sol de Chypre regorge de témoignages de ce passé: le **Musée archéologique de Chypre**, à Nicosie, est à ce titre immanquable. Voyez aussi la **collection Piéridès** de Larnaca, qui présente quelques pièces d'exception.

Collection Piéridès p. 40
Musée de Chypre p. 78

LES FÊTES POPULAIRES

Fêtes patronales des villages et des monastères, grandes dates du calendrier liturgique, les célébrations sont nombreuses à Chypre. Elles s'accompagnent toujours de réjouissances populaires, foires aux produits locaux, danses et musique. Le calendrier des festivités est disponible dans tous les offices de tourisme.

Fêtes patronales des villages et des monastères p. 248

La gastronomie

À Chypre, manger est une fête qui se déroule entre amis : la preuve par les mezze, ces assortiments de petites préparations que l'on sert en abondance en hors-d'œuvre. En dehors des restaurants, on salive devant les devantures des pâtisseries avec leurs assortiments de gâteaux sucrés, *kadaïf* entourés de vermicelle, *baklava* dans leur feuilletage. Autres délices orientaux, les loukoums, spécialité de **Yéroskipou**, près de Paphos, à déguster avec un café grec et un verre d'eau, les *daktila* et le *soutziouko*.

Paralimni p. 55
Yeroskipou p. 145

^ Les eaux turquoise de la côte d'Ayia Napa

L'ARCHITECTURE OTTOMANE

Depuis le XVIe siècle, la présence ottomane a laissé une forte empreinte à travers toute l'île. Avec un chef-d'œuvre, le **tekké Hala Sultan**, romantique mausolée dont la silhouette se reflète dans les eaux du lac salé aux portes de Larnaca. **Paphos**, **Kyrénia**, **Larnaca**… toutes les villes possèdent leur mosquée ottomane, au dôme et au minaret effilé caractéristiques. Autre élément typique des villes musulmanes, les bains, comme celui de **Nicosie**.

Larnaca p. 37
Tekké Hala Sultan p. 42
Paphos p. 128
Kyrénia p. 188

< Loukoums, spécialité de Yéroskipou

‹ Le Büyük Khan à Nicosie

Péninsule › d'Akamas

Les villages traditionnels

De belles maisons de pierre, une place centrale veillée par son église, et le *kafeneion* où l'on échange les derniers potins. Chypre regorge de petits bourgs, où palpite le cœur de l'île. **Lefkara**, **Omodos**, **Lofou**, **Agros**, **Fikardou**, et **Lazania** sont de petits bijoux.

Lefkara p. 56
Omodos p. 99
Lofou p. 100
Agros p. 118
Fikardou p. 119
Lazania p. 119

LES HISTOIRES DE CHEVALIERS

Les Francs ont semé le paysage chypriote de châteaux forts : les trois plus spectaculaires, **Saint-Hilarion**, **Buffavento** et **Kantara**, se trouvent dans la partie nord de l'île. Au sud, ne manquez pas **Kolossi** et le **château de Limassol** où Richard Cœur de Lion a épousé Bérengère en 1191.

Limassol p. 163
Kolossi p. 174
Saint-Hilarion p. 192
Buffavento p. 194
Kantara p. 197

⌄ Village traditionnel de Lefkara

La randonnée

Confirmés ou débutants, il y en a pour tous les mollets à Chypre. La région reine ? Le massif du **Troodos** avec son réseau de sentiers balisés à travers la forêt. Si vous voulez conserver un œil sur la mer, partez explorer le maquis de l'**Akamas** ou les sentiers côtiers à l'**est d'Ayia Napa**.

Ayia Napa p. 48
Troodos p. 94
Akamas p. 153

LES SITES ANTIQUES

Trois sites majeurs conservent la mémoire de l'époque antique : **Paphos** et ses extraordinaires mosaïques conservées *in situ* ; **Kourion**, où toute une ville est juchée sur un haut plateau au-dessus du rivage ; **Salamine**, sur la côte orientale, qui conserve un spectaculaire ensemble thermal. Citons également **Amathous**, le plus ancien sanctuaire d'Aphrodite.

Paphos p. 128
Amathous p. 168
Kourion p. 175
Salamine p. 207

Site de Kourion

UN CARNAVAL DÉLIRANT

Dix jours durant, Limassol est prise de folie. Du premier jeudi du carême, avec l'entrée solennelle du roi Carnaval, à la grande parade du dernier dimanche, la ville tout entière vit en costumes et se cache derrière des masques. Chaque jour, des concerts s'improvisent à travers les rues.

Carnaval de Limassol p. 171

La solennité des fêtes de Pâques

La plus importante des fêtes religieuses orthodoxes est dignement célébrée dans toute la partie chrétienne de l'île. Le vendredi se déroule d'émouvantes processions à travers villes et villages, derrière l'*epitaphios* – l'image du Christ mort. Le samedi, tout s'arrête – la plupart des commerces sont fermés – jusqu'à l'explosion de joie du dimanche, jour de la Résurrection et de la fin du carême.

Fêtes de Pâques p. 248

Les traditions mises à l'honneur

Des villages colorés qui se parent de toutes les illuminations de Noël dans le Troodos. Peu à peu, sous l'impulsion des riverains et du ministère du Tourisme, de nombreux villages de montagne reprennent vie, notamment à l'occasion des fêtes hivernales, mais aussi au cœur de l'été. Festival de la caroube, du pasteli, de la pita au miel, de la gastronomie... Programme disponible dans tous les offices du tourisme.

Limassol, en fête, pendant son Carnaval

CHYPRE C'EST AUSSI...

‹ Le célèbre personnage de Karagöz

DES MARIONNETTES FACÉTIEUSES

Des générations de Chypriotes, grecs et turcs, ont ri aux aventures de Karagöz (Karaghiozis), le héros roublard du théâtre de marionnettes ottoman. À **Nicosie-Nord** (Lefkoşa), le dernier manipulateur de l'île continue de faire vivre la tradition.

Tradition à Nicosie-Nord p. 88

LES MÉLODIES DU REBETIKO

Mélopées orientales et paroles poignantes, le *rebetiko* chante l'exil, les amours malheureuses… C'est le blues grec rapporté d'Asie mineure et dégusté au Paradosiako Kafeneion de Paphos, au Yefsis En Lefko à Larnaca ou au détour d'une ruelle où se rassemble la jeunesse.

Yefsis En Lefko p. 47
Paradosiako Kafeneion p. 139

Un gigantesque parc aquatique

Près d'Ayia Napa, le WaterWorld est l'un des plus vastes parcs aquatiques européens. Pour s'amuser sans retenue en famille! L'occasion aussi de réviser sa mythologie, puisqu'elle fournit le thème de différentes attractions.

WaterWorld p. 50

⌄ WaterWorld

De formidables batailles d'eau

Le lundi de Pentecôte, les villes côtières célèbrent une fête propre à Chypre: le ***kataklysmos***. Cette fête de la mer ou du déluge, pendant laquelle les ports reçoivent la bénédiction, se solde par de gigantesques batailles d'eau: **Limassol** et **Larnaca** se partagent la palme de l'animation. Certains affirment que cette fête serait liée à la naissance d'Aphrodite sortie de l'écume…

Larnaca p. 45
Limassol p. 171
Kataklysmos p. 250

NOS PLAGES préférées

Retrouvez ces plages sur la carte en rabat avant.

^ Coral Bay

Finikoudes p. 37

Idéale pour se baigner en pleine ville, au centre de Larnaca, la plage est bordée d'une promenade plantée de palmiers et agrémentée de sculptures.

Nissi Beach p. 50

La plage survoltée d'Ayia Napa, avec ses bars qui diffusent de la techno tout au long de la journée : pour faire la fête les pieds dans l'eau.

Konnos Beach p. 52

Un écrin de collines couvertes d'un maquis odorant, une échancrure dans les falaises calcaires, et des eaux translucides : Konnos possède un charme unique. De là, des sentiers partent à la découverte des grottes marines, particularités de cette portion de côte.

Ayias Trias Beach p. 52

Sur la côte est encore, une douce plage de sable veillée par une petite chapelle. Du bleu, du blanc, du soleil : un goût de Grèce !

Coral Bay p. 141

C'est la grande plage de l'ouest de Chypre, distribuée de part et d'autre d'un promontoire. L'accès facile en bus depuis Paphos et ses aménagements en font le spot vedette de la région.

Lara Beach p. 142

Située à l'intérieur de la zone protégée de l'Akamas, voici une longue bande de sable, déserte. Enfin presque : c'est aussi le rendez-vous des tortues, qui viennent y pondre en été. Transats et parasols sont prohibés, préservation du milieu naturel oblige.

Latchi p. 152

Sur la côte nord, cette plage de sable et de galets est idéale pour la baignade en famille, ses aménagements et ses restaurants au bord de l'eau.

Lady's Mile Beach p. 173

La grande plage aux portes de Limassol et ses kilomètres de sable alignent d'excellentes tavernes de poisson, plantées sur le rivage. Le week-end, c'est le rendez-vous des citadins.

Kyrénia Beach p. 179

Une belle plage sans autre construction qu'une sympathique taverne sur la côte sud de l'île ? C'est possible au sud d'Avdimou, un bout de littoral appartenant à la base britannique d'Episkopi.

Pissouri Beach p. 179

Un coin charmant, où les falaises blanches dominent une belle plage de sable. La petite station balnéaire promet des aménagements confortables au bord de l'eau.

Golden Beach p. 199

Un des coins les mieux préservés de toute la Méditerranée, rien que ça... Plusieurs kilomètres de plages de sable fin dans la zone protégée de la péninsule du Karpas : la perle naturelle de la partie nord de l'île.

Nissi Beach, la plage festive d'Ayia Napa

NOS ACTIVITÉS préférées

Sortie de pêche en mer >

Transpirer au hammam

C'était un élément essentiel de l'art de vivre de l'empire ottoman. Massage sur une table de marbre, sudation dans des salles chauffées par le sol, le hammam construit en 1570 par le pacha Lala Mustapha est toujours en activité à Lefkosia, à deux pas de la place de l'Archevéché.

Lefkosia / sud de Nicosie p. 70

Récolter le miel

Les campagnes chypriotes sont un chatoyant verger où on trouve toujours à s'occuper à la belle saison. Dans sa ferme-musée de Kato Drys, Elli vous proposera de l'accompagner pour participer à la cueillette des fruits ou à la récolte du miel.

Kato Drys p. 59

Découvrir les beautés du géopark du Troodos

Amoureux de la nature, sillonnez les chemins de montagne à pied ou enfourchez une bicyclette à l'assaut des routes en lacets. Au détour d'un virage, découvrez un monastère

< Hammam dans le centre de Nicosie

caché dans les bois, un monument historique, un lac de montagne et les beautés de la nature d'un géopark exceptionnel.

Le massif du Troodos p. 94

Faire une croisière au large de l'Akamas

Un des moyens les plus astucieux de découvrir la presqu'île est de longer les côtes en bateau depuis Latchi. En une journée de croisière, vous découvrirez les plus belles plages du coin, accessibles seulement par la mer. Pause baignade obligatoire.

Latchi p. 152

Une balade à cheval sur la plage de Petra tou Romiou

La plus romantique des promenades à cheval au coucher de soleil pour profiter du rivage mythique où est née Aphrodite. Une halte baignade, un point de vue original sur les flots rougeoyants, une expérience de rêve.

Paphos p. 128

Pêcher au gros

Bien équipé et solidement arrimé sur le pont arrière, vous pourrez sortir en mer pour une partie de pêche à partir d'Ayia Napa. Que faire de vos prises ? les restaurants du port se proposeront de vous les faire griller.

Ayia Napa p. 49

Tailler une flûte traditionnelle dans un village médiéval

Asseyez-vous sur la terrasse d'une maison construite au Moyen Âge marquée de l'écusson des Lusignan. Dans ce musée familial, apprenez l'art de fabriquer une *pithkiavli*, une flûte traditionnelle taillée dans le roseau avec Kostas Kouloumis, descendant d'une longue lignée de musiciens chypriotes.

Lazania p. 119

Réaliser des broderies sur biscuit à Lefkara

Si les motifs traditionnels des broderies de Lefkara ont voyagé jusqu'en Italie grâce à Léonard de Vinci, ils se déclinent toujours aujourd'hui sur des napperons, éventails et ombrelles mais pas seulement! Découvrez l'art des *lefkaritika* en dessinant les douces arabesques sur des biscuits à emporter ou à déguster sur place.

Lefkara p. 56

1 SEMAINE pour un séjour découverte

Sept jours, c'est court : mais en s'organisant bien, on peut découvrir l'essentiel de Chypre en voiture. Les distances ne sont pas très importantes, et le réseau routier est excellent.

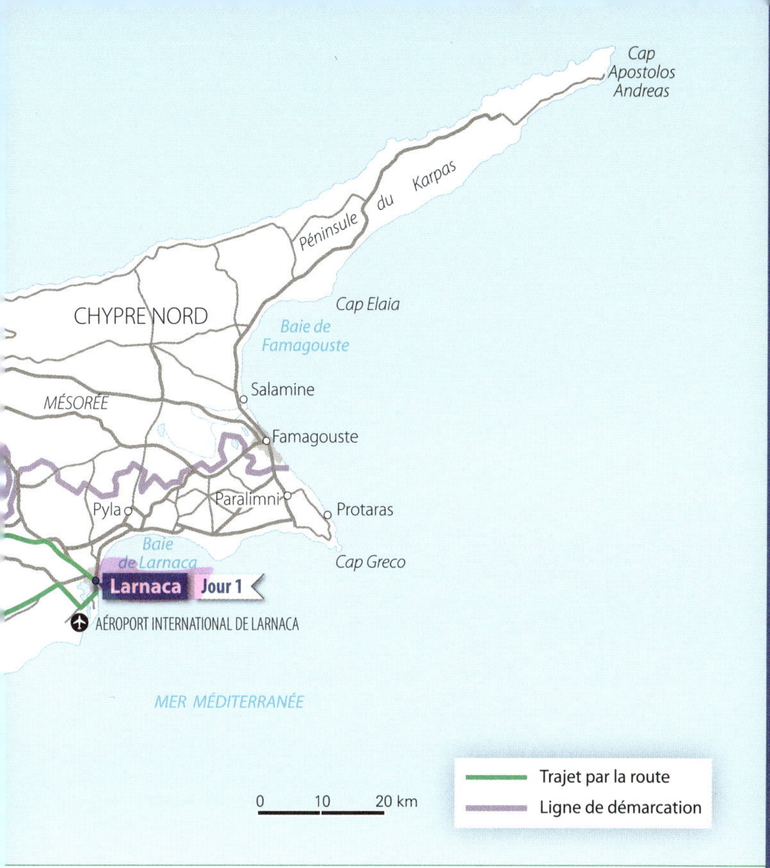

our 1

LARNACA

Arrivée en avion.

Commencez la visite de la ville par l'**église Saint-Lazare** et son petit musée, avant de poursuivre par le **fort médiéval** et la **collection Piéridès**. Déjeunez au bord de l'eau dans l'une des nombreuses tavernes le long de la promenade, puis baignade et sports nautiques près du fort. Visitez le **tekké Hala Sultan** au bord du lac salé en fin d'après-midi et revenez profiter de la soirée dans le quartier populaire du centre-ville.
Nuit sur place.

Visite 1

Jour 2

LEFKOSIA (LE SUD DE NICOSIE)

47 km (45 min) en voiture ou en bus depuis Larnaca.

Une journée complète est nécessaire pour découvrir les incontournables de la capitale de Chypre. À partir de la **place de la Liberté**, vous vous rendrez facilement à pied du **Musée archéologique** jusqu'au **CVAR**, situés l'un et l'autre aux antipodes de la ville. Chemin faisant, flânez dans le centre-ville piéton, découvrez les églises byzantines, les portes et la muraille médiévale.

Visite 4

Jour 3

LEFKOŞA (NICOŞIE-NORD) ET LE TROODOS

88 km (1h30) en voiture entre Lefkosia et Pano Platrès.

Passage à pied dans la partie nord de la capitale par le **checkpoint** de la **rue Ledra**. Vous quittez la zone européenne pour aller admirer les principaux vestiges du passé franc. Dans l'après-midi, départ vers le massif du Troodos en voiture (indispensable !). Faites des sauts de puce d'un village de montagne à l'autre, chacun a son charme propre et son artisanat particulier : **Fikardou**, **Lazania**, **Agros**... Visitez le **monastère de Machairas** chargé d'histoire et arrêtez-vous pour la nuit à Pano Platrès.

Visites 5, 6 et 7

Jour 4

POLIS ET LATCHI

Environ 100 km (1h45) depuis Pano Platrès.

Quittez la montagne pour la mer ! Dégustez du poisson dans une taverne les pieds dans l'eau, et plongez dans les eaux fraîches de Polis ou à proximité de la grotte où se trouvent les bains d'Aphrodite. Profitez de la soirée dans la petite ville estivale de Latchi. Nuit sur place. Réservation de la croisière vers Blue Lagoon pour le lendemain.

Visite 10

Jour 5

BLUE LAGOON ET PAPHOS

40 km (50 min) entre Latchi et Paphos.

Partez en croisière pour quelques heures dans les eaux cristallines de Blue Lagoon. Déjeunez à Latchi au retour du bateau et prenez la route vers le sud. L'après-midi et la soirée vous permettront de découvrir la vieille ville de Paphos après avoir fait une halte dégustation de loukoums à Yéroskipou. Nuit à Paphos.

Visites 8, 9 et 10

our 6

KOURION ET KOLOSSI

57 km (45 min sans les arrêts) entre Paphos et Kolossi.

Il est conseillé de faire la visite du **site archéologique** de Paphos le matin pour éviter les grosses chaleurs. Ensuite, baignade à **Pétra tou Romiou**, la plage connue pour être le lieu de naissance de la déesse Aphrodite. L'après-midi, prenez la route vers Limassol en faisant deux arrêts culturels pour visiter le **site antique de Kourion** et le **château médiéval de Kolossi**. Soirée et nuit à Limassol.

Visites 8, 11 et 12

our 7

LIMASSOL

68 km (54 min) entre Limassol et Larnaca (service de bus possible depuis Limassol, 50 min).

À Limassol, ne manquez pas la visite du **château** où Richard Cœur de Lion épousa Bérengère, parcourez le centre-ville pour les derniers achats et profitez de la somptueuse **marina** bordée de bars et de restaurants avant de repartir vers l'aéroport de Larnaca.

Visite 11

Le village de Pedoulas dans les montagnes du Troodos

12 JOURS pour tout voir (ou presque)

Pour cet itinéraire, un véhicule est nécessaire, tout terrain recommandé pour les passages dans la montagne du Troodos à travers la forêt de Cèdres.

Jour 1

LARNACA

Arrivée en avion à Larnaca.

La visite commence par l'**église Saint-Lazare** et son petit musée, avant de poursuivre par le **fort médiéval** et la **collection Piéridès**. Déjeunez au bord de l'eau, puis baignade ou sports nautiques près du fort. Visitez le **tekké Hala Sultan** en fin d'après-midi et revenez profiter de la soirée dans le centre-ville. Nuit sur place.

Visite 1

Jour 2

LEFKARA

38 km en voiture (35 min).

Parcourez les ruelles du village où se trouve le **musée de la broderie**. Prenez le temps d'admirer les broderies qui couvrent les devantures des boutiques et les bijoux en argent d'une rare finesse. Nuit sur place dans l'une des maisons d'hôtes restaurées avec charme et authenticité.

Visite 3

^ Tavernes à Latchi

Jour 3

LIMASSOL

50 km en voiture (45 min).

Matinée culturelle avec la visite des **sites de Khirokitia et d'Amathous**. Traversez la route pour déjeuner en bord de mer à Amathous puis prenez la route vers Limassol. Après l'incontournable visite du **château médiéval** cher à Richard Cœur de Lion, profitez de la soirée pour vous promener le long de la marina de luxe.

Visites 3 et 11

Jour 4

KOLOSSI, KOURION ET PAPHOS

65 km e voiture (1 h).

La matinée sera consacrée à deux arrêts culturels pour visiter le **château médiéval de Kolossi** et le spectaculaire **site antique de Kourion**. L'après-midi et la soirée vous permettront de découvrir la vieille ville de Paphos.

Visites 8, 9 et 12

Jour 5

POLIS ET SA RÉGION

40 km en voiture (50 min).

Il est conseillé de faire la visite du **site archéologique** de Paphos le matin. Déjeunez dans l'une des tavernes de la vieille ville et prenez la route pour Polis. Plongez dans les eaux fraîches à proximité de la grotte où se trouvent les **bains d'Aphrodite** et profitez de la soirée dans la petite ville estivale de **Latchi**. Nuit sur place.

Visites 8 et 10

Jour 6

PLATRÈS ET LE MASSIF DU TROODOS

Voiture indispensable (pas de liaison en bus entre Polis et le Troodos).

Prenez la direction du **massif du Troodos** où vous pourrez pique-niquer et faire une balade dans la vallée des Cèdres. Visitez le **monastère de Kykko** caché dans son nid de verdure et poursuivez jusqu'au village de **Platrès** pour y passer la nuit dans un environnement qui n'a rien à envier aux paysages alpins.

Visite 6

ɔur 7

L'EST DU TROODOS

3 h de route de montagne.

Pour profiter pleinement de la nature et de l'âme des villages de montagnes, arrêtez-vous à **Lazania** et à **Fikardou** et visitez le **monastère de Machairas** avant de rejoindre Nicosie, la capitale, pour y passer la nuit.

Visite 7

ɔur 8

LEFKOSIA

À pied.

Reprenez le jour 2 du circuit 1.

Visite 4

ɔur 9

LEFKOŞA ET EXCURSION À KYRÉNIA

26 km (40 min) en bus.

Quittez la zone européenne pour aller admirer les vestiges du passé franc dans Lefkoşa par le **checkpoint** de la rue **Ledra**. Prenez ensuite le bus vers **Kyrénia** (Girne). Cette excursion sur la journée vous permettra de découvrir l'une des plus charmantes destinations balnéaires du nord de l'île. Retour à Lefkosia.

Visites 5 et 13

ɔur 10

FAMAGOUSTE

60 km (1 h) en bus.

Repassez le checkpoint de la rue Ledra et prenez le bus vers Famagouste, fabuleuse **cité médiévale** aux **murailles** impressionnantes, qui fut jadis le plus grand port franc de l'île. Tout nous y rappelle un passé commun avec Chypre. Nuit à Lefkosia.

Visite 15

ɔur 11

LA PÉNINSULE DU KARPAS

150 km (2 h 30). Voiture indispensable.

Depuis Lefkoşa, négociez un taxi pour aller au **monastère Saint-André**, haut lieu de pèlerinage. Posez ensuite votre serviette sur le sable doré de **Golden Beach**, baignade inoubliable garantie ! Retour à Lefkosia.

Visite 14

ɔur 12

CAP GRECO

100 km (1 h 20) en voiture de Lefkosia au cap Greco, puis 65 km (50 min) jusqu'à l'aéroport de Larnaca.

En route vers le **cap Greco** et ses grottes marines et baignade sur **Konnos Beach**. S'il vous reste un peu de temps, flânez dans les parcs culturels de **Cactus et Sculpture Parks**, musées à ciel ouvert avant de rejoindre Larnaca.

Visite 2

8 JOURS dans une Chypre authentique

Cet itinéraire, qui prévoit une arrivée à l'aéroport de Larnaca et un départ par celui de Paphos, vous plongera dans l'histoire et les traditions de cette île fascinante.

Jour 1

LARNACA

Arrivée en avion.

En venant de l'aéroport, visitez le **tekké Hala Sultan** le matin quand le soleil illumine le lac salé, avant de partir à la découverte de la ville. Profitez d'une baignade et des sports nautiques au pied du **fort médiéval**, déjeunez dans l'une des tavernes le long de la promenade aménagée et consacrez l'après-midi à la visite des incontournables de Larnaca : l'**église Saint-Lazare** et son petit musée et la **collection Piéridès**. En soirée profitez de l'ambiance orientale du quartier populaire du centre-ville. Nuit sur place.

Visite 1

Jour 2

LEFKOSIA (LE SUD DE NICOSIE)

47 km (45 min) en voiture ou en bus depuis Larnaca.

Pour vibrer au rythme de la capitale en une journée, concentrez-vous sur l'essentiel ! Le **Musée archéologique** est une première étape obligatoire pour y découvrir les spécificités de la civilisation chypriote depuis l'Antiquité. En passant par la **place de la Liberté**, empruntez les ruelles médiévales où se succèdent tavernes et boutiques de souvenirs et dirigez-vous vers la porte de Famagouste, le quartier bobo de la ville où se trouvent le **CVAR** et le **musée Hambis**. Les nombreuses églises qui émaillent le parcours et la **maison du Drogman Kornesios** seront l'occasion de haltes touristiques. Et pourquoi ne pas finir la soirée au hammam ?

Visite 4

Jour 3

LEFKOŞA ET LEFKARA

50 km (1h) en voiture.

Passez à pied à Lefkoşa (Nicosie-Nord) par le **checkpoint** de la **rue Ledra**. Vous quittez la zone européenne pour aller admirer, dans cette partie de la capitale, les principaux vestiges du passé franc. Entre les deux, sur la « ligne verte » n'hésitez pas à aller prendre un verre au café Home for cooperation. Dans l'après-midi, départ vers Lefkara, haut lieu de la broderie depuis le passage dans ce village de montagne de Léonard de Vinci ! Tandis que les femmes brodent, les hommes confectionnent des bijoux en filigrane d'argent. Nuit sur place dans l'une des confortables maisons d'hôtes.

Visites 3 et 5

Lofou, village traditionnel

our 4

LAZANIA, FIKARDOU, AGROS ET PLATRÈS

100 km au total (2h45) avec étapes. Voiture indispensable.

Journée découverte des villages de montagnes épargnés par le temps. À **Fikardou,** un musée populaire vous donnera à voir des vies passées et, à **Lazania,** dans une masure plusieurs fois centenaire, adonnez-vous à l'art de fabriquer des flûtes traditionnelles. À **Agros**, apprenez l'art de cultiver la rose et à **Platrès** goûtez le chocolat *made in Cyprus*. Nuit à **Platrès**.

Visites 6 et 7

our 5

LOFOU

16 km (25 min) en voiture.

Autre plaisir rural intemporel : le décor traditionnel du village de Lofou, l'un des sites estampillé **« Heartland of Legends »**, destination incontournable pour sa qualité, son authenticité et son intérêt touristique. De là, pourquoi ne pas faire une **randonnée pédestre** pour profiter également d'une expérience nature ?

Visite 6

our 6

KOLOSSI, KOURION ET PAPHOS

65 km (1h). Voiture indispensable.

Par la route côtière, l'histoire et la mythologie se rappellent à vous. **Kolossi** est un château médiéval, **Kourion** est un impressionnant site antique avec ses mosaïques et son amphithéâtre donnant sur la mer. Faites une halte dégustation de loukoums à **Yéroskipou**. Nuit à Paphos.

Visites 8 et 12

our 7

PAPHOS ET SES ENVIRONS

À pied.

Découvrez la cité en deux temps : la **vieille ville** et ses **bazars**, puis la partie moderne. Des ruelles pavées de la ville haute, descendez vers le port où le **site archéologique** présente toutes les civilisations qui s'y sont succédé. Posez ensuite votre serviette sur la **plage d'Alykes** et profitez du coucher de soleil depuis la terrasse du très branché Muse Bar. Nuit sur place.

Visite 8

our 8

PAPHOS ET SES ENVIRONS

15 km (25 min). En voiture ou en bus.

Dernier tour en ville et visite du site archéologique des **Tombeaux des rois** et baignade à **Coral Bay**, la grande plage de sable de la côte ouest. Déjeuner de poisson dans une taverne les pieds dans l'eau, et départ pour l'aéroport de Paphos au retour.

Visites 8 et 9

Survol du site archéologique de Kourion

SOMMAIRE

CHYPRE

LARNACA et le sud-est

Dans la région, il y en a pour tous les goûts : farniente en terrasse sur le bord de mer de Larnaca, ambiance débridée dans la trépidante station balnéaire d'Ayia Napa, exploration des grottes marines du cap Greco. Et, si l'on veut profiter un peu de l'intérieur des terres, Lefkara est l'un des plus beaux villages traditionnels de la région.

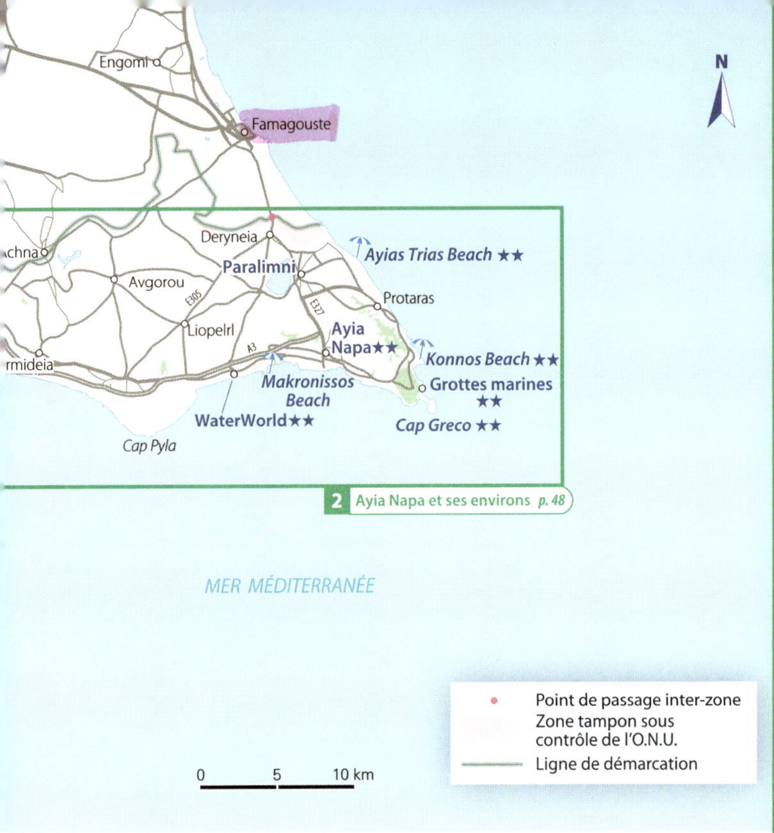

On peut ici s'initier aux travaux agricoles, entre cueillette des fruits et récolte du miel. Reste à choisir un lieu de séjour : Larnaca et sa douceur de vivre, Ayia Napa pour une ambiance plus internationale, ou la tranquillité d'un village de l'intérieur – d'où la mer n'est jamais loin.

PRATIQUE

Carte p. 32-33
Nos adresses p. 45

Arriver à Chypre

En avion

À Larnaca

Aéroport international de Larnaca
à 6 km S de la ville (plan p. 40 / hors pl. par B4) 77 77 88 33 (depuis Chypre) ou (+357) 25 12 30 22 (depuis l'étranger), www.hermesairports.com

Rejoindre Larnaca en taxi

Vous trouverez sans peine un taxi pour vous conduire au centre-ville. Au départ de l'aéroport de Larnaca, comptez 15 € pour rejoindre le centre-ville de Larnaca. À titre indicatif, comptez 35 € pour rejoindre Lefkara, 45 € pour Nicosie, 45 € pour Ayia Napa, 55 € pour Limassol et 100 € pour Paphos.

Rejoindre Larnaca en bus

Zinonas
80 00 77 44, www.zinonasbuses.com
Bus 417 et 419 (compagnie Zinonas). Départs toutes les heures 6h-20h (jusqu'à 18h30 le dim.). Ticket à 1,50 €. Terminus sur la promenade du bord de mer (plan p. 40 / B3), bus 418 et 419, ou à la gare de la compagnie (plan B2).

Liaisons avec Nicosie

Kapnos Airport Shuttle
77 77 14 77 (depuis Chypre) ou (+357) 24 00 87 18 (depuis l'étranger), www.kapnosairportshuttle.com
De l'aéroport, la compagnie Kapnos Airport Shuttle assure une liaison avec Nicosie. Départs toutes les heures environ, de 3h à 23h. Prix : 8 €. Arrivée leoforos Kyrenias, dans la partie moderne de Nicosie (hors plan p. 68-69 par D3).

Liaisons avec Limassol

Limassol Airport Express
77 77 70 75 (depuis Chypre) ou (+357) 97 77 90 90, www.limassolairportexpress.eu
Départs toutes les unes à deux heures, t.l.j. 3h-0h30. Prix : 9 €. Arrivée à Limassol en face de l'église Ayios Yioryos Havouzas (plan p. 164-165 / hors pl. par A1).

Se déplacer à Chypre

En voiture

Si vous voulez découvrir les charmes secrets de Chypre, approcher les monastères perdus dans les montagnes, dénicher le village où vous serez accueilli comme nulle part ailleurs ou vous baigner dans une crique déserte, il est indispensable de louer une voiture. Renseignez-vous à l'aéroport, à votre hôtel, ou dans les bureaux de tourisme. Les firmes offrent les mêmes prestations et conditions, qui sont soumises au contrôle de l'office de tourisme. **Avis** et **Hertz** possèdent une antenne à l'aéroport de Larnaca (voir p. 39). Tarif à la journée : à partir de 35 €. Des réductions (environ 30 %) sont consenties par les agences de location durant la basse saison touristique (nov.-mars). Ici, on **conduit à gauche**, héritage britannique oblige, la priorité restant au véhicule venant de la droite. Rassurez-vous, on s'y fait très vite. Attention tout de même à votre arrivée : vous aurez tendance à partir du mauvais côté aux premiers carrefours. Le **réseau routier** est excellent, même dans les zones montagneuses. Les **distances** sont indiquées en kilomètres ainsi que les limitations de vitesse (100 km/h sur autoroute, 80 km/h sur le reste du réseau routier et 50 km/h en ville). Le port de la ceinture de sécurité est obligatoire. Vous n'aurez aucune difficulté à trouver de l'essence ; les **stations-service** sont ouvertes du lundi au vendredi de 6h à 19h (14h le mer. à Nicosie) et le samedi de 6h à 15h. En dehors des heures d'ouverture, de nombreuses stations disposent de distributeurs automatiques (billets et cartes de paiement). Le dimanche, certaines stations de campagne restent ouvertes.

En bus

Villes et villages sont reliés plusieurs fois par jour par des autobus. C'est la façon la plus économique de se déplacer. À titre indicatif (aller) : Larnaca-Limassol 5 €, Larnaca-Nicosie 4 €, Limassol-Paphos 3 €, Nicosie-Limassol 5 €.

En taxi

De l'aéroport de Larnaca, il est aisé de gagner Nicosie, Limassol ou Paphos en taxi. Les prix ne sont pas excessifs, mais prévoyez un supplément pour les bagages transportés et un pourboire qui, sans être obligatoire, est recommandé.

En taxi collectif

Ce type de transport, répandu dans tout le Proche-Orient, est une façon rapide et économique de se déplacer. C'est aussi une bonne façon de faire des rencontres. Les taxis collectifs sont regroupés au sein d'une même compagnie, **Travel & Express**, ☎ 77 77 74 74. Il est d'usage de réserver la veille par téléphone et de convenir de l'endroit où la voiture viendra vous chercher.
Les taxis collectifs offrent des liaisons entre les grandes villes ; ils ne desservent pas les villages et ne prennent pas de clients au départ des aéroports de Larnaca et Paphos ; vous pouvez en revanche prendre un taxi collectif en direction des aéroports. Le service est assuré tous les jours, avec un surcoût le dimanche.
Nicosie-Limassol : 10,90 € (13,50 € le dim.).
Nicosie-Larnaca : 8,20 € (10 € le dim.).
Nicosie-aéroport de Larnaca : 11 € (13 € le dim.).
Limassol-Larnaca : 9,90 € (11,80 € le dim.).
Limassol-aéroport de Larnaca : 12,60 € (14,50 € le dim.).
Limassol-Paphos : 9,20 € (11 € le dim.).
Ayia Napa-Larnaca : 8,20 € (10 € le dim.).
Ayia Napa-aéroport de Larnaca : 11,50 € (14,20 € le dim.).

En auto-stop

Bien qu'autorisé, il reste peu pratiqué. Toutefois, vous pourrez compter sur l'hospitalité des Chypriotes pour ne pas rester trop longtemps sur le bord de la route. En été, n'oubliez pas votre chapeau et, tout au long de l'année... de vous placer sur le côté gauche de la route – conduite à l'anglaise oblige !

DISTANCES EN KM ENTRE LES VILLES PAR LES AXES PRINCIPAUX

Villes	Nicosie	Limassol	Paphos	Larnaca	Troodos	Ayia Napa
Nicosie	-	82	150	44	78	80
Limassol	82	-	68	66	46	107
Paphos	150	68	-	134	114	175
Larnaca	44	66	134	-	112	41
Troodos	78	46	114	112	-	153
Ayia Napa	80	107	175	41	153	-

1 LARNACA et ses environs

Larnaca, la ville où il fait bon vivre. Côté mer, une longue plage de sable gris bordée d'une promenade plantée de palmiers. Côté ville, un petit cachet oriental, dans l'ancien quartier turc de Skala, dominé par ses minarets et une église aux clochers dentelés construite au IXe s. pour y abriter le tombeau de saint Lazare. Un peu d'animation ? Direction le Laïki Geitonia et ses bars, qui commencent à pousser leurs décibels dès le début de soirée. La plus jolie excursion en dehors de la ville vous conduira à Kiti et à ses splendides mosaïques byzantines.

PRATIQUE

- **Plan p. 40**
- **Nos adresses p. 45**

Accès

Liaisons en bus

Vers Ayia Napa, Protaras, Paralimni, Dhékélia

Compagnie OSEA

23 81 90 90, www.osea.com.cy

Bus 711 : 6 départs par jour 6h-15h30 (4 le week-end) depuis la promenade du bord de mer *(B2)*. Prix du trajet : 1,50 €. Possibilité de forfaits journaliers (5 €) ou hebdomadaires (20 €).

Pour les villes du reste de l'île

Compagnie Intercity

80 00 77 89, www.intercity-buses.com Nombreux départs quotidiens (w.-e. inclus) vers Limassol et Nicosie (changement à Limassol pour Paphos et le Troodos). Vers Nicosie : 14 départs/j.

La promenade près de la marina de Larnaca

L'ESSENTIEL

À ne pas manquer

Le clocher dentelé de l'église Saint-Lazare et ses portes en trompe-l'œil; les œuvres du musée Piérides; le tekké Hala Sultan qui se reflète dans le lac salé.

Expérience

Parcourir à pied la promenade aménagée le long de la mer de la plage de Finikoudes à celle de Kastella, à l'ambiance familiale avec ses eaux peu profondes et son sable doré.

Larnaca ✧✧✧

FINIKOUDES ET LE BORD DE MER

Plan B3.

La municipalité a bien fait les choses. La **promenade** du bord de mer, en plein centre-ville, a été transformée en somptueuse promenade. La foule est au rendez-vous, des joggeurs du petit matin aux promeneurs de la nuit. C'est que les atouts ne manquent pas, avec ses élégantes rangées de palmiers et sa longue **plage aménagée**. Côté ville, c'est aussi une suite ininterrompue de terrasses de cafés et de restaurants, à peine séparées du bord de mer par un étroit passage où la circulation automobile a été volontairement réduite. Le meilleur endroit pour prendre le pouls de la ville.

LE FORT ✧

Plan B4 – De mi-avr. à mi-sept.: lun.-ven. 8h-19h30, sam.-dim. 9h30-17h30; de mi-sept. à mi-avr.: lun.-ven. 8h30-17h, sam.-dim. 9h30-17h ☎ 24 30 45 76. Entrée: 2,50 €.

Au bout de Finikoudes, ce petit fortin fut construit par les Ottomans au XVIIe siècle à partir d'une fortification médiévale: autour de la cour centrale, les anciennes salles de garde abritent quelques témoignages du passé (pierres tombales franques, canons ottomans). Le **chemin de ronde**

lun.-ven. 6h-20h, 8 départs/j. sam.-dim. 6h30-18h30.
Vers Limassol: départ de leoforos Athinon *(B3)*. 18 départs/j. lun.-ven. 6h-20h, 6 départs/j. sam.-dim. 8h30-17h30. Tarif 5 € (forfait journée 7 €).

Liaisons en taxi collectif
Vers Nicosie et Limassol

Travel & Express, Cyprus Interurban Taxi Co
☎ 77 77 74 74.
Nicosie 8,50 € (dim. 10 €); Limassol 10 € (dim. 12 €). Téléphonez la veille pour réserver votre horaire et donner l'adresse où le taxi viendra vous chercher, en ville uniquement.

Se déplacer

Le centre-ville est piéton. Garez-vous dans l'un des 3 parkings à l'entrée de la ville (3€ quel que soit le temps de stationnement.) →

offre de jolies vues sur le littoral et les toits de la ville, dominés par les minarets élancés des deux mosquées de Larnaca.

SKALA ✧

Hors plan par B4.

Au-delà du fort ottoman s'ouvre une seconde promenade de bord de mer, une **allée piétonne** au ras de l'eau cette fois. Ici, pas de plage mais des rochers : c'est le domaine des pêcheurs à la ligne. En retrait du rivage s'étire l'**ancien quartier turc**, avec, au long de ses rues, des alignements de maisons basses entourées de jardins qui font tout le charme de ce coin de la ville. Autour d'**Ak Deniz street** – ici, les rues ont conservé leur nom turc – se sont établis plusieurs **artisans potiers**, qui ouvrent leurs portes aux visiteurs. Retour impératif à Skala à l'heure des repas : on y trouve de **nombreux**

SHOPPING

Poteries traditionnelles

Plusieurs **ateliers de potiers** se sont installés dans les maisons basses de **Piale Pasha**, l'ancien quartier turc. Efthymios Symeou y est installé depuis 1991 et produit dans son atelier-boutique, **Studio Ceramics** (☎ 99 32 98 64), des copies de céramiques anciennes, des poteries chypriotes traditionnelles et des créations personnelles.

PRATIQUE (SUITE)

Adresses utiles

Office de tourisme

• À l'aéroport *(hors pl. par B4)* ☎ 24 00 83 68. T.l.j. 8h15-23h.
• En ville, plateia Vasileos Pavlou I *(B3)* ☎ 24 65 43 22, www.visitcyprus.com. Lun.-ven. 8h-17h, sam. 8h-13h30, f. dim.

Excellent accueil.
Outre les renseignements d'ordre hôtelier, les bureaux de l'**office de tourisme chypriote (CTO)** mettent à votre disposition toutes les informations qui concernent les régions traversées : nombreuses publications, programme des manifestations locales, horaires des bus et excellentes cartes.
Le CTO dispose d'inspecteurs auxquels vous pouvez vous

‹ L'église Saint-Lazare

restaurants avec leurs terrasses face à la mer. Plusieurs tavernes de poisson font le bonheur des familles chypriotes, qui viennent s'y attabler le week-end : les plus courues se trouvent au bout de la promenade, face au petit port de pêche.

L'ÉGLISE SAINT-LAZARE ✧✧

Ayios Lazaros

Plan A4 – Mars-oct. : lun.-sam. 8h-18h30, dim. 6h30-12h30 et 15h30-18h30 ; nov.-fév. : lun.-sam. 8h-12h30 et 14h30-17h30, dim. 6h30-12h30 et 15h30-17h30. ☎ 24 65 24 98. Entrée libre.

Entre Marseille et Larnaca, le débat continue. Pour les Provençaux, Lazare, ressuscité, fut le premier évêque de la cité phocéenne. Pas du tout, répondent les Chypriotes : après avoir quitté la Palestine, il s'établit à Chypre et y mourut. La preuve, un **tombeau** découvert au IXe siècle portant en hébreu la mention : « Lazare des Quatre Jours et ami du Christ ». Plus fort : en 1970, lors de travaux de réfection, on a mis au jour une crypte avec un sarcophage dont le couvercle portait un seul mot « Ami » en grec. Elle est en tout cas bien jolie, cette église Saint-Lazare, dominée par la dentelle de pierre de son haut campanile. L'intérieur conserve la mémoire des origines du IXe s. : un plan basilical – les nefs latérales ont été agrandies au XVIIe s. – et deux rangées de piliers massifs, coiffés de chapiteaux empruntés à un édifice de l'Antiquité. À cette sobriété de la pierre répond le ruissellement de dorures de l'**iconostase** (XVIIe s.), véritable petit musée d'art religieux avec ses icônes des XVIIe et XVIIIe s. En avant de ce mur d'images, un reliquaire renferme les ossements de Lazare. À droite de l'iconostase, un escalier descend dans la **crypte**, où est conservé le **sarcophage de Lazare**. Le dimanche précédant Pâques, les fidèles viennent y déposer des feuilles d'olivier dans des sacs à leur nom ; ils les récupèrent quarante jours plus tard pour les brûler chez eux.

Au fond de l'esplanade où se dresse l'église, vous pourrez également visiter un **musée d'art religieux** (☎ 24 62 08 58 ; lun.-mar. et jeu.-ven. 8h15-12h30 et 15h-17h30, mer. et sam. 8h15-12h30 ; entrée 1 €) qui conserve une petite collection d'objets liturgiques et d'icônes.

LAÏKI GEITONIA

Plan B3-4.

À l'ombre du campanile de Saint-Lazare, c'est le « quartier populaire » du vieux Larnaca. Ici, la réhabilitation a permis la coexistence des **artisans** et des fêtards. La journée, ébénistes, mécaniciens, etc. jouent leur partition au fond de leurs ateliers. Le petit **marché couvert** a trouvé un nouveau souffle en proposant exclusivement des souvenirs touristiques. En fin d'après-midi, dans d'anciennes boutiques, ouvrent les **bars** où l'on sirote en plein air, juché sur un tabouret. Le week-end, des **concerts** s'improvisent, tendance pop grecque.

adresser lors d'un litige (peu probable tout de même) avec un prestataire (hôtelier, restaurateur, loueur de voitures, etc.).

Hôpital central

Leoforos Grigori Afxentiou (A2), ☎ 24 80 05 00.

Location de voitures

- **Avis :** à l'aéroport *(hors pl. par B4)* ☎ 24 00 87 10.
- **Budget :** à l'aéroport *(hors pl. par B4)* ☎ 24 82 26 66.
- **Hertz :** à l'aéroport *(hors pl. par B4)* ☎ 24 00 86 92.

Poste Bureau central

Plateia Vasileos Pavlou I *(B2)* ☎ 24 80 24 06. Lun.-ven. 8h-14h30.

Larnaca

LA COLLECTION PIÉRIDÈS ✧✧

Plan B3 – Odos Zinonos Kitiéos ☎ 24 14 53 75. Lun.-jeu. 9h-16h, ven.-sam. 9h-13h. Entrée : 3 €.

Une visite pleine de charme. En entrant dans cette belle maison bourgeoise de la fin du XIXe s., on a le sentiment de pénétrer dans l'intimité de **Démétrios Piéridès** (1811-1895), l'amateur éclairé à l'origine de cette collection. Peu d'objets, mais des pièces de grande beauté qui traversent l'histoire de l'île, des temps les plus reculés jusqu'au Moyen Âge.

Le chef-d'œuvre de la collection se trouve dans la première pièce à gauche en entrant. C'est une **statue de terre cuite** qui remonte au Néolithique, vers 4000 avant notre ère. On voit un homme assis sur un petit tabouret, les mains relevées sur les oreilles, et la bouche grand ouverte. Cri primal ? Extase liée à un orgasme, comme le suggèrent le cartel et le sexe proéminent du personnage ? Le débat agite encore les spécialistes, qui restent perplexes devant cette œuvre unique, formidable d'expressivité. Dans cette même salle, voyez une **amphore à anses en forme de cerfs** qui remonte au bronze moyen (1725-1650 av. J.-C.). Le passage dans la salle suivante est encadré de deux vitrines : à droite, parmi les **statuettes de l'époque archaïque** (VIIe-VIe s.), voyez la belle figure d'un soldat portant casque à cimier et protège-joues qui semble sortir tout droit d'un épisode de la guerre de Troie. Du côté gauche, une jarre de la même période témoigne du rôle de carrefour culturel que Chypre a toujours tenu dans l'histoire : on y voit la représentation de **Réshef**, le grand dieu des Phéniciens, marchands émérites qui entretenaient de prospères comptoirs commerciaux à Chypre. Cette **divinité orientale** est coiffée de la double couronne des pharaons d'Égypte. L'exposition se poursuit par les **périodes classiques et hellénistiques**.

De l'autre côté du couloir, une salle est dédiée à des expositions temporaires tandis que l'autre présente une collection de verreries romaines ainsi que des céramiques médiévales. La période franque a livré de très nombreuses pièces à dominante brun et vert et couvertes d'une glaçure brillante : très joli gobelet à pied et bol de mariage au fond duquel on voit un couple enlacé. La **boutique du musée** propose de belles copies de ces œuvres splendides.

LE MUSÉE ARCHÉOLOGIQUE ✧

Plan A2 – Plateia Kalograion ☎ 24 30 41 69. Lun.-ven. 8h-16h30, sam. 9h-16h. Entrée : 2,50 €.

Pour suivre un ordre chronologique, commencez la visite par l'aile à droite de l'entrée.

Salle 1. Elle concerne la période préhistorique, du Néolithique (8000-3800 av. J.-C.) à l'apparition de l'écriture, vers 1500 av. J.-C. (début du bronze récent). Remarquez dans la vitrine 5, contre le mur de droite, une **collection d'outillage de pierre** provenant des sites de Khirokitia (p. 60 ; période Néolithique). Vous y découvrirez également des **aiguilles en os** de la même période, ainsi qu'une pierre grossièrement taillée d'une figure anthropomorphe.

Salle 2. Le bronze récent (1600-1050 av. J.-C.) est la période de l'établissement de comptoirs mycéniens et du développement des relations commerciales de Chypre avec l'ensemble de la Méditerranée orientale. Les beaux **cratères mycéniens** des vitrines 2 et 3 témoignent des liens très étroits que Chypre entretenait avec le monde mycénien. Quant aux relations de Chypre avec d'autres rivages méditerranéens, elles sont manifestes dans les **vases d'albâtre égyptiens** et dans une **statuette d'Astarté**, la grande déesse phénicienne (vitrine 6).

Voyez aussi dans cette même vitrine une ravissante **pyxide** (boîte ronde à couvercle) en forme de canard. La vitrine 9 expose une **collection de bijoux en or**, avec notamment de somptueuses boucles d'oreilles dont la forme de taureau est caractéristique de l'orfèvrerie mycénienne. Au centre de la salle, la vitrine expose un **splendide cratère mycénien** (XIIe s. av. J.-C.) découvert à Pyla et orné d'un guerrier et d'un char. Au fond de la salle, à gauche, des **ancres** de pierre témoignent de l'activité maritime.

Salle 3. *(Aile g. du bâtiment).* Les périodes géométrique et archaïque sont illustrées par une série de céramiques parmi lesquelles se distingue, au fond de la salle à gauche, une magistrale **amphore bichrome** (période archaïque, 750-600 av. J.-C.) ornée de fleurs de lotus et de figures géométriques. Un **buste d'homme barbu** couronné d'un diadème est un bel exemple de la statuaire chypriote de la période archaïque (550-525 av. J.-C.). Ne vous étonnez pas de découvrir scarabées et amulettes provenant de la vallée du Nil : Chypre est restée longtemps sous influence égyptienne – elle fut même possession des pharaons au milieu du VIe s. avant notre ère.

Salle 4. De l'âge classique à la période romaine, vous verrez surtout des céramiques attiques à figures rouges, importées de Grèce.

Derrière le musée. Le **jardin** contient quelques statues monumentales, ainsi que la reconstitution d'un pressoir à huile de la période hellénistique (IIe s. av. notre ère).

Autour de Larnaca

LE LAC SALÉ

Carte p. 32-33 – À 4 km S-O du centre-ville.

« Que ta vigne sèche et ne soit plus qu'un lac salé. » C'est la malédiction qu'aurait lancée saint Lazare à une vieille femme qui lui avait refusé quelques grappes de son raisin alors qu'il mourait de faim et de soif. La nature a déjoué la sombre prophétie du saint. Chaque hiver, le lac se gonfle d'eau de pluie et franchit la langue de sable qui le sépare de la mer. À partir des premières chaleurs d'avril, il s'assèche rapidement : dès juillet, ce n'est plus qu'une croûte de sel. C'est donc en hiver qu'il faut suivre la promenade aménagée qui suit sa rive est. On peut y voir des milliers de **flamants roses** qui y font étape et admirer sur la rive opposée la silhouette du tekké Hala Sultan, qui se reflète dans l'eau.

LE TEKKÉ HALA SULTAN ✧✧

Carte p. 32-33 – ☎ 24 64 36 18.
De mi-sept. à mi-avr. : t.l.j. 8h30-17h ; de mi-avr. à mi-sept. : t.l.j. 8h30-19h.
Entrée libre. Un pourboire sera apprécié par le gardien.

Un ***tekké*** est un sanctuaire musulman abritant le plus souvent une communauté soufie. Celui de Larnaca fut fondé autour de la tombe d'une femme, Umm Haram, contemporaine du Prophète dont elle fut l'une des premières disciples. Alors qu'elle accompagnait la première expédition arabe contre Chypre en 649, elle se tua en tombant de sa monture et fut enterrée sur place. L'histoire sombra dans l'oubli jusqu'à l'époque ottomane : au XVIIIe s. on éleva au-dessus de sa tombe, devenue un des symboles de Larnaca, une élégante **mosquée** entourée d'un **luxuriant jardin**, préfiguration des délices du paradis.

Derrière la salle de prière, dans une petite pièce, se trouve la **sépulture de la sainte**, recouverte d'un drap vert, couleur sacrée de l'islam. Elle est surmontée d'un bloc monolithe qui, d'après la légende, vint miraculeusement de La Mecque. À côté de la tombe d'**Umm Haram** repose **Khadija**, décédée à Chypre en 1929. Elle était la femme du chérif de La Mecque, compagnon de Lawrence d'Arabie et trisaïeul d'Abdallah, l'actuel roi de Jordanie.

Au pied de la mosquée, des **vestiges archéologiques** appartiennent à une occupation du site au IIe millénaire avant notre ère. On découvre des pans de murs provenant d'une cité prospère, qui commerçait avec l'ensemble de la Méditerranée.

Le tekké Hala Sultan

L'ÉGLISE DE LA PANAYIA ANGELOKTISTI DE KITI ✧✧✧

Carte p. 32-33 – À 14 km S de Larnaca (bus depuis le centre-ville, p. 36). En quittant le tekké, rejoignez la route principale, que vous prendrez à dr. Le village de Kiti se trouve à 7 km de la bifurcation. ☎ 24 42 46 46. Mai-oct. : lun.-sam. 7h-18h ; nov.-avr. : lun.-sam. 7h-16h ; dim. tte l'année 9h30-16h45, messe à 6h30. Entrée libre.

Même si vous n'êtes pas passionné d'art ancien, la promenade vaut la peine. Cette belle église en lisière du village conserve un trésor, une **mosaïque sur fond d'or des premiers temps de Byzance**. Mais ce n'est pas tout : à l'église byzantine, les Francs ont ajouté, au XIIIe s., une aile de style gothique. D'un côté la rudesse émouvante de la chapelle des chevaliers francs, de l'autre la gracieuse élévation de la coupole byzantine du XIVe s.

C'est par la chapelle gothique que vous entrerez dans l'édifice ; au-dessus de la porte, remarquez les trois **blasons francs**. Contre le mur de gauche est dressée la **pierre tombale** d'une noble dame, Simone, femme de sire Renier de Gibelet, morte en 1303. Vous pénétrerez ensuite dans l'église byzantine. L'abside, vestige d'une première basilique détruite lors des raids arabes, est ornée d'une **splendide mosaïque** que les spécialistes s'accordent à dater du VIe s. Elle représente une Vierge entre les archanges Michel et Gabriel. La finesse du trait, la richesse des couleurs et la maîtrise de la technique l'apparentent aux mosaïques contemporaines de Saint-Vital de Ravenne, en Italie. Sur l'un des piliers de la nef, une **peinture** restaurée représentant saint Jean-Baptiste date probablement du XIIe s.

CAMEL PARK

Carte p. 32-33 – À Mazotos, 23 km S-O de Larnaca ☎ 24.99.12.43, www.camel-park.com. T.l.j. 9h-19h (nov. -mars

^ L'église de Kiti

9h-17h). Entrée : 6 € ; promenade à chameau : 7 € ; réductions enfants ; accès à la piscine inclus.

Idéal pour une journée fun en famille ! Au programme, jeux pour enfants, piscine, ménagerie où l'on peut taquiner daims, autruches et autres poneys, et le clou de la visite : une promenade à dos de chameau. Et, comme les visiteurs ne sont pas aussi sobres que les bêtes à bosse, un agréable restaurant et un bar permettent de se restaurer et de se rafraîchir.

LE MUSÉE COSTAS ARGYROU

Carte p. 32-33 – À Mazotos, 23 km S-O de Larnaca ☎ 24 43 33 35. F. pour rénovation. Mar.-ven. 9h-12h et 14h-16h, sam. dim. 9h-12h. Entrée libre.

C'est en fréquentant les salles du Musée archéologique de Larnaca que Costas Argyrou (1917-2001) a trouvé sa vocation d'artiste. Fils de paysan, autodidacte, il s'est emparé de la pierre et du bois pour y sculpter ses rêves et ses souvenirs, inspirés par son île, les gens de son village ou les héros de l'histoire grecque. Vous rencontrerez ainsi **Digénis Akritas**, le héros des épopées médiévales, dont tous les enfants grecs connaissent les exploits, ou **Mgr Makarios**, le père de l'indépendance de Chypre (p. 223). Vous verrez une Aphrodite à la Botero, dont la lourde silhouette renvoie aux déesses de la fertilité vénérées dans l'Orient ancien.

PYLA

Carte p. 32-33 – À 23 km N-E de Larnaca.

Les habitants de Pyla ont refusé la partition de l'île et l'échange des populations. Le village abrite une des dernières communautés turques de la République de Chypre, forte de 500 membres (pour 800 Grecs). Sur la place principale du village se font face pacifiquement le café des Grecs et celui des Turcs, sous le regard des factionnaires de l'ONU dans leur mirador.

Dans le centre du village se trouve une **tour vénitienne**. Longtemps laissée à l'abandon, elle a été restaurée grâce au soutien de l'Union européenne. Par une passerelle moderne, on peut accéder à l'étage, où quelques panneaux expliquent l'importance stratégique de ce passage entre Famagouste et la côte sud.

À quelques kilomètres de là, une route de campagne, qui part à l'est du village, conduit aux **tombes classiques de Pyla** (panneau indicateur). Au pied d'une colline, 13 marches creusées dans le roc mènent aux chambres funéraires. Près de l'entrée, la porte de la tombe principale était décorée d'une gorgone flanquée de deux sphinx (maintenant au Musée archéologique à Nicosie, p. 78, où la tombe a été reconstituée).

• NOS ADRESSES •

LARNACA

OÙ DORMIR

En ville

City Alkisti

Plan B4 – Ayiou Lazarou st., 1
📞 24 81 51 40, www.cityalkisti.com. 8 ch.
De 60 à 90 €

À l'ombre du campanile de l'église Saint-Lazare, cette maison ancienne, réchappée de la fureur immobilière qui frappe le centre-ville, abrite un sympathique petit hôtel. Amoureux de l'authentique, le propriétaire a conservé les boiseries anciennes, posé du parquet dans les chambres et est allé jusque dans les montagnes du Troodos pour retrouver le marbre qui ornait le sol des vieilles maisons levantines. Les chambres, petites, possèdent toutes leur salle de bains et sont dotées de la climatisation. Pour un séjour au calme, à deux pas de la mer et des tavernes de poisson de Piale Pasha.

Opera

Plan A4 – Phaneromenis av., 11
📞 24 40 01 12. Ch. double à 60 ou 70 € selon la saison. Parking. De 60 à 90 €

♥ Une petite perle. Cet hôtel familial propose des chambres joliment décorées, pourvues de tout le confort moderne, avec en prime une vue sur l'église Saint-Lazare. Pas de petit déjeuner, mais un buffet gratuit avec boissons chaudes, fruits et gâteaux maison disponible 24h/24. Bien pratique si l'on a un avion très tôt le matin.

Eleonora

Plan A3 – Ermou st. 📞 24 62 44 00, page Facebook Eleonora-Hotel-Apartments. Petit studio 80 € la nuit; appartement de 100 à 115 € (sans petit déjeuner). De 70 à 120 €

Il s'agit là de studios et d'appartements (chambre et salon) avec cuisine que l'on peut louer pour une nuit. C'est confortable, bien situé en pleine ville – pour qui aime l'animation – avec, en prime, à l'exception de trois studios, balcon ou terrasse pour siroter un verre en fin de journée.

Livadhiotis

Plan A1 – Nikolaou Rossou st., 50
📞 24 62 62 22, www.livadhiotis.com.
Ch. double 70-85 €. De 70 à 120 €

Bel hôtel confortable en vue de l'église Saint-Lazare et à deux pas des quartiers animés de la ville. Le tout est impeccable: une excellente solution si l'on souhaite résider en ville dans de bonnes conditions de confort.

Amorgos

Plan B3 – Mitsi st., 11 📞 24 62 19 00, www.amorgoshotel.com Offres promotionnelles sur le site Internet. De 70 à 120 €

Petit hôtel sympathique dans une rue tranquille en arrière du bord de mer. Décoration moderne épurée dans les parties communes et les chambres. L'hôtel offre à ses clients le stationnement gratuit dans le parking municipal à deux pas.

Jours de fête à Larnaca

6 janvier. Épiphanie, procession et submersion de la Croix.

22 avril. Fête de saint Lazare, patron de la ville. Elle donne lieu à une impressionnante procession derrière l'icône du saint promenée dans les rues.

Mai. Festival des fleurs *(anthesteria).*

Lundi de Pentecôte. Kataklysmos (voir p. 250). Pendant trois jours, sur le bord de mer ont lieu les célébrations les plus animées de l'île: sports nautiques, plongée, danses et banquets, etc.

Sun Hall

Plan B3 – Leoforos Athinon, 6 ☎ 24 65 33 41, www.sunhallhotel.com.cy. 112 ch. et 1 suite. Plus de 120 €

Agréablement situé sur le front de mer, c'est le meilleur hôtel en ville. Ses chambres, entièrement rénovées en 2011, offrent de splendides vues sur la baie. Bien sûr, c'est un peu bruyant... Service irréprochable.

Dans les environs

The Golden Bay Beach Hotel

À 7 km du centre-ville ☎ 24 64 54 44, www.goldenbay.com.cy. 193 ch. Navette avec le centre-ville. Nombreuses offres promotionnelles sur le site Internet. De 150 à 250 €

Le meilleur hôtel de la région, grand luxe, aux chambres tout confort avec vue sur la mer et excellent service. Accès direct à la plage, piscine, tennis et salle de remise en forme. Soirées musicales au restaurant.

Palm Beach Hotel & Bungalows

À 5 km du centre-ville ☎ 24 84 66 00, www.palmbeachhotel.com. 228 ch. De 150 à 250 €

Bon hôtel pour un séjour farniente, avec toutes les installations sportives (tennis, piscine, accès à la plage, etc.). Excellent petit déjeuner et lot d'animations propres à satisfaire une clientèle en vacances : boutiques, soirées musicales, etc.

OÙ MANGER

Le meilleur endroit pour dîner à Larnaca est le quai de Piale Pasha, en bord de mer, dans l'ancien quartier turc de Skala (hors pl. par B4). Vous y trouverez une bonne dizaine de tavernes au bord du rivage, la plupart excellentes et, en tout cas, toujours très animées par la forte présence d'une clientèle locale.

Ithaki Garden Restaurant

Plan A3 – Stoa Kosta Kouppa (galerie qui ouvre en face du 50 de la rue Ermou) 96 23 36 90, page Facebook Ithaki Garden. Midi et soir. De 15 à 25 €

Quelques tables poussées sur une placette tranquille, à l'ombre des palmiers, pour déjeuner rapidement de bonnes brochettes à moins de 10 € ou de plats populaires (6-9 €).

Takis Kebab House

Plan B4 – Nikolaou Rossou 24 65 37 56, page Facebook Takis Kebab House. De 15 à 25 €

Un petit restaurant populaire sans façons, où l'on sert de délicieuses brochettes.

To Sieradiko Valsamaki

Plan B4 – 14, Pavlou Valsamak 24.36.05.90, page Facebook tosieradiko. De 15 à 25 €

Avec sa déco chinée dans les campagnes alentour, l'endroit joue la carte du rustique et du traditionnel. C'est plutôt réussi, avec les classiques de la cuisine chypriote, mezze, plats mijotés. Ajoutons le service souriant, pour en faire une excellente adresse.

1900 Art Café

Plan B3 – Odos Stasinou, 6 24 65 30 27, page Facebook Art Cafe 1900 Bar & Restaurant. Bar: mer.-lun. 18h-2h; restaurant: 18h-23h30. De 15 à 25 €

Tout près de l'office de tourisme. Une ambiance écolo-bohème, où l'on propose une carte de salades, tendance bio et diététiquement correcte.

Militzis

Hors pl. par B4 – Leoforos Piale Pasha, 40 24 65 58 67, page Facebook Militzis Restaurant. T.l.j. 12h30-23h30. De 15 à 25 €

Ici, c'est de la viande que l'on sert, cuite dans un four traditionnel qui trône dans le jardin. Brochettes, estouffades de bœuf ou de mouton, et toutes les parties imaginables de l'animal cuites au four. Ah! les têtes de mouton rôties... Joyeuse atmosphère et service attentif.

Yefsis En Lefko

Hors pl. par B4 – Piale Pasha, 8 24 65 56 64 ou 99 43 59 63, page Facebook Gefseis en Lefko. Mar.-dim. 11h-23h. De 15 à 25 €

Comme un retour aux sources. À côté des bars *lounge* et de la restauration fusion, cet établissement tout de blanc vêtu joue à fond la carte de la tradition: musique bouzouki et spécialités éprouvées, avec quelques raretés comme ce porc frit à l'oignon et au vin rouge ou un choix d'entrées qu'on ne trouve nulle part ailleurs. Très prisé des habitants. Et, les vendredi et samedi, musique live.

Zephyros Beach Tavern

Hors pl. par B4 – Piale Pasha, 37 24 65 71 98, page Facebook Zephyros Beach Tavern. T.l.j. 11h-23h. De 15 à 25 €

La grande salle ouvre sur la mer par de vastes baies vitrées. Une décoration sans chichis, tout comme la cuisine de cette sympathique taverne de poisson.

OÙ SORTIR

Sur la promenade du bord de mer, vous aurez l'embarras du choix entre pubs et bars musicaux.

< Fort de Larnaca

2 AYIA NAPA et ses environs

Des plages de sable, de splendides randonnées sur les falaises, une animation trépidante avec une centaine de bars et de clubs concentrés dans un quartier de la ville: les journées sont courtes à Ayia Napa. C'est la plus grande station balnéaire de l'est de l'île, une sorte d'Ibiza chypriote malheureusement défigurée par un tourisme de masse ces dernières années. Si l'on souhaite profiter des plages dans une ambiance un peu moins survoltée, Paralimni, sur la côte orientale, offre de bonnes possibilités de séjour. Faites abstraction des barres hôtelières qui étouffent le littoral et posez votre serviette sur le sable blanc ou doré des plages de la côte qui restent parmi les plus belles de l'île.

PRATIQUE

• **Carte p. 32-33**
• **Nos adresses p. 53**

Accès

Liaisons en bus

Compagnie OSEA
☎ 23 81 90 90, www.osea.com.cy
Ayia Napa et la région de Paralimni sont reliées à Larnaca par le bus 711. 6 dép./jour, 4 le w.-e. Billet: 1,50 € (poss. forfait hebdomadaire 20 €).

Intercity Buses
☎ 80 00 77 89, www.intercity-buses.com
Liaisons avec Nicosie: lun.-ven. 6 dép./jour de 6h à 15h30; sam.-dim. 3 départs par jour à 6h30, 8h, 15h. On peut ainsi envisager une excursion d'une journée à Nicosie.

Adresses utiles

Office de tourisme
Leoforos Kryou Nerou, 12

Le port d'Ayia Napa

L'ESSENTIEL

À ne pas manquer

Sculpture Park et Cactus Park, une exposition à ciel ouvert en deux parties, œuvres d'art et botanique, le tout avec vue sur la mer.

Expérience

Parcourir le sentier qui mène au cap Greco pour parvenir à la pointe la plus orientale de l'Europe.

La plus belle plage

Nissi Beach et le banc de sable jusqu'au rocher de Ayia Napa Island.

Ayia Napa ✧✧

Carte p. 32-33 – À 40 km N-E de Larnaca (bus depuis le centre-ville).

LE PORT (HARBOUR)

Après une nuit courte, rien de tel qu'une petite balade sur le port : l'endroit a été joliment aménagé avec ses boutiques, ses terrasses face à la mer pour prendre un café – grec évidemment (p. 244) – et ses fameuses tavernes de poisson. À quai sont amarrés les bateaux d'excursion qui proposent des sorties en mer : farniente sur le pont, découverte des grottes marines creusées dans les falaises du cap Greco, et toujours du temps prévu pour la baignade. Avec un peu de chance, on peut même croiser des dauphins. Et, si la paresse vous interdit de pousser vers les environs, la plage de la ville jouxte le port, avec ses rangées de transats, propices à la méditation.

LE MONASTÈRE VÉNITIEN ✧✧

Fermé temporairement pour travaux.

Un peu incongru, ce monastère vénitien à portée de cantique des bars du centre-ville. Pourtant, c'est le petit bijou d'Ayia Napa : une construction de pierres dorées qu'ont laissée les Vénitiens, avec sa petite **église**, sa fontaine protégée par une coupole, et les **anciens bâtiments des moines**, dont la municipalité promet de faire un musée. On dit qu'une jeune fille d'une noble famille vénitienne s'était réfugiée là pour échapper à ses parents, qui lui refusaient celui qu'elle aimait. À défaut de mariage, elle fonda un monastère du plus beau style italien, avec ses portiques tout autour du jardin. Pas rancunière, elle fit sculpter le visage de ses parents entre les guirlandes du bassin de marbre de la fontaine. Tout à côté, d'une autre **fontaine, à tête de taureau**, jaillit une eau puisée à 6 km de là et acheminée par des canalisations en pierre. Il faut entrer dans l'église pour découvrir l'origine des lieux, beaucoup plus

📞 23 72 17 96, www.visitcyprus.com. Lun.-ven. 8h30-14h30.

Location de voitures

A. Petsas & Sons
Leoforos Nissi, 20
📞 23 72 12 60, www.petsas.com.cy

ancienne: une grotte au-dessus de laquelle est construit le sanctuaire, où vers le VIIe siècle, un chasseur fut attiré par les aboiements de son chien: l'animal était en arrêt devant une icône de la région, dissimulée là on ne sait comment. Sur le mur de la chapelle donnant sur la grotte ont été découverts des restes de **peintures murales** du XVIe s. Pour célébrer la consécration du monastère, la jeune fille planta, devant l'entrée, un sycomore: malgré le poids des ans, il est toujours gaillard.

« COSMOPOLITAN AERA »

À côté du calme du monastère, la tempête des décibels. Autour de la rue principale Ayias Mavris, plus de 80 bars s'animent dès le début de soirée. Il y en a pour tous les goûts: latino, gothique, techno, électro… La folie débute vraiment à partir de 23h: une foule constituée de milliers de promeneurs passe de lieu en lieu, entre les sonos poussées à plein volume. Ils attendent impatiemment l'ouverture de la dizaine de clubs qui prennent le relais, à partir de 1h du matin. Les derniers fêtards en sortent vers 7h du matin!

THALASSA

Leoforos Kryou Nerou, 14 ☎ 23 81 63 66, www.thalassamuseum.org.cy. Juin-sept.: lun. 9h-15h, mar.-sam. 9h-17h, dim. 15h-19h; oct.-mai: lun. 9h-13h, mar.-sam. 9h-17h, f. dim. Entrée: 4 €.

Cette belle réalisation de l'architecture contemporaine abrite une exposition illustrant la longue relation entre Chypre et la mer. Une première section est consacrée aux **fossiles sous-marins** (belle ammonite vieille de 65 millions d'années côtoyant des poissons fossiles de loin ses aînés, du haut de leurs 140 millions d'années) et à la **faune**, avec quelques poissons de bonne taille (requin, dauphin, thon). La partie historique évoque, avec quelques objets élégamment mis en valeur, les civilisations qui se sont succédé sur les rivages de l'île. Le clou de la visite est la **reconstitution du vaisseau grec** qui coula vers 302 av. J.-C. devant le port de Kyrénia. Découverts en 1967, ses vestiges sont exposés au musée de cette ville (p. 190). Ce que vous découvrirez ici est une reproduction à l'identique réalisée de 1982 à 1985; elle effectua de nombreuses sorties en mer, dans les conditions de l'époque, c'est-à-dire avec un capitaine et trois hommes d'équipage.

Vous verrez également une modeste **embarcation de papyrus**; après la découverte en 1967, en Grèce continentale, de fragments d'obsidienne, des scientifiques voulurent démontrer que la navigation était possible entre l'île de Milos, dans les Cyclades (où se trouve le seul gisement d'obsidienne de la région), et les côtes grecques. L'embarcation que l'on découvre ici effectua le voyage avec succès.

NISSI BEACH ✧

Carte p. 32-33 – À 4 km O du centre-ville (bus 101/102).

Une double bande de sable fin de part et d'autre d'un promontoire. C'est la plage vedette d'Ayia Napa, avec ses alignements de transats, son petit bois verdoyant et, devant, le bleu de la mer dans laquelle on avance en pente douce. Idéal pour le farniente en famille.

PAUSE

Mix sur la plage

Envie d'un bain… de foule? Courez au **Nissi Beach Bar**: cocktails, musique techno et « soirées » en plein après-midi avec DJ aux platines (t.l.j. 14h-18h)!

> 85, Nissi av. ☎ 23 72 33 10. T.l.j. 8h-19h.

MAKRONISSOS BEACH ✧

Carte p. 32-33 – À 5 km O du centre-ville.

Petite plage aménagée avec sable blanc et eaux translucides. Allez-y tôt le matin si vous voulez avoir une chance de trouver de la place. L'une des plus belles plages de la côte et ce n'est un secret pour personne!

WATERWORLD ✧✧

Carte p. 32-33 – À 5 km O d'Ayia Napa (bus 101/102) ☎ 23 72 44 44, www.waterworldwaterpark.com. Avr.-et oct.: 10h-17h; mai-sept.: 10h-18h. Entrée: 40 € (24 € pour les moins de 12 ans); réduction si réservation en ligne; vestiaires et douches gratuites.

Essentiel si vous voyagez en famille – et, même entre adultes, on passe un bon moment. L'occasion aussi de réviser sa mythologie: ce **parc aquatique**, l'un des plus grands d'Europe, vous fait revivre l'histoire des dieux et des héros dans sa version «arrosée». Au programme, la course de chars, où l'on rivalise de vitesse sur un toboggan à plusieurs lignes; la piscine à vagues de Poséidon, ou encore l'Hydre de Lerne et ses tentacules. Plus calme, la rivière de l'Odyssée traverse les aventures d'Ulysse: attention au Cyclope. Plusieurs restaurants permettent de se remettre de ses émotions.

AYA NAPA MARINA

Carte p. 32-33 – À 6 km O du centre-ville.

Voici la toute nouvelle réalisation de l'architecte chypriote Gerasimos Caramondanis associé avec l'investisseur égyptien Naguib Sawaris, tout juste sortie de terre. Ici tout n'est que luxe, calme et volupté. Le complexe se veut une destination de choix pour les visiteurs qui apprécient la quintessence de l'élégance. Installation de yachting, boutiques de luxe, tours résidentielles ou villas donnant sur la mer et gastronomie française!

SCULPTURE PARK

Carte p. 32-33 – À 2 km E du centre-ville. Entrée libre.

En bord de mer, un musée à ciel ouvert à faire au coucher du soleil... Ce parc est divisé en 2 parties: une promenade artistique à travers des œuvres d'art sur le thème de la mythologie et de l'Antiquité grecques et un jardin botanique consacré au cactus.

CULTURE

Au bout du cap Greco se trouve le Monument for Peace, une œuvre de Philippos Yiapanis, l'un des sculpteurs les plus fameux de Chypre, réputé pour ses sculptures de bronze. L'œuvre exposée est ornée de colombes de la paix.

Cap Greco ✧✧

Carte p. 32-33 – À 11 km S-E d'Ayia Napa.

Au sud-est, Chypre se termine par un cap lancé vers la mer. Si la pointe est interdite aux promeneurs – c'est une zone militaire –, vous pourrez néanmoins vous hisser jusqu'à son **sommet**. Le point de départ? Le parc de stationnement du cap. De là, un **sentier** assez pentu, voire franchement raide et caillouteux, conduit au promontoire: **vue exceptionnelle** assurée sur les deux versants de l'île, côté Ayia Napa et côté **Protaras**. C'est aussi la pointe la plus orientale de l'Union européenne. Au printemps et en été, les roches calcaires sont piquées d'anémones, d'iris, de crocus, et surtout d'un bon nombre des 36 espèces d'orchidées de Chypre.

‹ Les grottes marines du cap Greco

Les grottes marines ✧✧

De part et d'autre du cap, l'île plonge à pic dans la mer. Patiemment, les vagues ont creusé des grottes marines dans le tendre calcaire des falaises : une des merveilles de la région. On peut les découvrir depuis la mer en embarquant pour une journée de croisière depuis le port d'Ayia Napa, ou à pied en suivant plusieurs sentiers de randonnée.

Palatia. C'est une série de grottes côte à côte dans une échancrure de la falaise, comme les pièces d'un « palais ». On les découvre depuis le rebord de la falaise en suivant une piste carrossable : la route du Cap Greco (indication « Sea Caves »). Un spectacle magique au coucher du soleil.

Kamara tou Koraka. Sans doute la grotte la plus photogénique : ici, la mer a creusé un pont au-dessus de l'eau. Le point de départ est une belle image aussi : la coupole bleue de la petite chapelle des Ayii Anargyri qui se détache sur la mer. De là, un chemin suit le rivage en 30 min environ jusqu'au pont.

La grotte du Cyclope. Encore une randonnée sans difficulté jusqu'à cette grotte géante. Le sentier, bordé de pins maritimes, part de la belle plage de Konnos et conduit vers la plus grande grotte du cap (30 min).

Konnos Beach ✧✧

Carte p. 32-33 – À 10 km E d'Ayia Napa.

C'est la plage vedette de la région : une crique au bas d'une falaise tapissée de pins et d'oliviers sauvages. Du sable, un petit bar pour étancher sa soif et le clapotis des vagues. Et si l'envie vous prend d'un peu d'exercice, suivez le sentier de la Grotte du Cyclope.

Ayias Trias Beach ✧✧

Carte p. 32-33 – À 9 km E d'Ayia Napa.

Face à l'est, **Paralimni** s'étire sur une vingtaine de kilomètres de rivage, jusqu'à la ligne de démarcation avec la partie nord. Plus calme qu'Ayia Napa, plus familiale, cette grande station balnéaire offre un chapelet de plages de sable. La plus séduisante ? Celle des Ayias Trias, de part et d'autre d'un micro-port de pêche. Avec, en prime, une bonne taverne de poisson réputée auprès de la population locale.

Traditional House

Carte p. 32-33 – Paralimni. À 7 km N d'Ayia Napa. 5, odos Ayia Marina ☎ 23 81 93 00. Lun.-ven. 8h-15h. Entrée libre.

Envie de découvrir les traditions locales ? Direction **Paralimni**, non pas la zone balnéaire, mais le chef-lieu de la région. L'occasion également de se frotter au quotidien des habitants, pour beaucoup des réfugiés de Famagouste. Cette maison a été construite au début du XIXe s. et agrandie d'une aile lors de sa transformation en musée en 2010. À l'origine, elle est composée d'une cour, d'une loggia ouvrant au sud pour profiter du soleil, suivie de deux chambres. Dans les salles ou la cour, les objets du passé, ustensiles quotidiens, vaisselle, ont tous été donnés par les habitants de la ville.

• NOS ADRESSES •

AYIA NAPA

OÙ DORMIR

Plus de 170 hôtels de toute catégorie offrent un large choix aux visiteurs. Pourtant, il est souvent difficile de trouver une chambre en haute saison (mai-sept.), car la plupart des estivants réservent leur lieu de séjour depuis leur pays d'origine. Les hôtels ne brillent pas par leur originalité et ne se distinguent que par leur degré de luxe et leur situation, plus ou moins proche de la plage ou du centre-ville.

Marina

Leoforos Kryou Nerou, 51 ☎ 23 72 17 21, www.marinahotel.com.cy. 131ch. De 60 à 100 €

Très bon confort pour un prix abordable. L'hôtel est une entreprise familiale: ambiance plutôt sympathique, loin de l'anonymat des établissements gérés par des entreprises hôtelières.

Green Bungalows

Odos Katalymata, 19 ☎ 23 72 15 11, www.greenbungalows.com. 93ch. De 90 à 200 €

Beaux petits bâtiments disposés autour de la piscine environnée de verdure. Cet hôtel-appartements se trouve à mi-hauteur de la ville, à deux pas du centre et du monastère vénitien.

Okeanos Beach

Odos 1st October, 17 ☎ 23 72 44 40, www.okeanoshotel.com.cy. 64ch. De 90 à 200 €

Un bon choix à prix raisonnable, tout près de la plage. Les chambres, lors de notre dernier passage, étaient en rénovation. Toutes sont dotées d'un joli balcon, et la moitié donnent sur la mer. Tennis, piscine et centre de remise en forme en font un agréable hôtel de séjour.

Napa Mermaid

Leoforos Kryou Nerou, 45 ☎ 23 72 16 06, www.napamermaidhotel.com 150ch. De 90 à 200 €

Moderne et confortable, bon rapport qualité/prix. De nombreuses chambres disposent d'une terrasse sur la mer. À préciser lors de votre réservation.

OÙ MANGER

Il existe plusieurs centaines de restaurants destinés aux nombreux estivants qui peuplent la station. On retrouvera les inévitables mezze plus ou moins bien préparés, des pizzas, des burgers, etc. Rien de bien fameux, en somme. Plusieurs restaurants sur la plage permettent de manger une salade ou de prendre un rafraîchissement. En ville, seulement quelques restaurants sortent de l'ordinaire.

En ville

Limelight

Odos Dionisou Solomou, 10 ☎ 23 72 16 50. De 15 à 25 €

Dans le haut de la ville, avec, depuis la terrasse, une jolie vue sur le rivage en contrebas. On trouve ici de bonnes grillades et un large choix de mezze.

Taverna Napa

Odos Dimokratias, 15 ☎ 23 72 12 80, www.tavernanapa1976.com. T.l.j. en été; f. lun. en hiver. De 15 à 25 €

À la sortie de la ville, le seul endroit qui rappelle qu'Ayia Napa est à Chypre. Dans

Xylophagou

La terre rouge de la région est propice à la culture de la pastèque mais surtout à celle de la pomme de terre. La pomme de terre de Xylophagou est, dit-on, la meilleure de Chypre, et le village doit sa prospérité au fait qu'il fut, longtemps le principal producteur de ce légume dans l'île. Pour célébrer cet héritage, la municipalité de Xylophagou a installé en octobre 2021, une sculpture de 4 m à la sortie du village en direction de l'autoroute. Le monument réalisé par Georges Tasou, surnommé Big Potatoe («Grosse patate») à la forme très suggestive a fait le buzz sur les réseaux sociaux et les visiteurs accourent du monde entier pour un «selfie patate»...

une ancienne maison villageoise, sous la tonnelle, on y dîne de solides plats traditionnels. Sympathique et excellent.

En bord de mer

Isaac Fish Tavern

Harbour ☎ 23 72 35 86, page Facebook Isaac Tavern. T.l.j. De 15 à 25 €

Adresse familiale et sans façons, pour déguster poissons et produits de la mer, l'œil sur le large. Dans la grande salle ou en terrasse, mais toujours sous la houlette de la patronne qui veille au grain. Goûtez les lasagnes aux fruits de mer!

Karousos Beach Restaurant

1st October st., Harbour Beach ☎ 23 72 18 82, page Facebook Karousos Beach Restaurant. De 15 à 25 €

Salades et grillades. Un bon endroit pour boire un verre sur la terrasse face à la baie.

Vassos Fish Harbour Taverna

Makarios III, 51 ☎ 23 72 18 84. T.l.j. 12h-23h. De 15 à 25 €

Excellente taverne de poisson face au port.

Le Deli Robuchon

Marina d'Aya Napa. Ayia Thekla Avenue, 52, Yacht Club Building #1 ☎ 23 30 05 70. Mar.-jeu. et dim. 9h-18h; ven.-sam. 9h-20h. Plus de 50 €

Le chef Mathieu Desbat propose les plats phares de Joël Robuchon, assortis de certaines créations personnelles. Si l'Atelier/Restaurant n'est ouvert que le soir, le « bistrot » est ouvert toute la journée, ainsi que le « sundeck » pour cocktails et tapas. Idéal pour un brunch, on y déguste le tarama à la truffe noire, ou encore le halloumi farci à la truffe avec confiture de tomate épicée, et des pâtisseries d'une grande finesse.

SPORTS ET LOISIRS

Excursions en mer

Dolphin Boat Safari

Harbour ☎ 99 60 71 81, www.dolphinboatsafari.com.

Plusieurs types de promenade en bateau le long de la côte: découverte au plus près des **grottes marines**, **croisière** jusqu'à la ville fantôme de **Famagouste**, sortie **pêche**. Des arrêts sont toujours prévus pour la **baignade**. Et si vous choisissez l'option pêche en mer, vous pourrez demander au restaurant du débarcadère, partenaire de la compagnie de bateau, de vous faire griller vos prises.

CAP GRECO ET SES ENVIRONS

OÙ DORMIR

Anais Bay

À Pernera (8 km N de Protaras) ☎ 23 83 13 51, www.anais bay.com. 60 ch. Réservation indispensable quelques jours à l'avance. De 70 à 120 €

Très joli petit hôtel. À deux pas de la plage et du petit port de pêche de Paralimni. Bon rapport qualité/prix. Une excellente étape, si toutewfois vous réussissez à y trouver de la place...

Navsika Beach Hotel

À Protaras. Sittarkas str., 9 ☎ 23 83 11 60, https://nafsikabeach.gr. De 80 à 100 €

Au bout de la péninsule de la baie de Fig Tree, un hôtel fait de petites unités qui surplombe la mer à 7 min de la plage. Logements lumineux et colorés dans le style grec cycladique blanc et bleu avec kitchenette et balcon donnant sur la mer, parking, piscine, spa et salle de sport.

Malama

À Protaras ☎ 23 82 20 00, www.malamaholidayvillage.com. 166 studios. De 150 à 170 €

Au nord de la route côtière, peu avant la ligne de démarcation. Très bel hôtel d'une architecture qui tranche par son originalité avec le triste béton qui a envahi la côte. Toutes les chambres ont un coin salon et sont équipées d'une kitchenette. Belle piscine face à la mer et, au pied de l'hôtel, la plage. Idéal pour un séjour balnéaire.

OÙ MANGER

Kalamiès

Dans le port de pêche de Paralimni ☎ 23 83 11 45, www.kalamiesrestaurant.com. T.l.j. 11h-23h. De 15 à 20 €

Un petit caboulot au-dessus d'une plage. En été, la clientèle est surtout composée de touristes en maillot de bain ; hors saison, les Chypriotes retrouvent le chemin de ce lieu sympathique, où vous mangerez à la bonne franquette d'excellents calamars frits.

Spartiatis

Konnos (au pied de l'hôtel Grecian Park) 📞 23 83 13 86 ou 96 24 08 85, page Facebook Spartiatis Restaurant. T.l.j. janv.-mars 12h-15h, avr.-oct. 12h-22h. F. nov.-déc. De 20 à 30 €

L'un des meilleurs restaurants de la région et certainement le mieux situé. Il est planté au bord de la falaise qui domine la plage de Konnos, avec pour toile de fond le cap Greco. La vue est vraiment superbe. La carte propose surtout des spécialités de poisson. C'est bien le meilleur endroit pour déjeuner face à la mer au cours d'une journée d'excursion. Très fréquenté en fin de semaine par les Chypriotes, qui y viennent en famille. Service souriant.

Costaris Restaurant

À Deryneia 📞 23 822046. T.l.j. 12h-16h et 18h30-23h. De 20 à 30 €

Une taverne sur la route qui longe la ligne de démarcation et mène au « point de vue » sur Famagusta et la ville fantôme. Certainement une des meilleures tavernes de la région, elle prépare un kleftiko hors pair : de l'agneau avec des pommes de terre et une sauce tomate, le tout mijoté toute la nuit dans un plat en céramique.

PÂTISSERIE

Liotatis

À Paralimni. Tasou Markou 📞 77 77 77 05 24. T.l.j. 8h-22h.

Le rendez-vous des gourmets au palais sucré. Ne passez pas à côté de cette pâtisserie où les douceurs sont préparées… comme il se doit ! Goûtez le gâteau au halloumi, le kadaïfi à la pistache, la crème « machlepi » ou les daktilas, les « doigts divins ». Un pur moment de plaisir.

SPORTS ET LOISIRS

Sports nautiques

Fig Tree Bay Watersports

À Protaras. Fig Tree Beach 📞 99 63 77 91, www.figtreebaywatersports.com.

Sur cette plage de sable doré aménagée dans une petite baie où il n'y avait, jadis, qu'un petit figuier et, au large, le petit îlot désert de Fig Tree, un vaste choix de sports nautiques est proposé : wakeboard, wakesurf, bananaboat, crazy squab et crazy ufo, flyfish, hovercraft, jetski, kayaks, parasailing, pédalos, ringos tubes, location de bateaux rapides, waterski, paddle…

˅ Sculpture Park

3 LEFKARA et sa région

L'arrivée par la route est déjà un plaisir : en grimpant progressivement depuis la côte, on découvre soudain, au détour d'un virage, la petite ville accrochée à sa colline. Célèbre pour ses dentelles, Lefkara est aussi au centre d'une région à découvrir : au programme, villages serrés autour de leur église, monastères en nid d'aigle ou perdus dans les forêts, plongée au cœur des activités villageoises… De bonnes possibilités d'hébergement, en chambres à louer dans des maisons traditionnelles, permettent d'y séjourner quelques jours. D'autant qu'aux plaisirs de la campagne s'ajoute celui des plages, à moins de 30 minutes de voiture.

PRATIQUE

- **Carte p. 32-33**
- **Nos adresses p. 64**

Accès

Liaisons en bus
Compagnie Zinonas
80 00 77 44, www.zinonasbuses.com

Depuis Larnaca, gagner la gare de Kofinou (10 km), lignes 408 et 408 B, puis, de là, la ligne 405 jusqu'à Lefkara. 4 départs par jour (lun.-dim).

Cependant, l'accès en voiture reste le plus pratique et il est plus que nécessaire pour rejoindre la plupart des lieux cités.

L'ESSENTIEL

À ne pas manquer

La visite du musée de la broderie ; le shopping dans les rues du village.

Expérience

Broder sur biscuits avec Aphrodite Nikolaou, la version sucrée de la dentelle traditionnelle à faire soi-même et à déguster.

La plus belle plage

La petite plage de galets de Pentaschoinos au sud d'Aghios Theodoros.

Lefkara ✧✧

Carte p. 32-33.

LE VIEUX VILLAGE

La promenade dans les ruelles fleuries est un enchantement. De part et d'autre de la rue principale, **odos Timiou Stavrou**, partent des allées dallées et fleuries, réservées aux piétons et aux chats. Par endroits, les ruelles se faufilent sous des voûtes, où, faute de place, les vieilles maisons ont trouvé une extension commode avec une pièce construite au-dessus de la rue. Et pour vous accompagner dans la promenade, les **dentellières** sur le pas de leur porte font étalage de leur dextérité. Pendant que les femmes sont à leurs travaux d'aiguille, les hommes se sont fait une spécialité de la confection d'objets en filigrane d'argent. Une manière plus virile de pratiquer l'art de la dentelle ?

LE MUSÉE DE LA BRODERIE ET DE L'ORFÈVRERIE

☎ 24 34 23 26. Avr.-oct. : t.l.j. 9h30-17h ; nov.-mars : t.l.j. 8h30-16h. Entrée : 2,50 €.

Après avoir admiré les façades des maisons, voici l'occasion d'entrer dans l'une d'entre elles. Et pas la moindre : le **palais Patsalos** appartenait à une des plus riches familles de la région, il a été agrandi par plusieurs générations du XIXe au XXe s. Les salles d'exposition font la part belle aux dentelles locales, avec de splendides pièces anciennes, dont on peut admirer les

TRADITIONS

« Heartland of Legends » est un projet développé par le ministère du Tourisme chypriote pour valoriser les **savoir-faire** et les **traditions** de l'île. Les établissements, villages, producteurs, artistes et initiatives estampillés à travers l'île appartiennent à ce réseau, dont l'intérêt culturel est remarquable. Et Lefkara en fait partie !

> Plus d'informations : https://heartlandoflegends.com

motifs, fruits de l'imagination des dentellières ou emprunts à la tradition antique. Les amateurs apprécieront la finesse de l'ouvrage, réalisé généralement au point de satin. On peut y voir également des objets en filigrane d'argent. Trois salles de l'étage sont garnies de meubles et d'objets décoratifs du tournant du XXe s. et restituent le cadre quotidien des notables chypriotes.

Les anciennes remises, situées au rez-de-chaussée, présentent l'outillage agricole et les ustensiles utilisés jadis dans les villages.

ATELIER

Lefkara Biscuite Cafe

Décorez vos biscuits en vous inspirant des motifs des dentelles de Lefkara avec **Aphrodite Nikolaou** qui rassemble ici ses deux passions : la pâtisserie et la dentelle. L'atelier est ouvert à tous (petits et grands) : 10 €/ pers. pour broder 2 biscuits avec du sucre coloré. Le résultat est aussi beau que bon. Une version sucrée de la dentelle traditionnelle !

> Pano Lefkara ☎ 99 43 52 79. 9h-19h.

L'ÉGLISE TOU TIMIOU STAVROU

Avr.-sept. : lun.-sam. 9h-13h et 15h-19h, dim. 6h30-13h et 15h-19h ; oct.-mars : lun.-sam. 9h-13h et 14h-17h, dim 6h30-13h et 14h30-17h30. Entrée libre.

Plantée sur une terrasse en rebord du village, l'église paroissiale a belle allure. Sa partie la plus ancienne, le chevet, remonte au XIVe s. Elle a été ensuite agrandie d'une nouvelle nef au XVIIIe s. et d'un campanile en 1857. C'est que, pour les habitants du cru, le sanctuaire abrite une précieuse relique : un morceau de la croix du Christ, enfermé dans un reliquaire d'or et d'argent déposé dans une cavité de l'iconostase. Sur le flanc nord de l'église débute l'**allée de Sentouraki**, le lieu le plus photogénique de Lefkara. C'est un étroit passage, croulant de fleurs et franchi par des arches de pierre.

KATO LEFKARA

Dans la partie basse du village, Kato Lefkara, les ruelles sont tout aussi pittoresques et un peu moins fréquentées par les touristes. On vient aussi y voir des **dentellières** mais surtout une **petite chapelle**, dédiée à saint Michel Archange, au-delà du parking du village. L'intérieur conserve des fresques du XIIe s., notamment une Communion des apôtres sur fond bleu dans l'abside et un remarquable visage du Christ (porte sud).

PAUSE VITICOLE

Ktima Christoudia

Voici une exploitation viticole familiale qui ouvre ses portes aux visiteurs pour leur faire goûter sa production : vins rouges capiteux élevés en fût de chêne ou muscat sec aux arômes de fleurs et de citron, la spécialité de la maison.

> À la sortie du village de Kato Drys, en direction d'Ayios Minas ☎ 99 03 48 28. 9h-17h.

Kato Drys ✧

Carte p. 32-33 – À 4 km S-O de Lefkara.

Voilà un petit village qui vaut le détour ! Kato Drys présente deux visages : le long de la rue principale, s'alignent les jolies façades de **maisons néoclassiques**, construites au début du XXe s. À cette époque, nombre de jeunes hommes du village sont partis à l'étranger, en Angleterre et aux États-Unis. Ils y vendaient les dentelles de Lefkara, qui connaissaient une renommée internationale. Fortune faite, ils n'eurent qu'une hâte : construire une belle demeure familiale dans le village.

L'autre visage de Kato Drys ramène à sa longue histoire. C'était un village déjà prospère au Moyen Âge. En contrebas de la rue principale se déploie un lacis de ruelles pavées et fleuries, bordées de maisons traditionnelles en pierre. Elles conduisent à la petite chapelle de la **Panayia Eleousa**, un tout petit oratoire planté sur une terrasse et dont l'origine remonte au XIIe s.

FOLK ART MUSEUM

Fermeture temporaire. ☎ 24.34.26.48. Mar.-ven. et dim. 10h-14h30. Entrée : 1€.

C'est l'occasion de découvrir la disposition intérieure d'une **maison traditionnelle** du XIXe s. On y trouve tout d'abord le *dichoro*, un espace divisé en deux (« dichoro ») par une monumentale arche de pierre. C'est là que se déroulait l'essentiel de la vie familiale : on y mangeait, on y recevait, on y travaillait aussi, le soir lors de la veillée. En arrière du *dichoro* s'ouvre une pièce aveugle, l'indispensable remise sans ouverture extérieure pour entreposer les produits agricoles. La maison comprend également une chambre à coucher et une cuisine. Tout au long du parcours, outils et ustensiles font revivre la vie d'alors. À droite du musée, une **arche médiévale** est considérée ici comme une partie de la maison natale de **saint Néophytos**, l'ermite qui termina ses jours dans une grotte des environs de Paphos (p. 143).

‹ Kato Drys

BEE AND EMBROIDERY MUSEUM

📞 99 89 26 77, www.gardenkamara.blogspot.com. Avr.-oct.: t.l.j. sf jeu. 10h-13h et 16h-18h; nov.-mars.: t.l.j. sf jeu. 10h-16h. Entrée: 2 €.

Surtout, ne pas se laisser décourager par le terme « musée ». L'endroit vaut surtout pour l'accueil d'Elli, la maîtresse de maison. Une rencontre on ne peut plus sympathique au terme de laquelle vous saurez tout sur les **activités rurales** de la région ainsi que sur sa célèbre **production de dentelles**. Parallèlement à leur activité touristique, Elli et son mari Iakovos continuent d'exploiter leurs propriétés: ils possèdent quelque 250 ruches, des oliviers, des arbres fruitiers et des vignes. Vous pourrez repartir le sac chargé des **produits maison**: miel, huile d'olive ou encore *zivania*, l'eau de vie familiale... Envie de mettre la main à la pâte? Entre septembre et novembre vous pourrez **participer au ramassage des olives** et à la belle saison, accompagner Iakovos jusqu'à ses ruches, dûment équipé d'une combinaison de protection. Elli parle un anglais parfait mais brûle de se remettre au français, qu'elle a appris durant ses années de lycée.

LE SENTIER DE LEFKARA

Si l'on est bon marcheur, on peut se lancer sur ce chemin de chèvres entre Kato Drys et Lefkara. La distance n'est pas longue (2,5 km), mais le sentier franchit la montagne qui sépare les deux localités. Quelques rudes ascensions caillouteuses à prévoir à l'approche du sommet, mais en récompense une **vue magnifique** sur la région, avec le bleu de la mer au loin.

Le site néolithique de Khirokitia ✧

Carte p. 32-33 – À 15 km S de Lefkara
📞 24 32 27 10. T.l.j. 8h30-17h (jusqu'à 19h30 de la mi-avr. à fin sept.). Entrée: 2,50 €.

A priori, la visite d'un **site archéologique vieux de 8 000 ans** semble réservée aux passionnés et aux érudits. Rien de tel ici: grâce à la mise en valeur des vestiges et à la reconstitution de maisons de ce village, on se prend vite à imaginer la vie quotidienne de ces lointains occupants de Chypre, bien à l'abri derrière leur rempart de pierre, qui s'élève encore par endroits à près de 4 m et vaquant à leurs occupations devant leurs maisons. Champs et pâturages occupaient la vallée en contrebas, où coulait une rivière. L'autoroute a aujourd'hui pris sa place.

Un **sentier** longe le village néolithique, qui s'étage au flanc d'une colline. Il faut tout d'abord franchir la porte ménagée dans les fortifications. C'est la reconstitution de celle qui se trouve au sommet de la colline: un ingénieux système d'escaliers renforçait la défense. Après

TRADITIONS *Les lefkaritika*

Depuis le Moyen Âge, les dentelles de Lefkara, les *lefkaritika*, sont célèbres. Les devantures des boutiques ne manquent pas de rappeler que Léonard de Vinci commanda ici un voile pour orner l'autel de la cathédrale de Milan. La technique aurait été empruntée à la dentelle vénitienne: un fil de coton sur une toile de lin écru. Elle est aujourd'hui protégée par un **label octroyé par les autorités chypriotes**, ce qui a permis à cette technique ancestrale, qui se transmet de mère en fille, d'être inscrite au patrimoine culturel immatériel mondial par l'Unesco. Attention, donc au moment de vos achats: pour faire face à la demande touristique, les boutiques proposent beaucoup de dentelles fabriquées en Grèce ou en Chine. Ces produits de moindre coût doivent être clairement identifiables.

^ Le site néolithique de Khirokitia

avoir franchi la porte, voici les **restitutions des maisons** proposées par les archéologues. L'unité de base est une construction circulaire, de taille assez modeste, 10 m de diamètre tout au plus. Une famille occupait plusieurs de ces maisons, disposées autour d'un espace central qui accueillait les activités quotidiennes. Les fouilles ont mis au jour de nombreuses meules de pierre qui servaient à broyer les céréales ainsi qu'une abondante vaisselle, en pierre également. Les occupants de Khirokitia ne connaissaient pas la céramique.

Après cette entrée en matière très évocatrice, vous commencerez l'ascension de la colline, découvrant à mesure de la progression les soubassements des maisons rondes... Elles n'étaient pas réservées qu'aux vivants. Les villageois enterraient leurs morts sous le sol de leur habitation : on a trouvé de nombreuses sépultures avec des objets rituels, jarres brisées pour les femmes, lourde pierre polie pour les hommes, qui accompagnaient le corps, toujours en position recroquevillée. L'étude des débris déterrés sur place a révélé l'ingéniosité des habitants. Avec leurs assiettes de pierre, les occupants de Khirokitia avaient inventé la vaisselle incassable. Ils avaient aussi inventé la plaque chauffante : pour éviter d'enfumer leur maison, ils allumaient un feu dans la cour extérieure et en récupéraient les braises ardentes. Ils les disposaient ensuite sur une dalle de pierre à l'intérieur de la maison et les recouvraient de galets qui chauffaient rapidement et suffisamment pour la cuisson.

Ne manquez pas de gravir le sentier jusqu'en haut de la colline, pour y voir les **vestiges de la porte fortifiée** dont vous aurez découvert la reconstitution au début de la promenade et pour admirer une vue d'ensemble sur le site et ses verdoyantes collines alentour. Le village a été occupé pendant près d'un millénaire, jusqu'à son abandon soudain vers 5200 av. J.-C.

^ Mosaïque de saint Minas

Ayios Minas ✧

Carte p. 32-33 – À 10 km S-O de Lefkara ☎ 24 34 29 52. Oct.-avr. : t.l.j. 9h30-11h30 et 14h-16h ; mai-sept. : t.l.j. 9h30-11h30 et 15h-16h30. Entrée libre.

Au fond d'une vallée verdoyante, ce **couvent** du XVe s. remonte à la période franque : dans son église, les arches gothiques côtoient les coupoles byzantines. Il abritait alors une communauté de moines dominicains.

Ce sont aujourd'hui des religieuses qui donnent vie aux lieux : en dehors des heures consacrées à la prière, elles s'adonnent à l'**apiculture** et à la **peinture d'icônes**. On peut visiter leur atelier, repartir avec un pot de miel et surtout se laisser gagner par la sérénité des lieux, dans le joli cloître fleuri, au milieu des bâtiments monastiques du XVIIIe s. L'église est décorée d'un ensemble de peintures du XVIIIe s., parmi lesquelles une représentation de saint Minas, le martyr égyptien patron du monastère. L'iconostase ouvragée est de la même époque.

L'église Ayia Aikaterini, chapelle royale ✧✧

Carte p. 32-33 – À 19 km E de Lefkara. De mi-avr. à mi-sept. : lun.-ven. 9h30-17h ; de mi-sept. à mi-avr. : lun.-ven. 8h30-16h. Il est conseillé d'appeler avant (☎ 99 69 36 61 ou 96 47 30 60). Entrée : 2,50 €.

C'est une petite chapelle franque écrasée par la masse de l'église orthodoxe voisine. Surtout un émouvant souvenir de la période des Lusignan (p. 218). Oratoire d'un monastère ou d'un manoir, l'édifice date du règne de Janus Ier (1398-1432). On dit même que le roi vint s'agenouiller devant l'autel à la veille de la bataille qu'il allait livrer en 1426 contre les Mamelouks d'égypte dans la vallée de Khirokitia. Ses prières n'empêchèrent pas la défaite : fait prisonnier sur le champ de bataille, il fut conduit en captivité au Caire. C'est ce même roi que l'on voit représenté à l'intérieur, au pied d'une Crucifixion, en compagnie de la reine, Charlotte de Bourbon. Sur le mur nord figurent également une Cène, accompagnée des armes des Lusignan et d'inscriptions en ancien français, ainsi qu'une Résurrection de Lazare. Ces peintures ont été restaurées au début du XXe s.

Le monastère de Stavrovouni ✧✧

Carte p. 32-33 – À 29 km N-E de Lefkara. 📞 22 53 36 30. Avr.-août: t.l.j. 7h-12h et 15h-19h; sept.-mars: t.l.j. 7h-11h et 14h-17h. Entrée libre. Les femmes ne sont pas admises à l'intérieur des bâtiments, sauf pour l'office dominical de 10h. Photos interdites à l'intérieur.

Stavrovouni, c'est, en grec, la « montagne de la Croix ». Lorsque sainte Hélène, la mère de l'empereur Constantin, fonda le monastère au IVe s., à l'emplacement dit-on d'un temple dédié à Aphrodite, elle y déposa un fragment de la Vraie Croix, un trésor jalousement gardé par les moines de la communauté. Chaque 14 septembre, une foule immense de pèlerins de toute l'île viennent participer aux célébrations de l'Exaltation de la Croix, qui commémore la découverte miraculeuse de la sainte relique par Hélène et Constantin. C'est d'une autre montagne que relève la communauté, celle du mont Athos en Grèce, dont les règles strictes sont appliquées ici, en particulier celle de l'interdiction faite aux femmes de pénétrer à l'intérieur des bâtiments monastiques du XIXe s. Elles se consoleront aisément en admirant la formidable vue qui s'ouvre depuis l'**esplanade**, perchée à 700 m d'altitude: les sommets du Troodos, la plaine de Nicosie, la mer au loin... Au pied de la route qui grimpe jusqu'à ce nid d'aigle, le **monastère d'Ayia Varvara** abrite une communauté de moines qui animent une école de peinture d'icônes. On peut visiter leur atelier (fermé entre 11h et 14h).

Governor's Beach ✧

Carte p. 32-33 – À 25 km S de Lefkara.

C'est la **plage vedette de la région**, dûment signalée depuis l'autoroute côtière Larnaca-Limassol. Un long ruban de sable, transats et parasols à louer, un accès à l'eau en pente douce, quelques tavernes: c'est un bon endroit pour une journée de farniente en famille, d'autant plus que la baignade est surveillée en été. Les week-ends, on affiche souvent complet. Seul petit bémol: la masse du complexe industriel qui borde la plage.

Ayios Theodoros Beach ✧

Carte p. 32-33 – À Pentaschoinos, à 21 km S de Lefkara.

Après le village d'Ayios Theodoros – où vous pourrez vous approvisionner pour le pique-nique –, 6 km d'une petite route de campagne à travers les oliviers et les orangers conduisent à la plage du bourg. C'est un long ourlet de galets, moins fréquenté que la plage voisine de Governor's Beach, donc plus calme.

SUR LA PLAGE

Psarotaverna Mamas

Des tables posées directement sur la digue de galets, du poisson frais dans l'assiette, l'œil sur le large: le bonheur à la chypriote, c'est dans cette taverne qu'on le savoure.

> Ellados Avenue, plage de Pentaschoinos, Aghios Theodoros 📞 99 66 88 96.

• NOS ADRESSES •

LEKFARA

OÙ DORMIR

Les alentours immédiats de la petite localité de Lefkara, rendue célèbre par ses dentelles traditionnelles, offrent d'intéressantes possibilités de logement dans des **demeures villageoises** aménagées en **gîtes ruraux**. Une façon d'approcher l'authenticité chypriote, loin de la foule des vacanciers. Vous y trouverez aussi de charmantes **auberges de campagne.**

À Pano Lefkara

Aunt Maria's

En contrebas de la place principale ☎ 24 34 30 99 et 99 35 66 52, www.auntmarias.com. À partir de 70 €

La charmante propriétaire propose quatre appartements (dont trois avec 1 ch. et 1 salon à 70 € la nuit et un plus vaste avec 3 ch., idéal pour une famille ou un groupe d'amis, à 150 € la nuit). Chacun de ses logements est parfaitement équipé et dispose d'une agréable terrasse privative. On peut également utiliser le barbecue de la maison. Un excellent point de chute pour explorer la région.

Dans les environs

Palatakia

À Kato Drys ☎ 99 93 48 07, www.palatakia.com. Possibilité de petit déjeuner : 9 €. Réservation et paiement en ligne sur le site Internet. De 70 à 95 €

L'établissement propose une dizaine de studios et appartements (jusqu'à 4 pers.) dans plusieurs vieilles maisons de la ville. Toutes présentent le même confort moderne avec une touche de décoration locale et sont équipées d'un coin cuisine.

Garden Kamara House

À Kato Drys ☎ 24 62 09 99 et 99 41 94 91, page Facebook Garden Kamara House. Réservation et paiement possible sur www.agrotourism.com.cy. Location de toute la maison : 110 €/nuit. De 70 à 95 €

Une bien belle maison du début du XXe s. à louer, en plein cœur du village. Salle à manger, salon, cuisine, petit jardin et deux chambres : tout est là pour faciliter un séjour agréable en famille ou entre amis.

OÙ MANGER

Dans les environs

Maria

À Vavatsina (8 km O de Lefkara) ☎ 24 34 26 40. Mar.-sam. 9h-21h30, dim. 9h-18h. Quelques chambres à louer (50 € la nuit). De 10 à 15 €

♥ La meilleure auberge de montagne des environs de Lefkara. Grillades et ragoûts traditionnels, truite, mezze, sur une terrasse dominant un vaste panorama : un moment de bonheur que les habitants de Larnaca viennent partager en nombre le temps d'un déjeuner dominical.

O Platanos

À Kato Drys ☎ 24 34 21 60 et 99 68 87 61. Autour de 15 €

C'est l'unique taverne du village : on y déguste des grillades et des plats mijotés sur l'agréable terrasse ombragée.

Romios

À Kalavasos (18 km S de Lefkara). ☎ 24 33 34 25, www.romios-apartments.com. Autour de 15 €

Une bonne taverne au centre du village, où le patron sait entretenir une joyeuse ambiance quand la saison bat son plein.

SHOPPING

À Pano Lefkara

Rouvis Lace & Silver

Gregori Afxentiou, 10 ☎ 24 34 25 59. T.l.j. 9h-18h30.

Cette boutique vous propose un vaste choix de dentelles et de bijoux en argent faits maison et de produits régionaux (gâteaux aux figues, miel, amandes...).

Dentelles à vendre dans les rues de Lefkara

NICOSIE

Ancienne cité-État de Ledra devenue Lefkosia à l'époque de Byzance, puis siège des rois francs en 1192, la capitale de Chypre est entourée d'une enceinte vénitienne circulaire spectaculaire, ornée de onze pointes, à la fois bastions et portes d'accès à la ville intra-muros. Les Francs la baptisèrent Nicosie, les Britanniques Nicosia, mais elle est redevenue Lefkosia en 1960. Hélas, autre particularité de cette capitale, elle est la seule ville du monde encore coupée en deux depuis la chute du mur de Berlin. De part et d'autre de la ligne de démarcation, de nombreux vestiges rappellent son glorieux passé, et la ville aux deux visages tente de continuer à tenir son rang de capitale européenne.

Centre historique de Nicosie-Sud

Nicosie

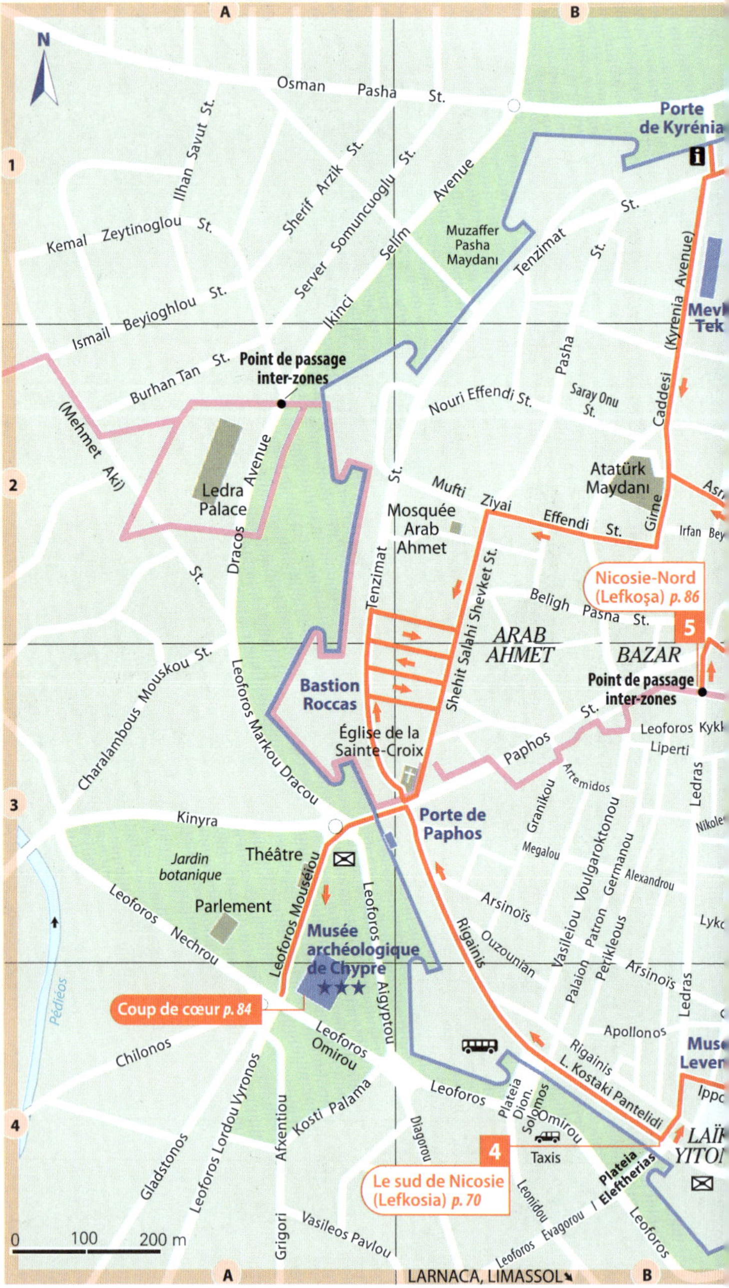

A
B
N
1
2
3
4
Osman Pasha St.
Porte de Kyrénia
Ilhan Savut St.
Sherif Arzik St.
Somuncuoglu St.
Avenue
Kemal Zeytinoglou St.
Server
Selim
Muzaffer Pasha Maydanı
Tenzimat
St.
(Kyrenia Avenue)
Ismail Beyioghlou St.
Ikinci
Mevl
Tek
Burhan Tan St.
Point de passage inter-zones
Pasha
Nouri Effendi St.
Saray Onu St.
Caddesi
(Mehmet Aki)
Ledra Palace
Avenue
Dracos
St.
Mufti Ziyai Effendi St.
Atatürk Maydanı
Girne
Asr
Irfan Bey
Mosquée Arab Ahmet
Tenzimat
Shehit Salahi Shevket St.
Beligh Pasha St.
Nicosie-Nord (Lefkoşa) p. 86
5
ARAB AHMET
BAZAR
Point de passage inter-zones
Charalambous Mouskou St.
Leoforos Markou Dracou
Bastion Roccas
Église de la Sainte-Croix
Paphos St.
Leoforos Kykk
Liperti
Artemidos
Ledras
Nikole
Kinyra
Porte de Paphos
Granikou
Megalou
Jardin botanique
Théâtre
Leoforos Mouseiou
Alexandrou
Voulgaroktonou
Germanou
Parlement
Leoforos
Arsinoïs
Lyko
Leoforos Nechrou
Musée archéologique de Chypre ★★★
Aigyptou
Rigainis
Ouzounian
Vasileiou
Patron
Perikleous
Palaion
Arsinoïs
Ledras
Pédiéos
Coup de cœur p. 84
Apollonos
Chilonos
Leoforos Omirou
Rigainis
L. Kostaki Pantelidi
Muse
Leven
Ippo
Leoforos Lordou Vyronos
Afxentiou
Kosti Palama
Leoforos
Plateia Dion. Solomos
Omirou
Diagorou
LAÏK
YITON
Gladstonos
4
Taxis
Le sud de Nicosie (Lefkosia) p. 70
Plateia Eleftherias
Leonidou
Grigori
Vasileos Pavlou
Leoforos Evagorou
Leoforos
0 100 200 m
LARNACA, LIMASSOL

C
D
National Struggle museum
Municipal
Saradjoglou Maydani
Forest
Avenue
Istanbul
1
St.
Demetrios
Chavoush St.
Alp Aslan St.
Ege St.
Marmara St.
Athena
Yeni Djami St.
Barbaros Maydani
Bodamiali St.
St.
Fouzouli St.
Attila St.
Barbaros St.
Avenue
Saray
St.
Lusignan House
Maison Tourexi
Leoforos
Eski
Mosquée Haidar Pasha
Kirlizade
Georgiou
2
Haidar Pasha St.
Ayiou
Axiothéas
Mosquée Selimiye (ancienne cathédrale Sainte-Sophie) ★★★
Musée lapidaire
Égl. Panayia Chrysaliniotissa
Patroklou
Arch. Filothéou
Leoforos
Centre d'artisanat
St.
Bedestan ★★
Saçakli Ev (Eaved House)
Minoos
Plateia Vasileos Georgiou II
Salaminos
Büyük khan
Odysseos
Dimonaktos
Athinas
Ermou
CVAR – Fondation Severis ★★
Ektoros
Pnytagorou
Marché Bandabuliya
Ermou
St
Ammochostou
Musée municipal de la gravure Hambis ★★
St.
Liperti
Manis
Pentadaktylou
Thiseos
Lidinis
Tempon
Coup de cœur p. 82
Porte de Famagouste
Église Phaneromeni
Plateia Dimarchias
Eptanisou
Apostolou Varnava
Musée d'Art populaire
Ayiou Ioannou
Othellou
Salaminos
3
Lefkonos
Marché
Musée de la Résistance
Cathédrale
Irakleous
Foka
Mouson
Leoforos
Solonos
Aischylou
Trikoupi
Isaakiou Komninou
Plateia Archiepiskopou Kyprianou
Musée d'Art byzantin ★★★
Nikiforou
Plateia Tillirias
Zinonos Kitieos
Adamantiou Korai
Larnakos
Galip
Patriarchou Grigoriou
Église St-Antoine
Leoforos
Église Trypiotis
Elpinikis
Mosquée Omériyé
Volonaki
Liasidou
Maison du drogman Hadjigeorgakis
Othonos
Salaminos
Foteinou
Pana
Agiou Sawa
Ayiou Antoniou
LARNACA
Aischylou
Trikoupi
Areos
Onisilou
Archermou
Achilleos
Athinon
Xenierou
Plateia Archiepiskopou Makariou II
Leoforos
Thrakis
Paleologou
Simonidou
Aristokyprou
Xanthis
Roikou
Protagorou
4
Leoforos
Konstantinou
Constanza Bastion
Stasinou
Gefrya Kannigkos
Ligne de démarcation
Stasinou
Taxis
Leoforos
C
LARNACA, LIMASSOL
D

4 LE SUD DE NICOSIE (Lefkosia)

Le centre historique de Nicosie a perdu une bonne partie de ses habitants suite aux combats de 1974, dont les stigmates sont toujours visibles aujourd'hui. Les rues se terminent en cul-de-sac sur un poste d'observation de l'ONU, un baraquement militaire ou une barricade de fortune. Pourtant, la ville reste très animée, autant le long de la rue commerçante de Ledra, qui aboutit à un point de passage vers le nord, que dans le quartier de la porte de Famagouste, nouveau quartier bobo à la mode. La place de la Liberté, récemment modernisée et aménagée, est, elle aussi, en passe de devenir un rendez-vous incontournable du tout Nicosie.

PRATIQUE

- **Plan p. 68-69**
- **Nos adresses p. 79**

Accès

En voiture

Quand vous abordez Nicosie, les panneaux « centre-ville » vous conduisent à la plateia Eleftherias et à l'entrée de la vieille ville. Laissez ici votre voiture (parcs de stationnement payants): la circulation à l'intérieur de la vieille ville est très limitée et inutile.

Liaisons en bus

Intercity Buses

📞 80 00 77 89, www.intercity-buses.com

La compagnie Intercity Buses relie la capitale aux grandes localités de l'île. Départs plateia Solomos *(B3)*.

• **Pour Larnaca :** 14 départs quotidiens lun.-ven.

Rue Ledra

L'ESSENTIEL

À ne pas manquer

Le Musée archéologique de Chypre ; la collection d'art et d'archives du CVAR ; la place de la Liberté ; les boutiques du centre-ville entre églises somptueuses et minarets effilés.

Expériences

Profiter d'un moment de détente après un massage dans le hammam construit par Lala Mustapha Pacha ; participer à des ateliers de gravure dans le musée de Hambis Tsangaris.

Place de la Liberté

Plateia Eleftherias

Plan B4.

La place de la Liberté a fait peau neuve. Son réaménagement est la **dernière œuvre de l'architecte Zaha Hadid,** lauréate du concours d'architecture lancé en 2005 par la municipalité de Nicosie pour rajeunir le centre-ville. Le projet qui s'est achevé en 2016 remplit son cahier des charges. Un **pont préau de 3 500 m²** pouvant accueillir des événements culturels a été réalisé, reliant les parties anciennes et modernes de la ville. Les **jardins attenants**, dessinés le long de la muraille vénitienne, tout en rondeurs et en arabesques évoquent des motifs floraux tout autant que des dentelles. Les **fontaines** illuminées la nuit et les **bancs** en forme de galets blancs font de l'ensemble un rendez-vous bien agréable pendant les chaudes soirées estivales.

Depuis la place de la Liberté, on aperçoit la **tour conçue par Jean Nouvel**, le point culminant de la ville. L'édifice de 67 m de haut est couvert de « façades vivantes », des **murs végétalisés** et des murs perforés d'ouvertures aléatoires.

6h-21h ; 7 départs sam.-dim. 8h15-20h. Tarif : 4 €.

- **Pour Limassol :** 17 départs quotidiens lun.-ven. 6h-21h ; 8 départs sam.-dim. 7h-19h30. Tarif : 5 €.
- **Pour Paphos :** 8 départs quotidiens lun.-ven. 5h-19h ; 5 départs sam.-dim. 7h-18h. Tarif : 7 €.
- **Pour Ayia Napa :** 6 départs quotidiens lun.-ven. 5h45-18h30 ; 4 départs sam.-dim. 8h30-18h30. Tarif : 5 €.

Compagnie OSEL 📞 77 77 77 55, www.osel.com.cy.

- **Pour le Troodos :** Il existe plusieurs liaisons quotidiennes avec Galata, Kakopétria, Troodos square. Départ plateia Solomos *(B3)*. Tarif : 1,50 €.

Kapnos Airport Shuttle 📞 77 77 14 77, www.kapnosairportshuttle.com Liaisons avec l'**aéroport de Larnaca** : départ toutes les heures env. 3h-23h depuis l'avenue Kyrenias *(dans la ville moderne, hors pl. par D3)*. Prix : 10 €.

→

Laïki Yitonia

Plan B4.

Ce **quartier traditionnel** de la vieille ville a été joliment restauré par la municipalité. Ruelles pavées de galets, maisons blanches aux balcons de bois, passages couverts… Jasmin et chèvrefeuille viennent parfumer la promenade. On y **trouve boutiques de souvenirs** et **restaurants**, ainsi que le bureau de l'office de tourisme. Au nord, les **rues Solonos et Arsinoïs** sont bordées de petits cafés où l'on peut fumer le narguilé. C'est le rendez-vous de la jeunesse bohème de Nicosie.

ESPACE DÉTENTE

Hamam Omerye

De l'autre côté de la place du côté nord de l'édifice, un hammam ottoman (XVIe s.) a été restauré. Il serait construit sur l'ancienne salle du chapitre du monastère. Vous pourrez vous y initier aux délices des bains de vapeur.

> **Plan C3** – Plateia Tyllirias, 8 ☎ 22 46 00 06, www.hamamomerye.com. Mar.-dim. 10h-20h30 ; jeu. réservé aux femmes. Entrée : 30 €/1 pers., 55 €/2 pers., 75 €/3 pers., 95 €/4 pers., 115 €/5 pers.).

Le Musée Leventis ✧

Plan B3 – Odos Ippokratou ☎ 22 66 14 75. Mar.-dim. 10h-16h30. Entrée libre.

Installé dans une vaste et belle demeure du siècle dernier qui a abrité une clinique (d'où le nom de la rue), le musée municipal évoque l'histoire de la ville, depuis le IIIe millénaire avant notre ère jusqu'à l'indépendance.

Voyez notamment la **salle vénitienne**, qui conserve plusieurs portraits de la belle reine **Catherine Cornaro**, une figure héroïque de l'histoire de Chypre dont la mémoire est toujours respectée. Veuve du dernier des Lusignan, elle a défendu, bien que vénitienne, l'indépendance de son royaume face aux appétits de la sérénissime République. Les Vénitiens ont eu raison de sa résistance : ils l'ont contrainte à abdiquer, avant de la ramener de force à Venise, où elle est morte en 1510.

Dans la **section ottomane** est présenté le costume d'apparat d'un drogman : sous la domination turque, ces notables étaient les représentants de leur communauté, chrétienne ou juive, auprès des autorités. Ils étaient également chargés de lever les impôts auprès de leurs coreligionnaires. Certains d'entre eux ont pu amasser ainsi de jolies fortunes.

Pour la **période coloniale**, des objets usuels témoignent de l'anglophilie de certains Chypriotes aisés.

PRATIQUE (SUITE)

Liaisons en taxi collectif

Travel & Express ☎ 22 73 08 88. Cette compagnie centralise toutes les liaisons vers les principales villes du pays ; réservation possible. Départs plateia Solomos *(B4)*.

Adresses utiles

Office de tourisme

Laïki Yitonia *(B4)* ☎ 22 67 42 64. Lun.-ven. 8h30-16h, sam. 8h30-14h. F. dim. Visite guidée en anglais de 2h30 (gratuit) lun. et jeu. à 10h organisée par la mairie.

Procurez-vous sur place la publication en anglais *Nicosia This Month*, avec le programme mensuel des activités à Nicosie.

Association des guides touristiques de Chypre

Spyrou Kyprianou av., 14 ☎ 22 76 57 55, www.

La mosquée Omériyé ✧

Plan C3 – ☎ 96 72 70 14. T.l.j. du lever au coucher du soleil, en dehors des heures de prière. Entrée libre.

Un haut minaret, un petit café abrité sous sa tonnelle : c'est un coin d'Orient planté au cœur de la vieille ville. Sur le flanc de l'édifice, une belle **rosace gothique** rappelle toutefois l'histoire des lieux. C'était au temps des Lusignan, de l'ancienne église de la Vierge construite au XIVe s. au cœur d'un complexe monastique. Il s'étendait sur l'ensemble de l'esplanade que l'on voit aujourd'hui. Il abritait un hospice pour les pèlerins sur les chemins de la Terre sainte. L'intérieur de la mosquée conserve la rigueur de ses origines monastiques, avec sa longue nef unique. La couverture, en arcs brisés, est un ajout des Ottomans au XVIe s. Lors de la prise de la ville en 1570, les bâtiments du couvent ont été entièrement détruits. Seule restait l'église, dont la toiture avait été emportée par la canonnade. Elle fut aussitôt transformée en mosquée.

La maison du drogman Hadjigeorgakis Kornesios ✧

Plan C3 – Odos Patriarchou Grigoriou, 20 ☎ 22 30 53 16. Mar-ven. 8h30-15h30, sam. 9h30-16h30. Entrée libre.

^ Mosquée Omériyé

C'est l'occasion de pousser la porte de la **demeure d'un riche notable grec** du XVIIIe s. Grâce à de magnifiques restaurations et reconstitutions d'intérieurs, on entre dans l'intimité de ces élites grecques qui avaient adopté l'**art de vivre à l'ottomane**. Sur la rue, le porche d'entrée est surmonté du Lion de saint Marc : le drogman Hadjigeorgakis représentait les intérêts de Venise auprès des autorités turques. On pénètre ensuite dans le **jardin** où s'ouvre le **hammam**. Les pièces d'habitation se trouvaient à l'étage. La partie

cytouristguides.com Pour trouver un guide francophone. Tarif à titre indicatif : 80 € pour une demi-journée, 120 € pour 1 j. ; tarif augmenté de 50 % le dim. et doublé les j.f.

Ambassade de France

Odos Demostheni Severi, 34, Agioi Omologitoi *(hors pl. par A4)* ☎ 22 58 53 00/59, https://cy.ambafrance.org. Lun.-ven. 10h30-12h30.

Hôpital général

Leoforos Omirou *(B4)* ☎ 22 60 30 00.

Location de voitures

• **Hertz :** Odos Aikaterinas Kornaro, 16, Strovolos *(hors pl. par A4)* ☎ 22 20 88 88, www.hertz.com.cy.

• **Petsas & Sons :** Leoforos Kostaki Pantelidi, 24 *(B4)* ☎ 22 45 64 50.

Poste

Plateia Eleftherias *(B4)* ☎ 22 30 32 19.

Urgences

☎ 112.

la plus intéressante est l'***oda***, la somptueuse salle de réception : sur trois côtés, les divans bas sont disposés à l'ottomane, les boiseries empruntent leurs motifs à la décoration orientale, et le *kioski*, le balcon de bois en encorbellement, est une caractéristique des demeures turques. Tapis, tentures et coussins ont été reproduits à l'identique. Un escalier dissimulé derrière les boiseries conduisait à la terrasse.

Le musée d'Art byzantin ✧✧✧

Plan C3 – Plateia Archiepiskopou Kyprianou ☎ 22 43 00 08. Mar.-ven. 9h-16h30, sam. 9h-13h. Entrée : 4 €. Fermeture temporaire.

La peinture byzantine est loin d'être la reproduction infinie des mêmes figures. À Chypre, carrefour des routes commerciales, elle s'est notamment enrichie d'influences occidentales. Cette collection, abritée dans le **palais archiépiscopal**, offre un large panorama sur la **peinture d'icônes** du VIIIe au XVIIIe s.

Rez-de-chaussée : 1re salle

Jusqu'à la fin du XIIe s. et la mise en place du royaume franc, la peinture chypriote répond au grand classicisme byzantin : ainsi, les icônes du Christ et de la Vierge (de part et d'autre de l'axe central, 2e rangée de panneaux) provenant toutes deux de l'église de la Panayia tou Arakou à Lagoudéra (p. 117). À partir du XIIIe s. se lit une influence occidentale de plus en plus marquée. Le *Saint Nicolas* (n° 7, à dr. en entrant) provenant de l'église du même nom à Kakopétria (p. 111), montre les donateurs représentés aux pieds du saint en costume de seigneur et de noble dame. Remarquez aussi un autre *Saint Nicolas* (dernière rangée de panneaux du côté g.), où vous pourrez voir des personnages en costume flamand (les marchands de Flandre étaient très actifs dans les ports de Chypre au début du XVIe s.). Voyez dans la même veine une Vierge à l'Enfant (même niveau, du côté dr. de l'axe central) où la représentation des donateurs à ses pieds relève de l'art du portrait occidental. À ces emprunts à l'Europe du Nord s'ajoute une influence stylistique italienne : elle est très évidente dans une *Adoration des Mages* (à l'extrémité du mur de g.) et dans une *Madone* (n° 116, dans la travée précédente quand on retourne vers l'entrée, en hauteur) qui provient de la région de Famagouste.

Rez-de-chaussée : 2e salle

Cette salle rassemble une collection de peintures murales provenant du monastère d'Antiphonitis (XVe s.), situé dans la partie nord de l'île (p. 194). Suite à l'occupation de cette partie de l'île en 1974, ces œuvres furent détachées de leur support, tronçonnées en sections de petite taille de manière à être transportées à l'étranger. Cette preuve du saccage du patrimoine chypriote dans la partie occupée a pu être récupérée en 1997.

La cathédrale Saint-Jean-le-Théologien

Ayios Ioannis Theologos

Plan C3 – ☎ 22 55 46 00. Lun.-ven. 8h-12h et 14h-16h, sam. 9h-12h. Entrée libre. Fermeture temporaire.

La cathédrale de Nicosie semble bien modeste au milieu des bâtiments modernes de l'archevêché. Comme l'indique une inscription au-dessus du porche ouest, elle a été achevée en 1662. C'est au XVIIIe s. que l'église devint cathédrale. De cette époque, elle conserve une splendide **iconostase** en bois sculpté dont la décoration fourmille de détails : oiseaux, animaux divers, scènes de l'Ancien Testament. Sur les murs un ensemble de **peintures** illustrent les principaux événements de la vie du Christ.

Le musée d'Art populaire chypriote ✧

Plan C3 – 22 43 25 78. Lun. 10h-14h, mar.-ven. 9h30-16h, sam. 9h-13h. Entrée : 2 €.

Le bâtiment lui-même vaut le coup d'œil : c'est l'unique vestige d'un couvent bénédictin de l'époque des Lusignan. La cathédrale voisine a été construite à l'emplacement de sa chapelle. À l'entrée, une **splendide porte gothique** présente des traces de peinture du XVIe s.

Dans les salles, vous découvrirez une jolie palette de la **production artisanale** de l'île : dentelles de Lefkara, céramiques, ébénisterie avec de splendides coffres de bois. Les objets sont accompagnés de photos illustrant les savoir-faire et les modes de vie des artisans.

Le musée de la Résistance chypriote

Plan C3 – 22 30 58 78. Lun.-ven. 8h-14h30. Entrée libre.

De 1955 à 1959, une guerre féroce a opposé les maquisards de l'Organisation nationale des combattants chypriotes (EOKA), commandés par le général Grivas, aux forces d'occupation britanniques. Aux embuscades, attentats, expéditions punitives contre les Grecs accusés de collaborer avec l'ennemi répondait une répression implacable contre ceux que les autorités anglaises appelaient « terroristes ». Le musée est un hommage aux « combattants de la liberté » au travers de photos, d'objets personnels et de l'évocation de faits d'armes. Des panneaux détaillent l'historique de cette période qui aboutit à l'indépendance de l'île.

Palais néo-byzantin de l'Archevêché de Nicosie

^ Intérieur de l'église de la Panayia Chrysaliniotissa

La porte de Famagouste

Plan D3 – 📞 22 79 76 60. Pendant les périodes d'exposition : lun.-ven. 10h-13h et 16h-19h (17h-20h mai-sept.). Entrée libre. Fermeture temporaire.

On retrouve ici la **muraille vénitienne** : en l'occurrence, une des portes fortifiées qui donnaient accès à la ville. Le large passage qui s'ouvre sous la porte est flanqué de deux hautes salles de garde et débouche sur les fossés, des jardins aujourd'hui, qui doublaient la défense. L'ouvrage abrite le **Centre culturel municipal** qui organise des expositions, généralement d'art contemporain.

Le musée municipal de la gravure Hambis ✧✧

Plan D3 – Ammochostou, 55-59 📞 22 49 69 30, http://printmaking.cy. Mai-sept. : mar., jeu. et ven. 10h-14h, mer. et sam. 10h-14h et 17h-20h ; oct.-avr. : mar., jeu. et ven. 10h-14h ; mer. et sam. 10h-20h Entrée et contribution libres.

Installé dans les locaux d'une ancienne boulangerie du vieux quartier de la porte de Famagouste, le musée de la gravure qui met à l'honneur le **graveur Hambis Tsangaris** a ouvert ses portes en 2019. Outre les œuvres de l'artiste de renommée internationale et quelques vitrines présentant son parcours et les **techniques de la gravure**, le musée abrite, à l'étage, des **expositions temporaires** tremplin pour les jeunes talents. Le musée propose aussi des ateliers ouverts au public dans le même esprit que les **ateliers** de gravure que l'artiste, Hambis Tsangaris, offre dans son village, à Platanisteia, chaque été les deux premières semaines d'août (p. 179).

CVAR – Fondation Severis ✧✧

Plan D2 – Ermou, 285, dans le quartier de la porte de Famagouste 📞 22 30 09 94, https://cvar.severis.org. Mar.-dim. 9h30-17h. Entrée : 5 €, audioguide : 3 € (en français).

Au cœur de la ville fortifiée, le Centre d'arts visuels et de recherche (CVAR) abrite plus de 1 000 œuvres issues de la **collection privée de Costas et Rita Severis**. Un panorama artistique de l'histoire de Chypre à travers des tableaux, des costumes et des souvenirs qui plongent au cœur du **quotidien des deux communautés** de l'île à travers le regard d'artistes et de voyageurs venus d'horizons les plus divers.

> Lire aussi le coup de cœur de l'auteur : Une fascinante plongée dans l'histoire chypriote au CVAR (p. 82).

Le quartier de la Panayia Chrysaliniotissa

Plan C2-D2.

Ce quartier nord-est de la vieille ville de Nicosie a été joliment restauré dans le cadre du projet conjoint gréco-turc de réhabilitation du centre-ville. Depuis l'**église de la Panayia Chrysaliniotissa**, fondée en 1450 et qui conserve une belle iconostase du XVIIIe s., se déploie un **réseau de ruelles étroites et fleuries** qui viennent buter contre la ligne de démarcation. Ce charmant quartier de **maisons basses entourées de jardins** est devenu une adresse prisée dans le centre-ville. Voyez aussi, à l'angle de la **rue Ayiou Georgiou (D2)**, la belle **maison Tourexi**, une demeure levantine du XVIIIe s. qui accueille aujourd'hui des institutions universitaires. On peut y entrer pour jeter un coup d'œil sur l'élégant portique intérieur. La **rue Ermou (C2)** était la principale artère commerçante de la ville : elle est aujourd'hui coupée en deux par la ligne de démarcation. Côté grec, d'anciens entrepôts ont été entièrement restaurés et donnent une idée de la physionomie de la rue avant la partition. Ils abritent cafés et commerces.

CENTRE D'ARTISANAT CHRYSALINIOTISSA

Plan D2 – Odos Dimonaktos 📞 22 34 74 65 ou 99 55 62 50. Lun.-sam., horaires très variables. Appelez avant de vous y rendre.

Un ensemble de maisons anciennes restaurées accueille des **ateliers d'artisans d'art** (céramiste, peintre d'icônes, verrier...) que l'on peut découvrir dans l'exercice de leur art. Un **petit café en terrasse** offre l'occasion d'un agréable moment de détente.

Le marché municipal

Plan C3.

Avec la relative désertification du centre ancien, le marché aux fruits et légumes a perdu son rôle de « ventre de Nicosie ». Une activité réduite persiste cependant ; c'est le marché du samedi qui est le plus animé, avec les producteurs des environs qui viennent proposer fruits et légumes, fromages, miel, charcuterie...

En arrière du marché s'ouvre un immense **champ de fouilles**. Les archéologues y ont mis au jour tout un **quartier de la ville médiévale**, avec ses maisons, ses ateliers et ses commerces. Une partie des objets découverts est exposée au Musée archéologique de Limassol (p. 167).

PAUSE DÉJEUNER

Mathaios

Une cantine de quartier sur laquelle le temps n'a pas de prise dans un petit passage derrière l'église Phaneromeni. Nappes à carreaux, chaises en plastique orange, cuisine familiale, clientèle du voisinage, tout y est simple et délicieux et l'on aimerait que cet endroit ne change jamais. Goûtez le pilaf de pigeon ou l'agneau au vin à l'étouffé.

> **Plan C3** – Odos Oktobriou, 28 📞 22 75 58 46. Lun.-sam. 12h-16h.

L'église Phaneromeni

Plan B-C3 – 📞 22 67 32 96. T.l.j. 6h30-13h et avr.-oct. 16h-20h / nov.-mar. 15h-18h30.

Cette église « de l'Apparition » est le plus vaste sanctuaire orthodoxe de la vieille ville. Dans sa forme actuelle, elle date de 1872. Mais cette dernière construction a pris la place d'édifices plus anciens, probablement un monastère orthodoxe du Moyen Âge. À l'intérieur, une **icône de la Vierge** fait l'objet d'une vénération particulière. Selon la légende, après leur conquête de la ville en 1570, les Turcs projetèrent à plusieurs reprises de convertir l'église en mosquée. Chaque fois, l'intervention divine déjoua le projet en faisant mourir subitement les imams qui voulaient prendre possession des lieux...

Sur la place, un imposant **monument funéraire** rappelle la mémoire des Grecs, leur archevêque en tête, exécutés par les Ottomans à la suite d'une révolte contre le sultan en 1821. Au nord de la place, une petite église franque conserve, dans l'ensemble, son ordonnance médiévale. Devenue mosquée, elle est fermée à la visite depuis 1974. Les alentours de l'église Phaneromeni regorgent de **petits cafés et restaurants**, pris d'assaut à l'heure du déjeuner et tout autant animés le soir.

Le Musée archéologique de Chypre ✧✧✧

Plan A3 – Leoforos Mouséiou ☎ 22 86 58 54. Mar.-ven. 8h-18h, sam. 9h-17h, dim. 10h-13h. Entrée : 4,50 €.

Tous les objets exposés ici proviennent de trouvailles faites à Chypre. C'est une remarquable rétrospective sur le riche passé de l'île. Vous y verrez notamment un nombre stupéfiant de figurines en terre cuite, une belle collection d'amphores, de splendides plats en argent portant au revers un poinçon au nom de l'empereur byzantin Héraclius (610-641) et les trois vedettes, représentées un peu partout, des cartes postales aux pièces de monnaie en passant par les publicités : l'**Aphrodite** de Chypre, le **dieu cornu d'Engomi**, « prototype de toute la statuaire grecque ultérieure » selon l'historien François Chamoux et l'**idole cruciforme de Paphos** qui annonce, avec ses lignes épurées, l'art des Cyclades.

> Lire aussi le coup de cœur de l'auteur : Les étonnantes figurines d'argile du musée de Chypre (p. 84).

A.G. LEVENTIS GALLERY, PINACOTHÈQUE

Plan B4 – Leonidou, à proximité de la place de la Liberté ☎ 22 66 88 38, www.leventisgallery.org. Jeu.-dim. 10h-17h, mer. 10h-20h.

Pour tout savoir sur les tendances modernes de l'art à Chypre, cette pinacothèque est incontournable. Elle propose des expositions permanentes et temporaires, des événements culturels et des programmes éducatifs.

‹ L'église Phaneromeni

• NOS ADRESSES •

LEFKOSIA

OÙ DORMIR

Sky

Plan B3 – Odos Solonou, 7C ☎ 22 66 68 80. 21 ch. Autour de 50 €

Au cœur du Laïki Yitonia. Simple et sans fioritures, mais sa situation en fait un bon point de chute.

Asty Hotel

Hors pl. par A4 – Prigkipos Karolou, 12 ☎ 22 77 30 30, www.astyhotel.com. 140 ch. De 60 à 80 €

Une alternative intéressante dans le quartier d'Aghios Dometios, quand tous les hôtels du centre-ville affichent complet. Chambres spacieuses, salons, espace de travail, salle de sport, parking. Possibilité de location de vélos. Accueil très sympathique et prix raisonnables.

Royiatiko Hotel

Plan B3 – Odos Apollonos, 27 ☎ 22 44 54 45, www.royiatikohotel.com.cy. Piscine et parking gratuit. De 60 à 100 €

Le dernier-né du parc hôtelier de la vieille ville joue la carte du luxe: la décoration est épurée et le mobilier design. Les chambres – certaines avec balcon – sont très confortables. Le tout dans un coin calme de la vieille ville.

Castelli

Plan B3 – Odos Ouzounian, 38 ☎ 22 71 27 12 ou 22 71 28 12, www.castellihotel.com.cy. Parking privé gratuit. De 75 à 110 €

Moderne, confortable et très bien situé: c'est un bon choix à Nicosie. Ce petit hôtel familial dispose de chambres assez grandes et impeccables, au cœur de la vieille ville. Excellent petit déjeuner sous la forme d'un copieux buffet.

Centrum

Plan B4 – Odos Pasikratous, 15 ☎ 22 45 64 44, www.centrumhotelcyprus.com. De 75 à 110 €

En plein cœur de la vieille ville et dans une rue piétonne du Laïki Yitonia, ce qui garantit des nuits et des matins tranquilles. Chambres modernes et tout confort (avec balcon pour certaines).

Classic

Plan B3 – Odos Rigainis, 94 ☎ 22 66 40 06, www.classic.com.cy. De 100 à 150 €

Cet hôtel de bon confort moderne, à l'intérieur des remparts, est formé de plusieurs maisons anciennes reliées par des couloirs biscornus et des coursives de métal. Un côté postmoderne qui se prolonge dans l'agréable salle du petit déjeuner. Accueil sympathique.

Cleopatra

Hors pl. par B4 – Florinis, 8 ☎ 22 84 40 00, www.cleopatra.com.cy. De 100 à 150 €

Extra-muros, à proximité du centre-ville, l'hôtel a fait peau neuve tout récemment. Chambres et suites spacieuses pour 2 à 4 personnes, piscine, salle de sport et de conférence, restaurant, parking.

OÙ MANGER

Ayios Georgios

Plan C3 – Odos Dimarchias, 27 ☎ 22 76 59 71 ou 99 82 42 62, page Facebook Agios Georgios Tavern. Mar.-dim. 18h-23h. De 10 à 20 €

Une terrasse à l'ombre en vue du marché. Un endroit simple mais idéal pour les petits budgets.

Fanous

Plan B4 – Odos Solonos, 7 ☎ 22 66 66 63, www.fanous.eu. T.l.j. 12h-23h. De 10 à 20 €

La spécialité de la maison: les mezze, mais à la libanaise cette fois. En vedette à la carte vous trouverez purée de pois chiches (houmous), *fattouch* (salade composée), taboulé et de délicieuses brochettes. Gentille petite terrasse dans une rue piétonne.

Piatsa Gourounaki

Plan B3 – Faneromenis, 92 ☎ 77 78 77 77, www.piatsagourounaki.com.cy. T.l.j. 12h-23h. De 10 à 20 €

♥ Restauration sur place ou à emporter. Ambiance branchée dans un décor art déco local et une philosophie du « bien manger » qui se décline en produits sans OGM ni ingrédients synthétiques. Les spécialités du lieu sont à base de porc comme l'indique l'enseigne qui signifie « au rendez-vous des petits cochons ». Même les frites sont en forme de queue de cochon en tire-bouchon.

Kipos tis Xrisaliniotissas

Plan D2 – Athinas street, dans le parc Toufexi près de la porte de Famagouste 📞 22 34 34 47. Mar.-dim. 19h30-minuit. De 10 à 20 €

Une taverne que les Chypriotes connaissent bien et apprécient pour les *sieftalies*, les sandwichs traditionnels que l'on partage dans le parc entre palmiers, platanes et mûriers. Ambiance familiale, joyeuses tablées, service rapide, un havre de paix dans la capitale pour échapper à la chaleur estivale. L'occasion de goûter aussi le *mahlepi* offert en dessert.

The Powerhouse

Plan C3 – Odos Tembon, 3 📞 22 43 25 59. T.l.j. 18h-1h. De 15 à 20 €

Un rendez-vous branché qui attire du monde tous les week-ends. Salades et pâtes, mais aussi viandes et poissons, tendance cuisine méditerranéenne.

Zanettos

Plan C3 – Trikoupi, 65 📞 22 76 55 01. Mar.-sam 18h30-23h00, dim. 6h30-23h. Autour de 25 €

Taverne traditionnelle incontournable pour goûter les mezzés chypriotes. Ici, pas de menu, mais un assortiment de petits plats à partager, prix unique 23€ par personne pour des portions particulièrement copieuses et une grande variété de plats. Réservation conseillée.

Pralina

Hors pl. par B4 – Stasikratous, 31, en dehors de l'enceinte fortifiée de Lefkosia 📞 22 66 55 88, www.pralinacy.com. T.l.j. 9h-minuit. De 35 à 45 €

Élégance, luxe et gastronomie, tout est dit. La confiserie, bien connue des Lefkosiotes, s'est dotée d'un restaurant haut de gamme. Une expérience de modernité et de raffinement, tant pour les confiseries, la restauration que les cocktails. Risotto de langoustines, sushis, canard laqué, salade niçoise...

PÂTISSERIE

Melissa Confectionery

Plan C3 – Aischylou, 82 📞 22 76 20 70. Lun.-sam. 7h-21h.

Authentique pâtisserie où les gâteaux s'exposent dans les vitrines et les frigos tout autour d'une salle décorée de photos anciennes et de meubles vintage. On s'attable avec plaisir dans cet espace hétéroclite pour goûter une énorme tarte meringuée ou des baklavas maison. Service adorable et prix très doux.

BAR, CAFÉ

Home for Cooperation

Plan A2 – Markou Drakou, 28. Sur la ligne démarcation appelée « ligne verte » ou *no man's land*, face au Ledra Palace 📞 22 44 57 40, www.home4cooperation.info. Lun.-ven. 9h-18h.

Depuis 2020, dans le cadre d'un dialogue intercommunautaire, des Chypriotes des deux communautés se sont unis pour créer et gérer ensemble un lieu de rencontre et d'éducation au milieu de la ligne verte en face de l'ancien hôtel Ledra devenu base de l'ONU. Ce projet baptisé Home for Cooperation (« Maison de la coopération ») est un symbole fort d'espoir de réunification. On peut y prendre un café ou assister à des actions culturelles et éducatives accessibles à tous les Chypriotes venant de toute l'île, quelle que soit leur appartenance communautaire ou religieuse.

SHOPPING

Centre d'artisanat chypriote

Hors pl. par D4 – Leoforos Athalassas, 186 (sur la route de Limassol) 📞 22 30 50 24. Lun.-ven. 7h30-15h.

Dans les ateliers, une main-d'œuvre qualifiée entretient les traditions de vannerie, sculpture sur bois, céramique et travail du cuivre et du cuir.

ARTS

Center of Art and Culture

Plan D3 – Korai, 1 📞 99 48 56 59.

Le centre d'Art et de Culture est un petit théâtre au rez-de chaussée, salle d'exposition à l'étage qui accueille des événements culturels tout au long de l'année, un tremplin pour les jeunes talents de tous horizons sous la houlette de la dramaturge chypriote Evridiki Perikleous-Papadopoulou.

Rue commerçante de Lefkosia

Coup de cœur de l'auteur

UNE FASCINANTE PLONGÉE DANS L'HISTOIRE CHYPRIOTE AU CVAR

Plus qu'un musée, le Centre d'arts visuels et de recherche (CVAR) est un voyage dans l'histoire à travers les œuvres des voyageurs des siècles passés. C'est aussi une exposition d'objets, de vêtements et de témoignages qui permettent de se forger une image de Chypre à travers le temps et les regards des différentes communautés qui ont cohabité dans l'île depuis le XVIIIe s.

Les artistes européens et chypre

Quatre niveaux pour découvrir et comprendre Chypre et sa modernité : un défi ambitieux pour lequel Rita et Costas Severis ont offert leur impressionnante **collection privée** qui privilégie autant les œuvres d'artistes grecs que turcs, mais aussi britanniques, français ou italiens.

Le rez-de-chaussée est consacré aux **voyageurs du XVIIIe s.** qui ont visité Chypre alors sous domination ottomane. Les paysages de l'île renaissent sous les pinceaux de Cornelius Van de Bruyn, de Luigi Mayer, de Louis-François Cassas et avec les dessins de Edmond Duthoit.

Dans ce décor somptueux, on ouvre avec délectation les tiroirs des grands bahuts pour découvrir les costumes colorés et les broderies des temps passés.

Le premier étage présente des tableaux du XIXe s., quand l'île devint province de l'Empire britannique. Des artistes et voyageurs britanniques prennent la plume, tels Tristram Ellis, Ann Villiers,

ACCÈS

CVAR **(p. 76)**, Ermou 285. ☎ 22 30 09 94, https://cvar.severis.org. Mar.-dim. 9h30-17h.

Budget

Entrée : 5 €, audioguide : 3 € (en français)

^ L'histoire de Chypre à travers objets et tableaux

^ Entrée du Centre

les colonels Benjamin Donisthorpe Donne et Hugh Montgomerie Sinclair.

Le deuxième étage couvre les XIXe et XXe s. à travers plusieurs séries de dessins de Gladys Peto et de peintures d'Arthur Legge largement influencés par le mouvement Art déco.

Un espace, au centre de l'immense galerie, est dédié depuis 2021, pour célébrer les 1600 ans de la fondation de la ville de Venise, à un épisode particulier de l'histoire : **« Venise et Chypre »**. La dernière reine vénitienne de l'île, Catherine Cornaro, démise en 1489, y est mise à l'honneur à travers des œuvres de maîtres comme Werner, Baudin ou Veronese.

« VŒU POUR LA PAIX »

Le dernier étage s'intitule « un vœu pour la paix » souligné par des œuvres modernes, et une petite porte discrète ouvre sur une salle consacrée à Glafkos Kliridès, président de la république chypriote en 1974, puis de 1993 à 2003.

Attardez-vous dans les rampes qui mènent aux différents étages sur les documents exceptionnels qui ornent les murs. Les originaux des **coupures de journaux français et anglais du XIXe s.** sont à couper le souffle ! Quant aux différentes **affiches touristiques** qui vantent les beautés de l'île pour les touristes des siècles passés, elles sont tout autant instructives que les cartes géopolitiques qui accompagnent la montée.

Coup de cœur de l'auteur

LES ÉTONNANTES FIGURINES D'ARGILE DU MUSÉE DE CHYPRE

La **coroplastie**, l'art de modeler des figurines en argile cuite, s'est développée à Chypre depuis des temps très anciens. Le résultat donne des tableaux saisissants du quotidien des civilisations qui ont vécu dans l'île depuis l'âge du bronze.

˅ Les figurines du sanctuaire d'Aghia Irini

Une collection extraordinaire

Les 11 salles du musée de Chypre présentent un tour d'horizon complet de ces œuvres uniques : idoles stylisées, figurines votives, créatures zoomorphes, groupements humains, scènes guerrières, familiales ou sociales. Le résultat est extrêmement parlant, fantastique tout autant que réaliste et, par moments, teinté d'une pointe d'un humour qui traverse les âges.

Dès la première salle, ce sont les énigmatiques **idoles de la déesse mère** les bras en croix de l'époque du Bronze (– 4000 ans) qui trônent en bonne posture dans les vitrines, comme aujourd'hui dans celles des bijoutiers qui les reproduisent en pendentifs souvenirs.

À partir de la salle 2, les **scènes de vie** en argile s'exposent dans un style un peu naïf mais si visuel ! Foulage du raisin, labourage des champs, cérémonies sacrées, des instantanés de – 2000 av. JC., assortis de poteries complexes composées de plusieurs étages dont l'utilisation reste inconnue. Certains récipients sont décorés d'animaux ou de personnages. Remarquez le vase polychrome dont les anses représentent des femmes à cheval ou celui de « la mère à l'enfant » !

Salle 3, la **céramique** se généralise dans la vie quotidienne de l'époque mycénienne avec récits guerriers imagés, scènes de travaux des champs, animaux… La maîtrise du trait et la façon dont les croquis s'harmonisent avec les arrondis et les volumes des poteries sont admirables.

LE TRÉSOR

C'est dans la salle 4 que la surprise est de taille : **2000 figurines de tailles diverses**, trouvées dans le sanctuaire d'Aghia Irini, contemplent le visiteur. Qui sont ces personnages ? Pourquoi, parmi eux, n'y a-t-il que deux personnages féminins ? Centaures ou Minotaure ? Serviteurs diaboliques d'un dieu, ou adeptes d'une divinité aux serpents symbole de la fertilité ? Bien que de nombreuses interprétations aient été proposées, le mystère subsiste…

L'Âge du Bronze

Si les salles 5 à 13 sont dominées par des représentations de dieux plus connus, Aphrodite ou Zeus, des empereurs romains et des objets usuels vieux de 2000 ans, la salle 14 présente une autre particularité du musée de Chypre : des **céramiques « planches »**. Datant aussi de l'époque du bronze, ces modelages plats représentent de nombreuses figures féminines, des créatures siamoises et des scènes de rituels.

Les dernières vitrines, avant de monter à l'étage, présentent des moments choisis d'une vie quotidienne qui a traversé les âges : des barques avec équipage, des chars tirés par des hommes en arme, mais aussi des musiciennes, des rondes de danseuses et des acteurs sur scène. Le tout, en toute simplicité, datant de l'âge du bronze !

ACCÈS

Musée archéologique de Chypre **(p. 78)**, Mouséiou, 1 ☎ 22 86 58 54. Mar.-ven. 8h-18h, sam. 9h-17h, dim. 10h-13h (plan A3).

Budget
Entrée plein tarif 4,50 €.

5

NICOSIE-NORD (Lefkoşa)

C'est l'autre versant de la capitale de l'île. L'invasion de 1974 a rendu cette partie complètement hermétique jusqu'au début des années 2000 et l'ouverture du passage de la rue Ledra, en plein centre-ville. C'est peu dire que l'on ne connaît pas ici la modernisation effrénée qui s'est emparée de la partie grecque. Ainsi, les embouteillages y sont inexistants, et le nord de Nicosie a tout d'une petite ville de province turque, où l'on se promène entre bazars et vestiges.

PRATIQUE

• Plan p. 68-69

Accès

À pied ou en voiture

Pour connaître les **points de passages** et les **formalités d'entrée** dans la partie nord de la ville (Lefkoşa), voir p. 256.

Liaisons en bus

Depuis Nicosie, des services réguliers de minibus à 8 places rallient les principales localités de la région. **Kyrénia (Girne)** est ainsi à 20 min de route et **Famagouste** à 1h10.

Départs quand le bus est plein de la porte de Kyrénia *(B-C1)*.

Liaisons en taxi

Vous trouverez partout des **taxis** prêts à vous conduire aux quatre coins de la région. Il est impératif de négocier

Arasta street

L'ESSENTIEL

À ne pas manquer

Les vestiges de l'époque franque; le palais des Lusignan; le Büyük khan, caravansérail grouillant de vie et d'échoppes artisanales.

Expériences

Assister le samedi matin à une représentation de théâtre de marionnettes, le karagöz à l'étage du Büyük khan, ou à une démonstration des derviches tourneurs dans le Bedestan.

Le bazar

Plan B2.

Sitôt passé le poste de contrôle, on entre dans le vif du sujet, autrement dit en plein cœur du bazar de la **vieille ville turque**. On se faufile entre les étalages de vêtements qui empiètent largement sur la rue, les boutiques d'alimentation et de souvenirs... Le rendez-vous également des amateurs de fausses Rolex et des reproductions de marques en tous genres. On peut en revanche s'attabler sans problème dans l'un des **nombreux petits restaurants populaires** qui proposent salades et kebabs.

Büyük khan ✧

Plan B-C2 – Entrée libre.

Ce beau *khan* (**caravansérail**) ottoman a repris vie: les remises et les pièces destinées aux marchands de passage abritent désormais des **studios d'artistes** et des **expositions artisanales**. C'est de la galerie supérieure que l'on découvre les vues les

le prix à l'avance. Commencez à partir de la moitié de la somme qui vous sera proposée.

Vous trouverez également des **taxis collectifs** (*dolmuş* – minibus) qui assurent des liaisons régulières à travers toute la région. Départ station des autobus *(B4)*.

Adresses utiles

Informations touristiques

Girne Kapısı *(B1)* ☎ (+90) 392 227 50 51. T.l.j. 9h-16h.

Bureau d'information

Au poste de contrôle (point de passage) Ledra/Lokmaci au bout de Ledra street, au centre de Nicosie *(B2)*.

Internet

www.visitncy.com

^ Le Büyük Khan

plus séduisantes de l'ensemble. Au centre de la cour se dresse un charmant petit **oratoire musulman**, au-dessus d'une sépulture. Dans le monde arabo-musulman, ces constructions commerciales, tout comme les fontaines, étaient des œuvres pieuses destinées au bien-être de la population. Le fondateur tenait alors à être inhumé au cœur de l'édifice, afin qu'après sa mort sa mémoire soit toujours honorée. Un **café** et un **restaurant** sont installés au cœur du caravansérail.

Le théâtre de marionnettes

À l'étage du *khan*, le samedi matin uniquement à partir de 10h, vous rencontrerez notamment le dernier marionnettiste de Chypre, Mehmet Ertug, un passionné, qui perpétue la tradition du karagöz. En effet, ici se tient son théâtre de marionnettes, une passion qui lui vient de son enfance. Peints sur du cuir de chameau tendu sur des baguettes, tous les personnages de la société levantine apparaissaient derrière l'écran blanc : Hacivat, l'intellectuel pontifiant d'Istanbul, la noble dame turque, le Grec arrogant, le Juif... tous trompés par les tours de Karagöz, incarnation du peuple à la feinte balourdise. Seul derrière son écran, tout à la fois marionnettiste, musicien, bruiteur, Mehmet Ertug est, à Chypre, le dernier représentant de cette tradition séculaire.

La mosquée Selimiye ✧✧✧

Plan C2 – Fermeture pour travaux de restauration.

Encore plein des parfums, des couleurs et de l'animation du bazar, on débouche subitement sur une haute et majestueuse façade du plus beau gothique du nord de la France. Seuls les **deux hauts minarets** effilés rappellent que l'on est en Orient. La Grande Mosquée de Nicosie n'est autre que **Sainte-Sophie, la cathédrale des Lusignan**, construite entre le début du XIIIe s. et 1326. Pendant près de trois siècles, c'est là que les héritiers de Guy de Lusignan, entourés de leurs barons, pour la plupart originaires du nord du royaume de France, recevaient la couronne de Chypre. C'est là aussi qu'en 1570, la population apeurée s'est réfugiée au pied de l'autel jusqu'au fatidique 9 septembre, lorsque les troupes turques ont franchi la muraille. Trois jours de pillage et de massacres commençaient, hommes passés au fil du sabre, femmes et enfants réduits en esclavage. Dès le premier vendredi après leur victoire, les nouveaux maîtres de la ville se prosternaient vers La Mecque, dans l'ancienne cathédrale devenue mosquée. Malgré la destruction systématique des sculptures et des peintures, on peut encore voir quelques traces de la décoration originelle : autour de la porte principale subsistent des figures de saints escortés de rois et d'évêques et, sous le porche extérieur, la clé de voûte de la travée centrale s'orne toujours d'un relief de l'Agnus Dei.

L'intérieur majestueux est divisé en trois hautes nefs. Elles conduisent le regard vers le chœur, entouré de hautes colonnes de granit provenant de Salamine. Au sol, les tapis de prière recouvrent les nombreuses pierres tombales de dignitaires francs. Du côté gauche, là ou est situé l'emplacement de prière réservé aux femmes, on peut voir un Agnus Dei sculpté, qui surmontait l'entrée d'une chapelle dédiée à saint Nicolas.

Le Bedestan ✧✧

Plan C2 – Lun. Entrée libre.

À droite de la cathédrale, voici un autre joyau légué par le Moyen Âge : une longue **façade gothique** construite au XIVe s. ; c'était l'église de Saint-Nicolas-des-Anglais. Une magnifique restauration a mis en valeur la décoration d'origine : blasons, relief de la Dormition de la Vierge au-dessus de la porte et statue de saint Nicolas. L'intérieur conserve une élégante double nef également de style gothique. On peut y voir aussi les soubassements d'une première église byzantine du VIe s. Après la prise de la ville par les Turcs, l'édifice a été transformé en **marché** : dans le monde **ottoman**, un *bedestan* était un bazar.

⌄ La mosquée Selimiye

PAUSE

Saraba

Dans la cuisine, on s'affaire en famille pour mijoter de délicieux plats du jour. Ne regardez pas la carte, mais allez plutôt faire un tour près des fourneaux pour voir ce qui se prépare. De même avec les entrées, délicieuses. Très agréable terrasse avec vue sur le chevet de l'ancienne cathédrale.

> **Plan C2** – Selimiye Cami Avlusu, 35 📞 (+90) 392 228 93 45, page Facebook Saraba Ev Yemekleri. Lun.-sam. 8h-18h. De 10 à 15 €.

Le marché Bandabuliya ✧

Plan C2 – T.l.j. 6h-19h.

Pour restituer l'atmosphère du vieux Nicosie, la municipalité a restauré l'**ancien marché couvert de la ville**. Jusqu'à l'indépendance, c'était le cœur commercial de la vieille ville, où se croisaient toutes les communautés, Grecs, Turcs, Arméniens..., en bordure de la rue Ermou, l'artère la plus animée de Nicosie. Cette belle construction date de 1932 ; sous sa haute charpente, les petites boutiques alignées le long de deux allées principales ont retrouvé leur physionomie d'antan. On a même conservé une devanture surmontée d'une enseigne grecque. Seule concession : la nécessaire adaptation des boutiques alimentaires aux normes sanitaires modernes. Aujourd'hui, marchands de fruits et légumes, bouchers et vendeurs d'épices y côtoient les boutiques de souvenirs.

Eaved House

Saçakli Ev

Plan C2 – 📞 (+90) 392 608 52 21 [rens. municipaux sur les musées], www.lefkosabelediyesi.org/ sacakli-ev. Avr.-oct. : ven.-mer. 8h-15h30, jeu. 8h-13h et 14h-18h ; nov.-mars. : ven.-mer. 8h-15h, jeu. 8h-13h et 14h-17h. Entrée libre.

C'est un bel exemple de l'art de vivre à l'ottomane. Passé l'entrée, on pénètre tout d'abord dans l'indispensable **jardin**, sur lequel donnent les remises et les pièces réservées au service et à la domesticité. De belles arches gothiques signalent que cette demeure fut construite à partir d'un palais médiéval du temps des Lusignan. Un escalier de bois donne accès aux **appartements**. Salles de réception et chambres ont été remeublées dans le goût du début du XXe s. Le balcon offre une belle vue sur le chevet de l'ancienne cathédrale.

Le Musée lapidaire ✧

Plan C2 – 📞 (+90) 392 608 52 21 [rens. municipaux sur les musées], www.lefkosabelediyesi.org/ tas-eserler-muzesi. Lun.-mer. et ven. 8h-15h, jeu. 8h-13h et 14h-17h. Entrée : 1,50 €.

Marché Bandabuliya ›

Cette petite collection permet de découvrir une partie de la splendeur de la ville médiévale. On a réuni ici des fragments architecturaux d'édifices francs ruinés : blasons qui ornaient les façades de palais disparus ou éléments décoratifs, comme cette grande fenêtre d'un beau gothique flamboyant. Le musée lui-même s'abrite dans une partie d'un palais du XVe s. qui conserve ses fenêtres rectangulaires et ses corbeaux ouvragés.

Lusignan House ✧

Lüzinyan Evi

Plan C2 – Yenicami st., 1. En suivant la rue Kirlizade vers le N. ☎ (+90) 392 227 12 85, https://www.facebook.com/luzinyanevi. Lun.-mer. et ven. 8h-14h30 ; jeu. 8h-17h30. Entrée : 1,50 €.

Cette splendide **demeure médiévale** donne une idée de la richesse de Nicosie au temps des Lusignan. Plusieurs voyageurs de l'époque ont laissé des descriptions éblouies de ses marchés, où affluaient toutes les richesses de l'Orient : soieries, parfums d'Arabie, épices, orfèvrerie... Dans leurs palais, nobles et riches marchands vivaient dans le luxe et l'opulence. On raconte que, pour éblouir le roi et ses barons, un marchand offrit à chacun d'eux un plat rempli de perles et de pierres précieuses. Lusignan House est un parfait exemple de ces palais construits au XVe s. pour un riche dignitaire de la cour. En passant le portail ogival surmonté du blason du maître des lieux, on accède au **jardin intérieur**. Il n'en reste aujourd'hui qu'une aile. Trait caractéristique des maisons médiévales chypriotes : l'escalier extérieur, donnant accès à l'étage, est doté d'une galerie. Une disposition empruntée à l'Italie et à l'Espagne, alors que pour le reste l'architecture civile restait fidèle aux modèles en vigueur en France.

National Struggle Museum

Plan C1 – Barbaro Bastion ☎ (+90) 392 608 52 21 [rens. municipaux sur les musées], www.lefkosabelediyesi.org/milli-mucadele-muzesi. Ven.-mer. 8h-15h30, jeu. 8h-13h et 14h-18h. Entrée : 1,50 €.

On retrouve là le front des remparts vénitiens. Un des bastions accueille ce **musée à la gloire des combattants de la communauté turque**, de 1878 à 1974.

Porte de Kyrénia

Girne Kapısı

Plan B1.

C'est l'une des trois portes des **remparts vénitiens**. Elle a été construite au XVIe s., quelques années avant la prise de la ville par les Ottomans. Ce **bel édifice Renaissance** a été coiffé d'un dôme en 1821. Depuis 1931, elle est isolée de la muraille, abattue pour faciliter le passage des voitures. La porte abrite aujourd'hui le **bureau de l'office de tourisme** (☎ (+90) 392 815 21 45). Dans l'axe de la porte, Girne *caddesi* ramène vers le centre-ville. C'est le « boulevard » de la ville turque, avec ses larges trottoirs qu'occupent les petits métiers, réparateurs de montres ou vendeurs de billets de loterie. L'avenue aboutit à **Atatürk Maydanı**, appelé aussi Sarayonu. C'était le centre de l'autorité politique du temps des Ottomans, avec son palais – *saray* – du gouverneur, construit à partir d'une demeure médiévale. Les Anglais l'ont remplacé, en 1901, par un **centre administratif** typique de l'architecture coloniale britannique avec ses longues galeries extérieures. De l'ancien édifice ottoman, reste une **belle fontaine** hexagonale. Une haute **colonne** domine la place : elle provient du site antique de Salamine et a été dressée là par les Vénitiens au XVe s.

CULTURE

Derviches tourneurs

Tous les jours sauf le dimanche, le Bedestan accueille une **troupe de derviches** qui font une démonstration de leurs célèbres danses.

> (+90) (0) 542 81 03 03. Représentations à 12h, 14h, 15h et 17h. Durée 30 min; billet: 7 €.

Mevlevi Tekké ✧

Plan B1 – Girne Caddesi. Ven.-mer. 8h-15h30, jeu. 8h-13h et 14h-18h. Entrée: 1,50 €.

Dans les milieux musulmans rigoristes, le soufisme n'est pas en odeur de sainteté. Il ne l'était pas non plus dans la Turquie de Mustafa Kemal (Atatürk), qui ordonna la fermeture de ses couvents en 1925. C'est que cette voie mystique de l'islam, fondée au XIIIe s., recherche une relation directe avec Dieu, hors de tout clergé ou toute autorité politique. Pour atteindre ce but, les **soufis** privilégient la musique et la danse, comme les célèbres évolutions des derviches tourneurs: «La voix du violon, c'est le bruit que fait en s'ouvrant la porte du Paradis» a écrit Djellal ed din Roumi, le poète de la voie soufie.

Ce ***tekké*** (sanctuaire) fondé au début du XVIIe s. abrite aujourd'hui un **musée** dédié à la confrérie. On y voit tout d'abord la vaste salle qui abritait les cérémonies: sous la conduite de leur cheikh, les derviches évoluaient

sur l'espace central, emportés par les mélodies jouées par les musiciens installés dans la galerie. De la salle part un long couloir abritant les tombeaux des quinze cheikhs qui se sont succédé à la tête de la communauté, depuis sa fondation jusqu'à sa fermeture dans les années 1930. Devant le cénotaphe est exposé le bonnet de feutre de chacun de ces maîtres.

Le quartier d'Arab Ahmet

Plan B2 – Dans le S-O de la partie turque de la vieille ville.

Jusqu'en 1963, c'était le quartier arménien de la vieille ville. Plus ou moins laissée à l'abandon depuis 1974, cette partie de la ville a fait depuis l'objet de campagnes de réhabilitation. C'est aujourd'hui un **coin paisible** où il fait bon se promener à la découverte de ses **jolies maisons**, construites aux XIXe et XXe s. La **rue Salahi Shevket et ses ruelles perpendiculaires** constituent le cœur du quartier. Vous pourrez pousser jusqu'au **bastion Roccas**, une des onze défenses avancées de la muraille vénitienne. Depuis le **jardin** qui y a été aménagé, on bénéficie d'une vue plongeante sur les remparts et, en contrebas, sur l'animation de la partie sud de la ville, autour de la porte de Paphos, une des trois portes de la muraille vénitienne avec celles de Famagouste et de Kyrénia.

Mevlevi Tekké

LE MASSIF du Troodos

Le Troodos, c'est le château d'eau de l'île. L'hiver, les sommets se couvrent d'une épaisse couche de neige, de plus de 4 m certaines années : idéal pour le ski ! Le Troodos, c'est aussi un refuge pour les Chypriotes des côtes ou de la plaine, qui viennent échapper ici aux chaleurs estivales, à Platrès notamment, station d'altitude britannique, et surtout à Lofou, village très traditionnel rénové

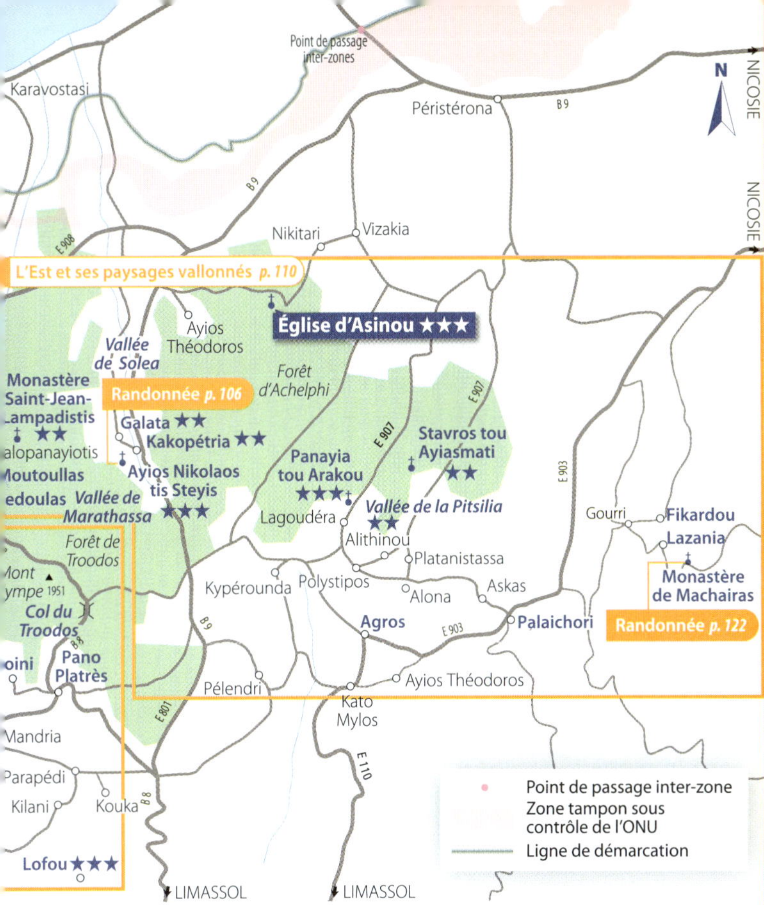

avec soin et raffinement. Un paradis pour les amoureux de la nature : au-dessus des vergers et des oliviers en terrasses s'ouvrent les profondes forêts du massif, domaine des pins, chênes et cèdres gris-bleu qui dominent un maquis de cistes, arbousiers et genêts. Domaine aussi d'une faune abondante, dont le mouflon est le roi. L'occasion de troquer ses tongs pour de bonnes chaussures de marche.

6 L'OUEST montagneux

Sous l'autorité du mont Olympe, point culminant de Chypre avec ses 1952 m (une belle route permet d'atteindre le sommet), voici le cœur du centre touristique du Troodos. Au programme, sentiers de randonnée ou promenades tranquilles dans les villages traditionnels de la région, comme celui d'Omodos avec ses appétissantes boutiques de produits locaux, vins ou pâtisseries. Les distances ne sont pas grandes : même si vous séjournez sur la côte, vous pourrez vous offrir là une journée d'excursion, histoire de découvrir une autre facette de l'île.

PRATIQUE

• Carte p. 94-95
• Nos adresses p. 104

↓ Accès au col du Troodos

En voiture, le col du Troodos est facilement accessible par de belles et larges routes : Nicosie est à 80 km, Limassol à 46 km. Depuis Paphos, le plus rapide est de passer par Limassol.

Bus depuis Limassol et Nicosie.

↓ Circuler dans le Troodos

Le Troodos est sillonné par un réseau dense de petites routes. Ne comptez pas y faire de grande vitesse. En effet, vous y circulerez en moyenne à 20 ou 30 km/h.

L'ESSENTIEL

À ne pas manquer

Lofou et son ambiance antique authentique; Platrès aux accents britanniques; les monastères de Kykko et de Chryssoroyatissa; la vallée des Cèdres et le havre de fraîcheur du mont Olympe.

Expérience

Partir en randonnée à l'assaut du col du Troodos; s'initier à l'art de la coroplastie avec une artiste potière à Foini.

Col du Troodos ✧

Troodos Square

Carte p. 94-95.

Jusqu'à la fin du printemps, il n'est pas rare d'y voir encore de la neige. À 1707 m d'altitude, c'est le point où convergent les routes qui grimpent à l'assaut de la montagne depuis Nicosie, Limassol ou Paphos. L'hiver, on y voit les amateurs de glisse, skis sur l'épaule, se diriger vers l'un des trois remonte-pentes aménagés sur les flancs du **mont Olympe**. En été, c'est le rendez-vous des marcheurs: le col du Troodos est le point de départ de plusieurs randonnées de tous niveaux. Vous trouverez au **centre d'information du Troodos** (ci-dessous) une documentation détaillant les différents itinéraires. Chaque week-end, les **aires de pique-nique** font le plein de citadins, qui viennent en famille ou entre amis échapper à la chaleur des plaines. Les enfants peuvent aussi y faire de courtes **promenades à cheval** (6 €/30 min). Et, pour tous, depuis les **terrasses des cafés** et des **restaurants**, une vue splendide sur le moutonnement des collines verdoyantes en contrebas, avec le bleu de la mer pour horizon.

Les directions sont toujours très bien indiquées, le plus souvent en lettres latines, parfois seulement en grec.
L'occasion de réviser l'alphabet grec (p. 263).

↓ Adresses utiles

Troodos Visitors Center
à 200 m O de Troodos Square ☎ 22 95 20 43, www.troodos-geo.org.

Office de tourisme à Platrès
☎ 25 42 13 16, www.visitcyprus.com
Lun.-ven. 8h15-15h45; la 2e semaine de chaque mois : lun.-ven. 8h30-15h, sam. 9h-14h.

‹ Maison coloniale, Platrès

LE SENTIER DE PERSÉPHONE

6 km aller-retour (2h de marche).

C'est la plus facile des randonnées partant du col. Idéale pour se mettre en jambes et découvrir le splendide massif forestier de la montagne chypriote. Sur une grande partie de son parcours, le sentier traverse de frais sous-bois de pins odorants. De place en place sont aménagées des **aires de pique-nique**. Makria Kontarka, le but de la promenade (retour par le même chemin), est un splendide belvédère sur les vignobles d'Omodos, puis au loin sur le littoral de Limassol jusqu'au rocher d'Aphrodite.

LE SENTIER DE KALEDONIA

6 km aller-retour (1h30 de marche). Départ à 1500 m environ au S du carrefour du Troodos, en direction de Platrès.

Le but de la randonnée est la spectaculaire **cascade de Kaledonia**, un seuil de 13 m de haut que franchit la rivière **Kryos Potamos**. Le chemin suit la fraîche vallée que le cours d'eau a creusée à travers les épaisses forêts de pins. À plusieurs reprises, le chemin franchit le cours d'eau ; bonnes chaussures impératives ! Le sentier se poursuit au-delà de la cascade pour rejoindre Platrès, 3 km plus loin.

PAUSE SUCRÉE

Platres Chocolat Workshop

Adresse incontournable pour les amateurs de chocolat. Visite de la chocolaterie et dégustation des spécialités locales : **« mezzé de chocolats chypriotes »** fourrés à la koumandaria ou la zyvania, au tahini, aux amandes, aux noix ou aux agrumes, mais aussi à la lavande ou à la gelée royale. Une ronde de saveurs audacieuses qui se décline également en barres de café ou chocolat chaud.

> Makariou III, 6, Platrès
☎ 99 46 92 12, https://cyprus-chocolates.com. Ven.-mar. 10h-18h.

Platrès

Carte p. 94-95 – À 13 km S du col du Troodos.

L'un des visages inattendus de l'île : la Chypre britannique ! Platrès a été créée de toutes pièces par les Britanniques après leur mainmise sur l'île en 1878. Pour offrir aux officiers et aux administrateurs civils un refuge contre la chaleur étouffante de l'été, ils construisirent ici une station de montagne avec ses chalets à la mode suisse et ses hôtels dont l'architecture ne déparerait pas une vallée alpine. Par deux fois, entre 1878 et 1880, on vit travailler sur les chantiers un certain Arthur Rimbaud. C'est après son séjour dans l'île d'Aphrodite que l'auteur d'*Une saison en enfer* s'embarqua pour Aden. Autour de la place principale avec ses quelques commerces et son office de tourisme, la station se déploie le long de rues courbes qui épousent les pentes de la montagne. Un **lieu paisible pour séjourner dans la région**.

Omodos ✧✧

Carte p. 94-95 – À 10 km S de Platrès.

Ce petit village, chef-lieu d'une importante **région viticole**, se visite tant pour son **vieux monastère** que pour ses ruelles amoureusement entretenues. Dans la rue principale, bordée de cafés, des échoppes proposent les productions de la région (miel, broderies, vin).

Quant au monastère (t.l.j. 9h-16h – 19h en été ; entrée libre), au cœur du bourg, la tradition affirme qu'il existait déjà lors de la visite de sainte Hélène à Chypre, en 327. Les bâtiments actuels datent du XIXe s. La mère de Constantin le dota de ses plus vénérables reliques : un morceau de la corde qui servit à lier le Christ lors de la Crucifixion et un fragment de la Vraie Croix. Depuis, le monastère porte le nom de **Timiou Stavrou** (« de la Sainte-Croix »). Dans la nef latérale gauche, vous pourrez voir d'autres précieuses reliques : le crâne de l'apôtre Philippe, conservé dans un reliquaire, et une pierre du Golgotha, offerte au monastère par le patriarche grec orthodoxe de Jérusalem en 1982.

∨ Omodos

VITICULTURE *Zenon Winery*

La région d'Omodos est une des grandes aires de **production de vin** à Chypre. La maison **Zenon** exploite ses propres vignobles plantés de cépages locaux et internationaux. À déguster tout particulièrement, la cuvée Zenon, un vin blanc frais aux arômes de fruits élaboré à partir d'un cépage local, le xynisteri. Visite et dégustation gratuites.

> Sur la route principale entre Omodos et Platrès ☎ 25 42 35 55 et 99 49 29 79.

Foini

Carte p. 94-95 – À 5 km NO de Platrès.

Foini (prononcez « Fini ») est un village riche en légendes et en traditions. Sa création remonte au Moyen Âge. Tout aurait commencé, dit-on, lorsqu'un chevalier franc, exténué par son périple à travers les montagnes, se serait arrêté pour s'abreuver et se serait écrié : « C'est fini ! » En plus du charme de ses ruelles pavées et de ses maisons en pierre, Foini est réputé pour ses **poteries** depuis des temps très anciens, comme en témoignent les nombreux **ateliers et magasins du village**.

Lofou ✧✧✧

Carte p. 94-95 – À 16 km S de Platrès, 17 km E d'Omodos.

Voici un village qui mérite plus qu'un détour, un véritable séjour. Lofou est un village de montagne situé à 780 m d'altitude et dont l'heure de gloire remonte à 1842. Ces dernières années, un collectif constitué par les habitants de Lofou s'est lancé dans un projet de **restauration et de préservation du patrimoine** de l'ensemble du village. Une zone a été déterminée par la direction de l'Urbanisme dans laquelle tout doit être reconstruit à l'identique selon des règles très précises d'utilisation de matériaux et de savoir-faire authentiques. Le résultat est bluffant ! On se perd avec délectation dans le dédale des ruelles pavées en admirant les façades de pierre rehaussées de balcons de bois. L'école néo-classique, l'église du XIXe s., le moulin à huile, les fontaines, tout est rénové sans jamais traverser la frontière ténue qui aurait pu faire du village un décor surfait. Le restaurant historique de Lofou propose les mêmes grillades que jadis sur la grande cheminée ; et sur la place centrale vous trouverez une boulangerie et une épicerie minuscule. Rien n'a changé, tout s'est embelli. Lofou est également estampillé « Heartland of Legends » *(encadré p. 57)*.

Pour faire le plein de nature, une balade à pied d'environ 45 min (1 km) au départ du village vous mènera au **Faucet d'Elitzi**. Les habitants de

⌄ Le village de Lofou

^ Couloir de mosaïques, monastère de Kykko

Lofou avaient construit au milieu du XIXe s. un grand réservoir devant la source qui les alimentait en eau. Ce «robinet» a servi jusqu'en 1953. Une grande terrasse a été aménagée pour accueillir les promeneurs. À faire en famille, même avec des enfants petits!

Le monastère de Kykko ✧✧✧

Carte p. 94-95 – À 22 km N-O du col
☎ 22 94 24 35. T.l.j. 10h-16h (18h juin-oct.). Entrée libre pour l'église; 5 € pour le musée.

Des ors et des dorures à profusion! Depuis sa fondation au XIe s., le monastère a survécu à tous les bouleversements qu'a connus l'île et à toutes les occupations étrangères, des Francs aux Britanniques. Derrière ses hauts murs se sont formées des générations de prélats qui ont défendu tout à la fois leur religion et l'indépendance de leur nation. Mgr Makarios (p. 223), père de l'indépendance chypriote, y a été novice. Pendant des siècles, le monde orthodoxe, tsars et princes russes, prélats orientaux, a soutenu les moines de Kykko en les comblant de présents. C'est l'un des plus riches monastères du monde orthodoxe, tant par ses trésors accumulés, dont le musée présente une petite partie, que pour ses propriétés immobilières dans l'île.

L'ÉGLISE

Elle conserve l'**icône de la Vierge de saint Luc**, recouverte d'un masque d'argent depuis 1576, l'une des trois icônes que la tradition tient pour être de la main même de l'apôtre. C'est un don de l'empereur byzantin Alexis Comnène (1081-1118), sous le règne duquel le modeste ermitage de Kykko se transforma en monastère. À côté, un bras en bronze garde le souvenir d'un infidèle qui, voulant profaner la sainte image, eut le bras desséché. À proximité, un rostre d'espadon témoigne de la gratitude d'un marin sauvé du naufrage par l'intervention de la Vierge. Le **trésor** contient de précieuses pièces d'orfèvrerie religieuse.

LE MUSÉE

Une première salle est consacrée aux **collections archéologiques**, du IIe millénaire av. J.-C. jusqu'à la période hellénistique : voyez principalement une céramique attique du VIe s., où vous découvrirez Thésée combattant le Minotaure, et un plat hellénistique provenant de Sicile (IVe s.), où un quadrige est conduit par une divinité ailée. La grande salle est consacrée à l'**art religieux chrétien** : vous y verrez des collections d'icônes, de vaisselle liturgique, de croix processionnelles et de costumes sacerdotaux, mis en valeur par un éclairage discret. Les plus anciens exemples de mobilier liturgique sont des lampes, des encensoirs et des croix byzantines remontant aux Ve et VIe s., ainsi qu'une table d'autel en marbre (IVe-VIe s.) qui emprunte sa forme aux autels païens. Parmi les croix processionnelles, voyez celle de Mavri (1710) : à l'intérieur d'un cadre d'argent rehaussé de pierres semi-précieuses, de délicates miniatures illustrant la vie du Christ sont sculptées dans le bois. Une autre croix en bois sculpté de miniatures représentant des épisodes de l'Ancien et du Nouveau Testament est datée de 1545. La salle annexe de gauche expose une importante collection d'icônes ; celle de droite abrite de précieux manuscrits, parmi lesquels une liturgie de saint Basile conservée dans un codex du XIIe s.

˅ Troupeau de mouflons dans le Troodos

Le mont Kykko

Carte p. 94-95 – À 3 km du monastère de Kykko.

Appelé également « Trône de la Vierge », ce sommet, à 1318 m, est un haut lieu du nationalisme chypriote. C'est là que, de son vivant, Mgr Makarios choisit d'être inhumé. Il repose sous une dalle de marbre, dans un tombeau creusé dans le roc. Sur l'esplanade qui le précède se dresse la monumentale statue de bronze de l'archevêque qui, jusqu'en 2008, ornait la place de l'archevêché à Nicosie. Du sommet de la montagne, la vue sur les paysages de l'île est magnifique.

La vallée des Cèdres ✧✧✧

Carte p. 94-95 – À 18 km du monastère de Kykko. Suivez la route de Stavros tis Psokas et Polis, puis prenez à g. La route de la vallée dessine une boucle au sud de la route principale.

C'est dans ce creux de la montagne que se dissimule l'un des trésors de Chypre : quelque 130 000 cèdres aux couleurs profondes et au parfum capiteux. La floraison, en septembre-octobre, ajoute encore au charme de la vallée. De place en place sont aménagées des aires de stationnement. Abstenez-vous absolument de faire du feu.

Stavros tis Psokas ✧✧

Carte p. 94-95 – À 27 km du monastère de Kykko.

Avant d'entreprendre la descente vers Polis et la côte nord, cette station est le poste d'observation des gardes forestiers qui veillent sur l'animal emblème de l'île : le **mouflon** de Chypre. L'*agrino* a, semble-t-il, été introduit dans l'île voilà huit mille ans. Rendu à la vie sauvage, il vit aujourd'hui en très petits groupes dans les forêts reculées. Le mâle pèse de 50 à 55 kg et porte des cornes recourbées qui mesurent jusqu'à 60 cm. La femelle est plus petite et dépasse rarement les 40 kg. Extrêmement craintif, le mouflon quitte rarement son abri forestier. À l'entrée de la station de Stavros tis Psokas, un **sentier** grimpe le long d'un grillage à l'intérieur de la réserve où sont protégés les mouflons. Avec un peu de patience et beaucoup de discrétion, on peut avoir la chance de les apercevoir.

^ Monastère de Chrysoroyiatissa

Pano Panayia ✧

Carte p. 94-95 – À 10 km de la vallée des Cèdres, en direction de Paphos (50 km de Pano Panayia).

Ce petit bourg de montagne est le **village natal de Mgr Makarios** (p. 223). Sa maison familiale conserve quelques souvenirs du célèbre enfant du pays (demander la clé).

LE MONASTÈRE DE LA CHRYSOROYIATISSA ✧✧

À la sortie du village ☎ 26 72 24 57. Mai-août : t.l.j. 9h30-12h30 et 13h30-18h30 ; sept.-avr. : t.l.j. 10h-12h30 et 13h30-16h. Entrée libre.

L'un des monastères les plus beaux et les plus spirituels de Chypre, aux antipodes de l'extravagance de Kykko. Il a été fondé au XIIe s., mais les bâtiments actuels datent du XVIIIe s. Le monastère abrite une riche **collection d'icônes et d'objets religieux** anciens. La terrasse devant l'entrée offre une jolie vue sur la vallée en contrebas.

LE MONASTÈRE DE MONI ✧

À 2 km plus loin, à g. de la route. Lun.-sam. 9h-16h, dim. 16h-18h. Entrée libre.

Il remonte au IVe s. Il a été édifié sur les ruines d'un temple gréco-romain dédié à Héra, dont certains éléments ont été remployés : ainsi quelques colonnes et la frise d'acanthe au-dessus du porche. La pureté des lignes du cloître et la sérénité de la nature qui l'entoure concourent à donner à l'endroit un charme certain.

• NOS ADRESSES •

COL DU TROODOS

OÙ DORMIR

Troodos Hotel

Troodos Square 📞 25 42 00 00, www.troodoshotel.com. De 60 à 80 €

Cet hôtel moderne et confortable est un bon point de départ pour découvrir les environs. Les plus ? La vue extraordinaire depuis les chambres (toutes avec balcon) sur les vallées alentour et la terrasse pour le petit déjeuner.

Jubilee

Troodos Square 📞 25 42 01 07, www.jubileehotel.com. Rés. conseillée. De 80 à 100 €

Cet hôtel confortable est très bien placé pour qui souhaite des excursions dans la région. Attention, il est souvent complet !

La particularité naturelle du massif du Troodos

Si la nature est si particulière dans cette partie de l'île, c'est parce que le pic boisé du Troodos est la couche la plus profonde de la croûte océanique et du manteau supérieur de la Terre ! Ce complexe de roches éruptives s'est formé il y a 90 millions d'années, à 8 000 m sous le niveau de la mer. Il occupe la partie centrale de Chypre, englobe 110 villages, des monastères – dont certains sont classés au patrimoine de l'Unesco –, et un réseau de sentiers de randonnées tentaculaire.

> https://www.visitcyprus.com/files/Routes/nature_trails/Cyprus_Nature_Trails_2015_FRE.pdf

PLATRÈS

OÙ DORMIR

Une recommandation : il est impératif de réserver sa chambre bien à l'avance, aussi bien pendant les mois d'été qu'en hiver, lorsque la neige est assez abondante pour que l'on puisse faire du ski (env. six semaines par an).

Edelweiss

📞 25 42 13 35, page Facebook Edelweiss Hotel Cyprus. Repas (de 15 à 20 €) sur réservation, servi sur l'agréable terrasse. De 50 à 75 €

Petit hôtel confortable, à l'ambiance chaleureuse et décontractée. Excellent accueil familial.

New Helvetia

📞 25.42.13.48, page Facebook New Helvetia Hotel.com De 50 à 75 €

Le premier hôtel construit par les Britanniques en 1929 est toujours tenu par la même famille. Parties communes *so british* avec boiseries, salons au coin du feu, bar et personnel indien en livrée. Les chambres – assez petites – sont toutes pourvues d'un balcon. Le tout aurait bien besoin d'un brin de rénovation...

Semiramis

Spyrou Kyprianou, 55, Pano 📞 99 75 67 96 ou 99 79 23 31 (portable), www.semiramishotelcyprus.com. Petit déjeuner compris. De 80 à 110 €

Cette jolie villa montagnarde, rénovée pour en faire un hôtel d'excellent confort, a des chambres impeccables. Au niveau inférieur, deux chambres ont un balcon donnant sur la vallée. On propose aussi la demi-pension (le patron a également une taverne dans le village).

Forest Park Hotel

Spyrou Kyprianou, 62 📞 25 42 17 51, www.forestparkcyprus.com. 137 ch. Piscine, courts de tennis. De 80 à 140 €

Ce palace de l'époque coloniale (la partie ancienne date de 1933) est très recherché en été par les riches familles chypriotes. Les longs couloirs ont vu déambuler les grands de ce monde, d'Indira Gandhi au roi Farouk d'Égypte. Chambres tout confort, superbes parties communes, bar chaleureux décoré de broderies provenant du village voisin de Phini. Vaste parc et environnement très calme.

Petit Palais Hotel

Panayias Faneromenis 25 42 17 23, www.petitpalais.com.cy. Autour de 140 €

Un hôtel simple et plutôt bien tenu. Un bon choix pour séjourner en montagne.

OÙ MANGER

Psilo Dendro

À la sortie de Platrès vers le col du Troodos 25 42 13 50 et 25 81 31 31, page Facebook Psilo Dendro.com. T.l.j. 9h-17h. F. déc.-mars. De 15 à 20 €

Agréable cadre rustique et spécialités de truite sont au programme.

OMODOS

OÙ MANGER

To Makrinari

25 42 21 51, page Facebook Makrinari Taverna. De 15 à 20 €

Très sympathique auberge, où l'on vous proposera les mezze traditionnels. Pas de carte, mais vous pourrez, pour un déjeuner plus léger, choisir un des plats du jour ou une salade.

Takis Taverna

À Vouni (22 km d'Omodos, 5 km S de Kilani) 25 94 36 31. De 15 à 20 €

Une auberge de campagne réputée. L'endroit idéal pour déguster sous la tonnelle un *stifado* concocté selon les règles de l'art.

PÂTISSERIE

George's Bakery

25 42 21 42 et 99 41 12 07.

C'est l'étape sucrée indispensable pour les gourmands : on y trouve toute la déclinaison des pâtisseries de l'île, ainsi que la spécialité locale, les *siousioukos*, confectionnés à base de jus de raisin et d'amandes.

FOINI

ARTS

Sofronia's Phini Pottery

99 60 74 66. T.l.j. 8h-18h.

Dans son atelier, l'artiste Eleni Platt réalise des céramiques en utilisant les techniques de fabrication les plus anciennes. Cet art appelé « coroplastie » ou « sculpture primitive » donne des compositions visuelles étonnantes *(voir le coup de cœur de l'auteur: Les étonnantes figurines d'argile du musée de Chypre, p. 84)*.

LOFOU

OÙ DORMIR

Oinoessa Lofou Traditionnal House

99 37 33 71, www.oinoessa.com. De 70 à 100 €

Une maison sur deux étages où l'on se sent transporté dans un autre temps. Voûtes en arc brisé, pierres apparentes, cheminée, lit à baldaquin et décoration d'objets anciens dans laquelle se mêle avec raffinement le confort moderne comme un jacuzzi dans la salle de bains. Accueil familial, propreté impeccable, calme absolu, il ne manque rien.

OÙ MANGER

Taverna Kamares

25 47 07 19.

Impossible à manquer, c'est la taverne historique du village ! Salles voûtées, meubles anciens, cuisine familiale et ambiance villageoise garantie. En plus des traditionnels mezzes chypriotes et du fromage halloumi grillé servi avec du miel et du sésame, goûtez les grillades au feu de bois qui cuisent dans la cheminée, de la brochette à la côtelette, on s'en lèche les doigts.

Randonnée

FORÊTS ET MAQUIS DU TROODOS

Vous êtes venu à bout des sentiers les plus faciles du Troodos ? Vous vous sentez prêt pour un raid au lor cours ? Au départ du col du Troodos, voici un itinéraire splendide mais assez exigeant en raison de la longueu du parcours et d'un bon dénivelé. Il est entièrement situé à l'intérieur du parc national du Troodos, et vous traverserez de somptueux paysages forestiers, d'où le regard s'échappe jusqu'à la côte nord de l'île. À mi-chemin, vous pourrez visiter la jolie église d'Ayios Nikolaos tis Steyis.

Sentier de randonnée du Troodos

1 Depuis le **col du Troodos** (p. 97), suivez la route asphaltée en direction de **Karvounas** ; à 1 km, laissez le sentier à gauche en direction de **Kannoures-Ayios Nikolaos** (c'est par là que vous reviendrez) pour suivre à gauche, à 500 m, la direction de l'aire de pique-nique de **Kampos tou Livadiou**. Le sentier, appelé **Mnimata Piskopon** (panneau indicateur) débute à 100 m de l'intersection à gauche. Les quatre premiers kilomètres du parcours suivent une pente douce entre les bosquets de pins, sur le rebord d'une falaise – vue sur la vallée de Solea (p. 111) et la baie de Morphou (p. 210).

2 Ensuite, le sentier descend rapidement. À mesure que l'altitude s'abaisse, la végétation change : aux pins succèdent le maquis et ses chênes, arbousiers, térébinthes... Cette première partie d'itinéraire débouche sur la route asphaltée **Platania-Kakopétria** (p. 111) au niveau de l'église **Ayios Nikolaos tis Steyis** (p. 111). Celle-ci conserve des peintures murales du XIe s., qui comptent parmi les plus anciennes répertoriées sur l'île.

PRATIQUE

Départ et arrivée
Route Troodos-Karvounas, à 1 km du col du Troodos.

Durée 6 h.

Balisage
Panneaux indicateurs. À l'aller, suivre le sentier « Mnimata Piskopon » ; au retour, « Kannoures ».

Distance 17 km.

Dénivelé 582 m.

Difficulté
Pour marcheurs confirmés. La remontée vers le col du Troodos est assez exigeante.

3 De l'église, suivez la route asphaltée en direction de **Pedoulas** (p. 114) sur 300 m environ ; le sentier de retour prend à gauche (panneau indicateur « Kannoures »).

Vue panoramique sur le massif ›

^ Église Ayios Nikolaos tis Steyis

4 Le sentier grimpe doucement dans les quatre premiers kilomètres, et plus fortement dans la dernière partie. Soyez prudent ! Il remonte alors le lit d'un torrent, qu'il faut franchir à plusieurs reprises sur des pierres glissantes. Il débouche enfin non loin du point de départ, sur la route qui conduit à droite vers le col du Troodos (1 km).

7 L'EST et ses paysages vallonnés

Après avoir gravi le toit de Chypre, partez à la découverte des profondes vallées qui entaillent les flancs de la montagne. Le prétexte ? La visite des petites églises byzantines et des monastères qui jalonnent le paysage et les merveilleuses peintures abritées derrière leurs murs. Pas besoin d'être spécialiste d'art byzantin, ces chefs-d'œuvre parlent d'eux-mêmes. Mais c'est surtout l'occasion de partir à la découverte d'authentiques villages de pierre et de leurs cafés ombragés de tonnelles. De savoureux moments en perspective.

PRATIQUE

• **Carte p. 94-95**
• **Nos adresses p. 121**

↓ Circuler dans le Troodos

Le Troodos est sillonné par un réseau dense de petites routes. Ne comptez pas y faire de grande vitesse. En effet, vous y circulerez en moyenne à 20 ou 30 km/h. Les directions sont toujours très bien indiquées, le plus souvent en lettres latines, parfois seulement en grec. L'occasion de réviser l'alphabet grec (p. 263).

↓ Adresses utiles

Troodos Visitors Center à 200 m O de Troodos Square ☎ 22 95 20 43, www.troodos-geo.org.

L'église Ayios Nikolaos tis Steyis

L'ESSENTIEL

À ne pas manquer

Le charme des villages médiévaux et les spécialités des villages de montagnes : la rose d'Agros et les charcuteries au vin, la Zynania de Palaichori ou le miel de Fikardou.

Expériences

Fabriquer une flûte traditionnelle à Lazania ; découvrir la région à pied ou à vélo au départ du monastère de Machairas.

La vallée de Solea

KAKOPÉTRIA ✧✧

Carte p. 94-95 – À 16 km N du col du Troodos.

Restaurants, cafés, hôtels et pensions : Kakopétria est le village vedette du versant nord du Troodos. Il faut dire que le vieux bourg a beaucoup d'allure. En surplomb d'un torrent qui rafraîchit agréablement l'air en été, il s'étire le long d'une unique rue pavée, en principe réservée aux piétons. De part et d'autre se succèdent les **maisons traditionnelles**, très joliment entretenues. Leur rez-de-chaussée servait de remise tandis que les pièces d'habitation se hissaient à l'étage, souvent précédées d'une vaste loggia en bois. Kakopétria est très prisé des habitants de Nicosie qui, en été, viennent en bandes y passer le week-end. C'est à ce moment que l'animation est à son comble... Mieux vaut réserver sa chambre.

L'ÉGLISE AYIOS NIKOLAOS TIS STEYIS ✧✧✧

Carte p. 94-95 – À Aghios Nikolaos, 4 km de Kakopétria (panneau indicateur) ☎ 22 92 25 83. Mar.-sam. 9h-16h, dim. 11h-16h. F. lun. Entrée libre.

Anciennement liée à un monastère, elle se trouve au fond d'une vallée verdoyante, près de bâtiments modernes destinés à accueillir les écoliers pendant les vacances. Vous y verrez des peintures qui, avec celles d'Asinou et de la Panayia tou Arakou, sont les plus extraordinaires de l'île. Elles ont été réalisées du XIe au XVIIe s. Remarquez une *Entrée du Christ à Jérusalem* et une *Transfiguration*, toutes deux du XIe s. (exonarthex, côté nord) ; ce sont les **peintures les plus anciennes conservées à Chypre**. Vous verrez encore un *Saint Nicolas* hiératique (XIIe s.) et une *Naissance du Christ* (XIVe s.). Au centre de cette composition, une scène rare : la Vierge allaitant l'Enfant.

^ Peintures murales dans l'église d'Asinou

GALATA ✧✧

Carte p. 94-95 – À 19 km du col du Troodos. Pour accéder aux églises, demandez les clés au gardien des lieux (☎ 99 72 09 18) au petit café dans le centre du bourg en face du parc de stationnement.

Dans ce charmant village à l'architecture traditionnelle se trouvent **trois églises byzantines** décorées de **fresques**. Comme la plupart des chapelles de montagne, elles sont recouvertes d'un toit pentu qui descend presque jusqu'à terre et protège les structures de la neige – elle peut ici s'amonceler sur plus de 1m d'épaisseur. Les peintures sont d'époque post-byzantine (XVIe s.) et reflètent une influence occidentale marquée. Elles portent la signature d'un peintre qui a laissé sa dédicace, Syméon Axenti, et dont la manière est reconnaissable d'une œuvre à l'autre.

PATRIMOINE *Chapelles sous haute surveillance*

Depuis 1986, l'Unesco a inscrit **dix églises du Troodos** sur la liste des sites et monuments appartenant au patrimoine mondial de l'humanité. Conséquence immédiate pour les visiteurs: les **vidéos sont interdites sans une autorisation écrite du département des Antiquités de Chypre** *(Cyprus Museum, 1, Museum Avenue, Nicosie)*. Les églises concernées sont: la **Panayia Phorbiotissa** à Asinou, **Ayios Nikolaos tis Steyis** à Kakopétria, la **Panayia Podithou** à Galata, l'**église du monastère Saint-Jean-Lampadistis** à Kalopanayiotis, la **Panayia** à Moutoullas, **Saint-Michel-Archange** à Pédoulas, **Timiou Stavrou** à Pélendri, la **Panayia tou Arakou** à Lagoudéra, **Stavros tou Ayiasmati** à Platanistassa et **Ayia Sotira tou Soteros** à Palaichori.

L'église Ayios Sozomenos

Au centre du village.

C'est le sanctuaire le plus célèbre de la région. Une inscription au-dessus de la porte rappelle sa construction en 1531 et sa décoration par Syméon Axenti. Les peintures extérieures représentent le *Triomphe de l'orthodoxie* (la restauration du culte des icônes après la crise iconoclaste). À l'intérieur, sur le mur nord, remarquez le cycle dédié à la vie de Marie.

L'église de la Panayia Théotokos

À 1 km en contrebas du village.

Les peintures datent du début du XVIe s. et portent là aussi la signature d'Axenti. Il s'agit de la chapelle privée d'une famille vénitienne, les Zacharia, installée à Chypre depuis le XIVe s. Vous verrez à l'intérieur (porte nord) le portrait du donateur Paolo Zacharia agenouillé en compagnie de sa femme, Madeleine, et de leurs enfants. Cette peinture montre qu'au XVIe s. les Occidentaux observaient le rite grec, sans oublier toutefois leur origine latine (remarquez le rosaire dans les mains de Madeleine).

L'église de la Panayia Podithou

À 100 m de la précédente.

Ce sanctuaire plus vaste abrite des fresques du XVIe s. avec notamment une Vierge dans la conque de l'abside. Ici, la tradition byzantine se mêle aux apports de la Renaissance, influence particulièrement remarquable dans la double scène de la Communion des apôtres; remarquez également une Crucifixion où le visage du mauvais larron évoque un dessin de Dürer.

CULTURE

D'Aphrodite à la Panayia

Nombre d'églises sont dédiées à la Vierge, la *Panayia*, désignée par une épithète évocatrice du lieu – *Trooditissa* (« du Troodos ») – ou d'une qualité – *Galatariotissa* (« allaitante »). Une particularité héritée du paganisme: *Paphia* – « de Paphos » – l'Aphrodite de Chypre. À partir du concile d'Éphèse (431) qui proclama la Vierge *Théotokos* (Mère de Dieu), Marie remplaça dans le cœur des nouveaux chrétiens l'antique déesse mère païenne. Elle en hérita quelques attributs et postures iconographiques. Ainsi peut-on établir une filiation entre la scène du premier bain d'Achille de la maison de Thésée à Paphos (Ve s., p. 134) et celle du premier bain du Christ à Ayios Nikolaos tis Steyis. De même, le jeune Dionysos dans les langes sur les genoux d'Hermès trouve un écho dans les innombrables Vierge à l'Enfant.

L'ÉGLISE D'ASINOU ✧✧✧

Carte p. 94-95 – À Nikitari, 39 km du col du Troodos
☎ 99 83 03 29. Lun.-ven. 9h30-13h et 14h-16h; sam.-dim. 11h-16h. Entrée libre.

Si vous ne deviez visiter qu'une seule église byzantine à Chypre, celle d'Asinou est à mettre en tête de liste. Pour son environnement dans une belle clairière au cœur de la forêt… mais surtout car vous verrez là le cycle le plus complet de **peintures murales byzantines** à Chypre, inscrites au **patrimoine mondial de l'Unesco**. Une inscription sur le pilier sud-ouest de la nef donne la date de construction de l'église: de 1099 à 1106. On est donc à l'époque du règne des Comnènes, l'apogée de l'art byzantin. Au XIVe s., elle a été augmentée d'un narthex. Les deux tiers de la décoration originelle subsistent, principalement dans l'abside et sur le mur ouest de la nef. D'autres compositions furent ajoutées par la suite, lors de travaux de réfection au XIVe s.

Dans cette décoration foisonnante, faite de scènes historiées et de figures isolées, voyez, dans la partie supérieure de l'abside, une *Communion des apôtres*. Conformément à la tradition byzantine, l'offrande des deux espèces est représentée de manière distincte: celle du pain à gauche, celle du vin à droite. Dans les deux tableaux symétriques, le Christ, au pied d'une table à degrés, fait face à un groupe de six disciples à la tête desquels figurent Jean et Pierre, les seuls à porter un nimbe (cercle lumineux qui entoure le visage). L'offrande du vin mérite l'attention ; on y voit en effet, à l'extrême droite, un apôtre tourner les talons en avalant sa bouchée de pain sous le regard terrible du Christ par-dessus les apôtres. Il s'agit de Judas, et la scène (unique dans l'art byzantin de cette époque) illustre un verset de Jean (13, 18) : « Celui qui mange mon pain a levé contre moi son talon. »

Dans la Cène, sur le mur ouest, les convives sont disposés autour d'une table dont la forme est héritée de l'Antiquité : elle est somptueusement dressée, à la manière des tables impériales, avec ses lourdes tentures piquées de perles et sa vaisselle d'or. Sur le même mur, splendide ***Dormition de la Vierge***, un des sommets de l'art byzantin. Enfin, le mur sud montre une scène où le donateur présente la chapelle : bien que repeinte au XIVe s., cette représentation constitue un précieux témoignage sur l'état originel de l'édifice. Parmi les figures isolées, voyez sur le mur sud les portraits de Constantin et d'Hélène. Le *Jugement dernier* du narthex fut exécuté au XIVe s.

Près de l'église d'Asinou, plusieurs tavernes permettent de faire une agréable pause-déjeuner.

La vallée de Marathassa

PEDOULAS

Carte p. 94-95 – À 15 km N-O du carrefour du Troodos.

Accroché au flanc de la montagne, Pedoulas est une **cascade de maisons** qui descendent jusqu'au fond de la vallée, tapissée de cerisiers. Dans la partie haute du village, à une altitude de 1607 m, **hôtels** et **restaurants** de tourisme font du village une halte agréable. C'est dans la partie basse que vous pourrez visiter l'église Saint-Michel-Archange.

L'église Saint-Michel-Archange

Archangélos Michaïl ☎ 99 11 23 52. T.l.j. 9h-18h. Entrée libre.

Moutoullas

Une inscription sur le mur nord de la nef donne la date de la consécration de l'édifice : 1474. À l'intérieur, le **cycle de peintures** originel, presque entièrement conservé, court tout autour de la nef sur deux registres : en haut (en partant du mur sud), des scènes illustrant le Nouveau Testament, de la *Naissance de la Vierge* à la *Dormition* ; au niveau inférieur, une galerie de portraits de saints. Le style de ces peintures, réalisées par un artiste local, est vigoureux, rustique, mais d'une réelle ingéniosité dans le traitement de certains détails : remarquez ainsi le rendu quasi cubiste des rochers qui composent le paysage de certaines scènes ; cette rudesse est particulièrement marquée dans la *Nativité du Christ*. Les figures de saints sont plus élégantes : voyez Constantin et Hélène (sous la *Trahison du Christ*) ou saint Georges (sous la *Naissance de la Vierge*). Le blason des Lusignan est représenté sous l'auvent de l'iconostase.

Le musée d'Art byzantin

Face à l'église ☎ 99 11 23 52. T.l.j. sf lun. 9h-18h. Entrée libre.

Vous pourrez y voir une belle collection d'icônes, parmi lesquelles une Vierge à l'Enfant du XIIIe s. et une Vierge Eleoussa (XIVe s.), c'est-à-dire « compatissante ». Dans ce dernier type de représentation, la Vierge, le regard pensif et comme absent, serre l'Enfant Jésus contre sa joue.

MOUTOULLAS

Carte p. 94-95 – À 5 km N de Pedoulas.

Le village est célèbre pour sa **production d'eau minérale**. Il faut y voir l'**église de la Panayia** (☎ 97 73 34 80 ; lun.-sam. 8h-16h). Construite en 1280, elle présente le premier exemple de toit à double pente. À l'intérieur, les peintures empruntent un langage rustique, dont la rudesse est atténuée par la vivacité des couleurs et le pittoresque des scènes ; voyez la *Résurrection de Lazare*, où un jeune homme se protège le nez de son manteau devant le corps du défunt.

LE MONASTÈRE SAINT-JEAN-LAMPADISTIS ✧✧

Carte p. 94-95 – À Kalopanayiotis, 7 km N de Pedoulas ☎ 22 95 34 60 et 99 47 61 49. Mai.-sept. : t.l.j. 9h-13h et 16h-18h ; oct.-avr. : t.l.j. 14h-17h. Entrée libre pour l'église ; payante pour le musée.

À 700 m d'altitude, le bourg de Kalopanayiotis étage ses **belles maisons traditionnelles** sur le versant occidental de la vallée du Sétrakhos. De l'autre côté de la rivière, les bâtiments du **monastère Saint-Jean-Lampadistis** (Ayios Ioannis Lampadistis) se nichent à la lisière de la forêt. Le monastère, aujourd'hui désaffecté, a été restauré dans les années 1970. Outre l'église et ses chapelles, qui en occupent le centre, vous pourrez visiter une partie des bâtiments conventuels avec leurs pressoirs et ses diverses remises. Dans une dépendance a été ouvert un **petit musée** qui conserve une **belle collection d'art byzantin**.

L'église se compose en effet de trois **constructions accolées** d'époques diverses. La première, par laquelle vous entrerez, est une chapelle en croix grecque consacrée à saint Hérakleidios, le premier archevêque de l'île, nommé par Paul et Barnabé. Elle fut construite au XIe s. mais décorée à trois reprises, et constitue la partie la plus ancienne de l'ensemble. Au nord de cet édifice primitif, une deuxième chapelle, dédiée au saint local Jean (Ayios Ioannis) Lampadistis, fut ajoutée au XIIe s. (restauration du XVIIIe s.); elle est reliée à la précédente par un narthex commun. Enfin, encore plus au nord et communiquant avec les deux chapelles précédentes, une troisième église fut élevée au XVe s., sans doute pour servir d'oratoire aux Francs de rite latin. L'ensemble est orné de **cycles de fresques** de différentes époques, du XIe au XVe s. C'est là une excellente occasion de découvrir en un seul lieu l'évolution de l'art religieux chypriote, du Moyen Âge byzantin et ses saints solennels aux raffinements du XVe s., qui trahissent l'influence de la Renaissance italienne.

Saint-Hérakleidios ✧✧

La première chapelle présente pas moins de trois états successifs de décoration. Du plus ancien, celui du XIe s., ne subsistent que quelques fragments, mis au jour durant les travaux de restauration: pour l'essentiel, deux moines sur fond de décor géométrique, à la base du mur de l'abside. Le deuxième cycle, mieux conservé, remonte à la première moitié du XIIIe s.: les œuvres les plus remarquables sont une *Entrée du Christ à Jérusalem* (voûte ouest), composition raffinée n'excluant pas le pittoresque (les enfants grimpant dans un palmier chargé de dattes), une *Crucifixion* (lunette du mur ouest), où le légionnaire porte un écu frappé du blason des Lusignan, et le *Christ Pantocrator* de la coupole. L'église, enfin, fut de nouveau décorée à la fin du XIVe s., comme en témoignent une trentaine de scènes illustrant des épisodes du Nouveau Testament et qui couvrent la partie supérieure des murs. Voyez notamment la Via Dolorosa, où les légionnaires romains sont armés à la mode des soldats du XIVe s. Le mur d'iconostase présente, sous la corniche, un bandeau décoratif composé de blasons des familles latines de l'île.

Saint-Jean-Lampadistis

À l'exception d'infimes fragments, la décoration originelle de cette chapelle, érigée au-dessus du tombeau du saint, a disparu à la suite des restaurations du XVIIIe s. Sur le pilier nord-ouest, où une niche protégeait un reliquaire contenant le crâne du saint, vous pourrez voir de nombreux graffitis laissés par les pèlerins. Le narthex du XVe s. s'orne de peintures de la même époque; elles ont pour thèmes principaux les miracles du Christ et le Jugement dernier. Vous pourrez également voir du côté droit un portrait du donateur et de ses fils.

L'église latine ✧✧

Nous ne possédons aucun texte assurant que cette église fut utilisée par les Francs. Seule la disposition de l'abside, avec sa niche surélevée, suggère que l'on y suivait une liturgie occidentale. Les murs sont ornés d'un **splendide cycle de peintures** (fin du XVe s.). Il se compose de 24 tableaux correspondant aux 24 strophes de l'hymne acathiste et représente la réalisation la plus achevée de cet art latino-byzantin qui fleurit à Chypre sous l'influence de la peinture de la Renaissance. Les emprunts au vocabulaire occidental et les références à l'architecture italienne sont si présents qu'ils suggèrent que l'artiste était lui-même originaire d'Europe ou qu'il y a longuement séjourné. Chacune des compositions mérite un examen attentif. Remarquez notamment les Rois mages qui franchissent une colline, chevauchée représentée avec un extraordinaire sens de la perspective; ou encore Abraham et les trois anges devant une splendide carafe de vin.

^ Panayia tou Arakou

Le Musée byzantin ✧

Mêmes horaires que le monastère.

Il abrite une **collection d'icônes** dont les plus anciennes sont une *Vierge à l'Enfant* du XIIe s. et les figures des saints Côme et Damien (XIIIe s.).

La vallée de la Pitsilia ✧✧

PANAYIA TOU ARAKOU ✧✧✧

Carte p. 94-95 – À Lagoudéra, 24 km E du col du Troodos ☎ 99 55 73 69.
T.l.j. 9h-12h et 14h-17h. Entrée libre.

Construit à la fin du XIIe s. à l'initiative d'un riche noble byzantin, ce sanctuaire au toit pentu, niché dans un écrin de verdure, évoque une opulente ferme médiévale. Pourtant, l'intérieur est décoré des **fresques les mieux conservées de l'île**. D'après la tradition, un faucon (*hierax* en grec) aurait désigné cet endroit, où était cachée une icône de la Vierge. Devant l'explosion de couleurs qui vous accueille, vous aurez du mal à croire que les peintures, datées de 1192, n'ont jamais été restaurées. À l'intérieur, un livret détaille les fresques. Sous la coupole se trouve un **Christ Pantocrator**. Plus de place ici pour l'attitude lointaine de prince oriental au regard absent qu'empruntent les représentations byzantines : un regard de douceur se pose sur le visiteur, avec toute la compassion de celui pour qui il n'est point de péché sans rémission. Sur la niche sud de la coupole, observez une *Dormition de la Vierge* où, dans le regard des témoins de la scène, se lisent tristesse et gravité. Sur le mur sud, une Vierge debout sur un tapis de cour, penchée sur son enfant, semble deviner le terrible destin qui attend le nouveau-né. L'inquiétude qui se lit sur les visages est l'écho tragique du sentiment qui devait étreindre les cœurs chypriotes tandis que l'île tombait aux mains des princes latins après quatorze siècles d'hellénisme.

L'ÉGLISE STAVROS TOU AYIASMATI ✧✧

Carte p. 94-95 – À Platanistassa, 10 km S-E de Lagoudéra. Demandez le gardien au café du village (ou ☎ 99 67 72 16). L'église est à 3 km au N du bourg. Entrée libre.

Au-dessus de l'entrée, une inscription date les peintures de 1494 et mentionne le nom de l'artiste qui les exécuta: Philippe dit «le Goul», dont le surnom viendrait du vieux français «gueules», terme employé en héraldique et qui signifie «rouge». Influencé sans doute par l'art occidental, ce cycle de **fresques** se distingue par une grande liberté d'exécution par rapport aux canons byzantins: ainsi dans la Présentation de Marie au Temple (mur sud de la nef), où les assistantes ne sont plus des figures figées comme à l'église de la Panayia tou Arakou, mais évoquent plutôt un groupe de villageoises. Ce réalisme est encore plus évident dans la Cène (mur ouest de la nef). Banquet plus que célébration, vous y voyez Judas semblant disputer le repas au Christ. Des scènes vivantes empruntées à la vie rurale figurent également dans la *Naissance de Jésus*. L'introduction d'éléments occidentaux est aussi très novatrice: remarquez l'architecture qui sert de décor au *Lavement des pieds* (mur ouest), et la présence d'un thème rare chez les Byzantins mais courant chez les Latins, l'*Invention de la sainte Croix*. Constantin et Hélène, fondateurs de Byzance, y sont représentés, alors que l'empire millénaire vient de s'écrouler (1453) et que beaucoup de Grecs se sont réfugiés à Chypre.

VISITE

The Rose Factory

L'usine de la famille Tsolakis propose des visites guidées de l'atelier et une présentation/dégustation des produits fabriqués sur place. Andria se fera un plaisir de tout vous expliquer en français.

> Odos Triantafyllou, 12 ☎ 25 52 18 93, www.venus-rose.com. Lun.-ven. 8h30-17h; sam. 9h-17h; dim. 10-17h.

Les villages du versant sud-est du Troodos

AGROS

Carte p. 94-95 – De Machairas, prendre la direction de Farmaka puis Paliohorio, ensuite suivre les panneaux.

Voici l'un des villages de montagne caractéristiques au cœur du **géoparc du Troodos**. Bâties en amphithéâtre à flanc de montagne, les maisons se distribuent de part et d'autre d'une route en lacet qui surplombe les champs et... les **roseraies**. Car c'est l'eau de rose et les produits fabriqués à base de cette fleur délicate qui ont fait la renommée des lieux. Un panneau disposé sur la place du village indique le tracé de tous les sentiers de randonnée qui traversent le géoparc.

PALAICHORI

Carte p. 94-95 – À 13 km N-E d'Agros, 40 km S de Lefkosia.

Ce village, réputé pour sa production de **Zyvania** (l'eau de vie chypriote), est séparé en deux par la rivière Serrache qui dévale du mont Papoutsa. Entre vignes et noyers, les maisons traditionnelles se déploient le long d'une route en lacet au détour de laquelle se trouvent un musée (ouvert le matin) et des églises byzantines, la statue de la mère chypriote, mais aussi la cachette restaurée du héros Grégoris Afxentiou.

Les amateurs de pêche se donnent rendez-vous sur le barrage construit sur la rivière Kampiou.

FIKARDOU

Carte p. 94-95 – À 17 km E de Palaichori.

Fikardou tirerait son nom, dit-on, du « repaire de fugitifs » qui fuyaient les rafles organisées dans la région entre 400 et 800 ap. J.-C. C'est dire si le village est ancien ! Aujourd'hui en partie déserté, le village a été classé Monument ancien en 1978 et a remporté le prix Europa Nostra en 1987. Une des maisons restaurées abrite un musée qui permet de se faire une idée des conditions de vie dans cette partie rurale et montagneuse de l'île par le passé.

LAZANIA

Carte p. 94-95 – À 6 km S de Fikardou.

Ce petit village, au sommet d'une colline à 900 m d'altitude, compte aujourd'hui 33 habitants et fait également partie du réseau Heartland of Legends (p. 57). Fief des Lusignan en 1190 (d'où provient son nom), le village est aujourd'hui un charmant entrelacs de ruelles sinueuses en pierre, de maisons en brique carrelées avec des fenêtres et des portes sculptées.

La maison marquée d'un blason médiéval sculpté dans la pierre est celle de Kostas Kouloumis, le musée Hadjikyprianou plein de souvenirs familiaux, mais aussi un atelier de fabrication de pithkiavli, les flûtes traditionnelles en roseau. Kostas propose aussi 2 chambres à louer dans sa demeure (☎ 99 43 92 72). Entrez, tout simplement…

Récolte de roses à Agros

^ Monastère de Machairas

Le monastère de Machairas ✧

Carte p. 94-95 – À 23 km N-O de Lefkara. 📞 22 35 93 34. T.l.j. 9h30-18h. Entrée libre.

Pour les Chypriotes, c'est un pèlerinage patriotique. Pour tous, une splendide excursion dans ces contreforts orientaux du Troodos, où, depuis Lefkara, la route quitte progressivement les cultures pour traverser d'épaisses forêts de conifères auxquels se mêlent les cyprès. En lisière du monastère, une **statue monumentale** accueille les visiteurs : c'est celle de **Grigori Afxentiou**, maquisard lors de la guerre d'indépendance contre les Britanniques. Découvert dans la grotte où il se cachait, il préféra se faire brûler vif, le 3 mars 1957, plutôt que de se rendre à l'ennemi. Au pied de la statue, un **petit musée** entretient sa mémoire autour d'objets personnels et de photographies d'époque.

Une autre grotte est à l'origine du monastère : celle où des moines, guidés par l'inspiration divine, découvrirent une icône peinte de la main de l'apôtre Luc. Pour dégager les ronces qui obstruaient l'entrée, il se servirent d'un couteau (*makhairas* en grec) apparu miraculeusement entre leurs mains. Le monastère a été entièrement reconstruit après un incendie en 1892 qui a entièrement détruit les bâtiments d'origine. L'église est ornée d'un cycle de peintures murales réalisés entre 1990 et 1992 : la grande tradition byzantine est toujours vivace. À droite de la porte centrale de l'iconostase, l'**icône de la Vierge de Makhairas**, recouverte d'argent, est présentée à la dévotion des fidèles.

• NOS ADRESSES •

KAKOPÉTRIA

OÙ DORMIR

Kakopétria est une destination très fréquentée par les habitants de Nicosie, qui viennent y passer le week-end. Il est préférable de réserver pour la fin de semaine.

Linos Inn

Palias Kakopetrias, 34 ☎ 22 92 31 61, www.linosinn.com. Possibilité de repas (autour de 15 €). De 50 à 100 €

Une adresse de charme au cœur du vieux village. Authenticité du cadre et confort moderne (télévision par satellite dans les chambres, sauna et jacuzzi) font de cette auberge un lieu de séjour idéal pour partir à la découverte de la région. L'hôtel se trouve dans la partie piétonne du vieux village (le personnel pourra prendre en charge vos bagages depuis le parking du village moderne) et possède également sa petite taverne, où des musiciens viennent animer les soirées *(ven. et sam.)*.

Maritsa Lodge

Palias Kakopétrias, 70 ☎ 22 92 36 46, page Facebook Maritsa Lodge. De 50 à 90 €

L'autre auberge de charme dans le vieux village. Six chambres parfaitement aménagées, plusieurs d'entre elles avec terrasse privée, du côté de la rivière ou sur les toits du village. Celle située au-dessus de la réception (n° 1), avec son accès privé, est la plus séduisante avec sa grande terrasse et sa cheminée (pas inutile jusqu'en avril). Excellent petit déjeuner à base de produits locaux.

PEDOULAS

OÙ DORMIR

Elyssia

Philoxénias, 47 ☎ 22 95 37 37, www.elyssiahotel.com. Autour de 50 €

Cette belle maison du centre du village abrite un sympathique hôtel familial et ses 27 chambres impeccables, pour beaucoup avec une jolie vue sur la vallée en contrebas. L'accueil chaleureux invite à prolonger le séjour, tout comme les bons petits plats que l'on mitonne en cuisine.

MOUTOULLAS

OÙ DORMIR

Olga's House

Kalopanayiotis (à 2 km N de Moutoullas) ☎ 22 35 02 83. Agrotourisme.

Cette belle maison ancienne a été transformée en un agréable gîte rural. Les chambres sont de bon confort et on y trouve aussi un salon bien aménagé, où vous pourrez vous détendre devant la cheminée. Très belle situation, en surplomb de la vallée de Marathassa.

AGROS

OÙ MANGER

Taverne Linari

Leoforos Agrou ☎ 99 43 48 84. Mer.-dim. 10h-22h.

L'endroit est idéal pour déguster, avec les habitués du coin, les fameuses « loukanika krassata », ces saucisses cuites dans le vin, spécialité d'Agros.

FIKARDOU

OÙ MANGER

Yannakos

☎ 22 63 33 11.

À l'entrée du village, dans l'unique taverne de Fikardou, asseyez-vous sur la terrasse sous la treille où pendent des coloquintes et laissez-vous tenter par un plat familial de *kleftiko* ou de *stifado*. Tout est fait maison avec des produits cultivés sur place. Vente aussi sur place de miel, amandes, cornichons, vin, zyvania et autres spécialités à emporter.

Randonnée

À LA DÉCOUVERTE DU TROODOS PAR LES CHEMINS

La statue de la mère chypriote

Chypre est traversée d'est en ouest par le célèbre sentier de randonnée européen E4 signalé par ses petites pancartes jaunes et noires. Mais, si le massif du Troodos est le terrain de jeu favori des randonneurs, il est aussi, désormais, un réseau tentaculaire de sentiers et de chemins qui encouragent le tourisme « deux roues ». À pied ou à vélo, à partir du monastère de Machairas, partez à la découverte des paysages de montagne du Troodos entre pins plusieurs fois centenaires et senteurs aromatiques. Traversez des villages anciens pétris d'histoire, et n'hésitez pas à goûter les saveurs du terroir au passage.

PRATIQUE

Départ et arrivée à vélo Monastère de Machairas-Palaichori, via Pitsilia. Le retour se fait par le même chemin ou par la route en taxi.

Distance 25 km.

Dénivelé 240 m.

Difficulté Moyenne à cause de quelques montées abruptes, mais très accessible car la route est goudronnée sur presque tout le trajet.

Adresses utiles
Location de vélos et VTT
https://www.visitcyprus.com/files/Routes/cycling/BIKE_CENTRE_SERVICES_INFORMATION_updated_27_5_20.pdf

1 Depuis le monastère de Machairas, prendre la direction ouest en **direction de Lazania**, puis de **Gouri**.

2 Poursuivre ensuite vers le sud en **direction de Farmakas**. La route passe à proximité des spectaculaires carrières de Farmakas et d'un petit lac qu'il faudra contourner pour remonter vers le nord jusqu'à l'**intersection avec la route Lefkosia-Palaichori**.

Palaichori

3 Là, prendre à gauche, direction sud-ouest. Traversez le village d'**Apliki** et poursuivre jusqu'à **Palaichori**. La dernière partie du parcours est une montée en pente douce sur 5 km qui rejoint le village.

4 La route passe à proximité de la **statue de la mère chypriote** et les villages traversés sont autant de prétextes à découvrir le cœur de Chypre. N'hésitez pas à vous arrêter…

PAPHOS
et la côte ouest

Deuxième aéroport international de Chypre, Paphos est l'une des destinations idéales pour les amateurs de plages mais aussi de cultures ancienne et médiévale. Légende liée à la déesse de l'amour, tombes antiques de rois, vestiges romains exceptionnels, château médiéval, la ville de Paphos cumule les raisons d'être classée au patrimoine mondial de l'Unesco. Le long de la côte ouest de l'île, ne manquez pas Petra tou Romiou, le rivage mythique où Aphrodite a surgi de l'écume, la grotte où la déesse avait l'habitude de prendre ses bains et la plage où elle retrouvait son Adonis. Faites le choix d'un tourisme 100 % nature dans la zone naturelle protégée d'Akamas, attardez-vous dans un petit port aux accents de bout du monde ou plongez dans les eaux turquoise de Blue Lagoon depuis le pont d'un bateau.

N
MER MÉDITERRANÉE
10 Polis et la péninsule d'Akamas p. 150
Pomos
Cap Arnaoutis
Baie de Chrysochou
Blue Lagoon
Bains d'Aphrodite
Péninsule d'Akamas
Akamas Forest
Latchi
Polis ★★
E704
F733
Stravos tis Psokas
9 Les environs de Paphos p. 140
Lara Beach ★★
Lara
E709
F725
Vallée des Cèdres
Avakas Gorge
Pano Panayia
Cap Drepanon
Ayios Georgios
Peyia
Monastère d'Ayios Néophytos ★★★
B7
E702
Coral Bay
E701
Les tombeaux des rois
Emba
Mesoyi
Paphos ★★
8 Paphos p. 128
E606
Site archéologique de Kato Paphos ★★★
Église Ayia Paraskévi ★★
F607
Yéroskipou
A1
Yéroskipou Beach
Sanctuaire d'Aphrodite
Kouklia
Coup de cœur p. 148
Pétra tou Romiou ★★★
0
5
10 km

PRATIQUE

Plan p. 130-131
Nos adresses p. 138

Accès à Paphos

L'aéroport international de Paphos est à 15 km à l'E de la ville *(hors pl. par B3)* ☎ 77 77 88 33 (depuis Chypre) ou ☎ (+357) 25 12 30 22 (depuis l'étranger), www.hermesairports.com.
Il est principalement utilisé par les vols affrétés (charters).

Rejoindre le centre de Paphos et ses environs en bus et en taxi

Service de bus vers Paphos (n°613) et Coral Bay avec arrêts tout au long de la route côtière (n°612, 1,50 €).
Taxis privés : env. 35 € pour Paphos, 65 € pour Polis.

Liaisons avec Limassol et Nicosie

Intercity Buses
gare routière Karavella *(plan C1)* ☎ 80 00 77 89, www.intercitybuses.com.
Pour Nicosie, 9 liaisons quotidiennes lun.-ven., 5 liaisons quotidiennes sam.-dim. Prix: 7 €.
Pour Limassol, 11 liaisons quotidiennes lun.-ven., 6 liaisons quotidiennes sam.-dim. Prix: 4 €.

Circuler dans Paphos

En bus
En ville, la ligne 611 assure un service entre les deux parties de la ville, haute et basse.

Compagnie Osypa
☎ 80 00 55 88 (numéro gratuit) ou ☎ 26 93 42 52, www.pafosbuses.com; gare routière *(plan B4)*. Départ: 6h15-19h, toutes les 15 min en semaine, toutes les 30 min le week-end. Ticket: 1,50 €. Possibilité de forfait avec trajets illimités à la journée (5 €), à la semaine (20 €) ou au mois (40 €).

La compagnie Osypa assure la desserte de la plupart des **villes et villages de la région de Paphos: Coral Bay**, **Polis**, **Pétra tou Romiou**, aux mêmes tarifs et forfaits que pour les liaisons en ville.
Un dépliant de la compagnie avec trajets et horaires est disponible auprès de l'office de tourisme. Très pratique et peu cher pour sillonner la région.

En taxis collectifs

Travel & Express
Départs des taxis: Kynira, 34 *(plan D1)* ☎ 26 93 31 81.
Possibilité de réservation et de prise en charge au lieu de votre convenance.

Excursions en bateau
Du port de Paphos, plusieurs petits bateaux proposent des **promenades en mer** pendant la journée, le long de la côte occidentale, avec arrêt sur les plages et pique-nique.
Possibilité de sortie de pêche également. Rens. sur le port.

Adresses utiles

Office de tourisme
Agoras, 8 (plan C1)
📞 26 93 28 41, mail : Information_OfficePafos @visitcyprus.com.
Lun., mar., jeu. et ven. 8h-17h ; mer. 8h-14h30 ; sam. 8h-13h30 ; f. le dim.

Culte catholique
Église de la Chrysopolitissa
Plan B4 📞 26 93 13 08.
Messes : dim. 10h (latin) et 12h (anglais). Horaires variables affichés sur le portail de l'église.

Hôpitaux
- General Hospital, odos Achepans (hors pl. par D1) 📞 26 80 31 00.
- À Polis 📞 26 32 18 00.

Location de voitures
Europcar : odos Morphou, Kato Paphos *(hors pl. par B1)* 📞 26 82 26 33.
Hertz : Tombs of the Kings ave. 7 *(plan A4)* 📞 26 93 39 85.
Petsas & Sons : Leoforos Apostolou Pavlou, 86 *(plan B-C2)* 📞 26 93 55 22.

Poste
Odos Nikodimou Mylona *(plan C1)*.

PAPHOS

Il y a deux Paphos: Kato Paphos – près du port –, et Ktima Paphos, le centre-ville. Côté mer, c'est une longue promenade bordée de terrasses, entre un vieux fort ottoman et une microplage de sable. En arrière du front de mer, le quartier touristique se déploie avec ses restaurants et ses bars, où l'animation débute en fin de journée. Côté ville haute, c'est le bourg ancien, perché au-dessus de la mer: l'occasion de découvrir le marché couvert, véritable caverne d'Ali Baba. Mais avant tout, Paphos est un musée à ciel ouvert, une mosaïque de vestiges historiques qui se conjuguent avec les plaisirs de la mer.

Le port de Paphos

L'ESSENTIEL

À ne pas manquer

Le site de Kato Paphos, ses mosaïques, ses bâtiments francs, ses églises byzantines et son fort ottoman.

Expérience

Prendre un verre au coucher de soleil sur la terrasse du Muse Café.

La plus belle plage

La petit plage de sable doré d'Omega Beach près du port.

Le front de mer

Plan A-B4.

C'est une vaste baie, largement ouverte vers le large, où est amarrée une flottille de **bateaux** d'excursion : promenade de deux heures autour du cap, croisière au long cours jusqu'aux plages de Lara, sur des embarcations à fond de verre pour découvrir poissons et rochers. À chacun de faire son choix. Plus loin, quelques bateaux de pêche ménagent un séduisant premier plan au fort médiéval. Au coude à coude dans les **restaurants**, on se régale de la vue. Du côté opposé, on longe l'arrondi de la baie, puis le bord de mer conduit à une **promenade aménagée** sur des planches avec quelques spots pour la **baignade** : ici, le littoral est rocheux, mais des échelles et un ponton permettent d'accéder directement à l'eau. On y trouve tout de même une **petite plage de sable**, Omega Beach, idéale si l'on réside dans le coin.

Le site archéologique de Kato Paphos ✧✧✧

Plan A-B4. ☎ 26 30 62 17. Mi-avr.-mi-sept. t.l.j. 8h30-19h30 ; mi-sept.-mi-avr. t.l.j. 8h30-17h. Entrée : 4,50 €.

Ce site archéologique occupe toute la péninsule qui s'avance vers la mer, dos au port. Un gigantesque territoire sur lequel sont concentrés **23 monuments historiques**, et non des moindres ! L'ensemble est classé au patrimoine de l'Unesco depuis 1980.

Sur le plan distribué à l'entrée, les cinq couleurs correspondent à **cinq périodes de l'histoire** (hellénistique, romaine, paléochrétienne, franque et ottomane), qui peuvent faire l'objet d'itinéraires différents.

Paphos

A
B
1
2
3
4
N
Tombeaux des rois (Tafi ton Vasileon)
Morphou
Aristarchou
Tafou
ton
Vasileon
Adamantiou
Tilemachou
MER MÉDITERRANÉE
Promitheos
Ayiou Lambrianou
Pavlou
Apostolou
Basilique paléochrétienne
Phare
Catacombes
Ancien odéon romain
Pilier de Saint P
et église de l
Chrysopolitis
Site archéologique
Saranda
Kolonon
Sortie
Pafias
Maison de Dionysos ★★★
Saranda Kolones
Promenade du front de mer
Maison d'Aion ★★★
Maison de Thésée ★★
Leofoross
Stasandrou
Ledras
gare routière
Poseidonos
8 Paphos p. 128
Port
Fort médiéval
Ruines du port antique
Ancienne digue du port antique
Promenade du front de mer
200 m

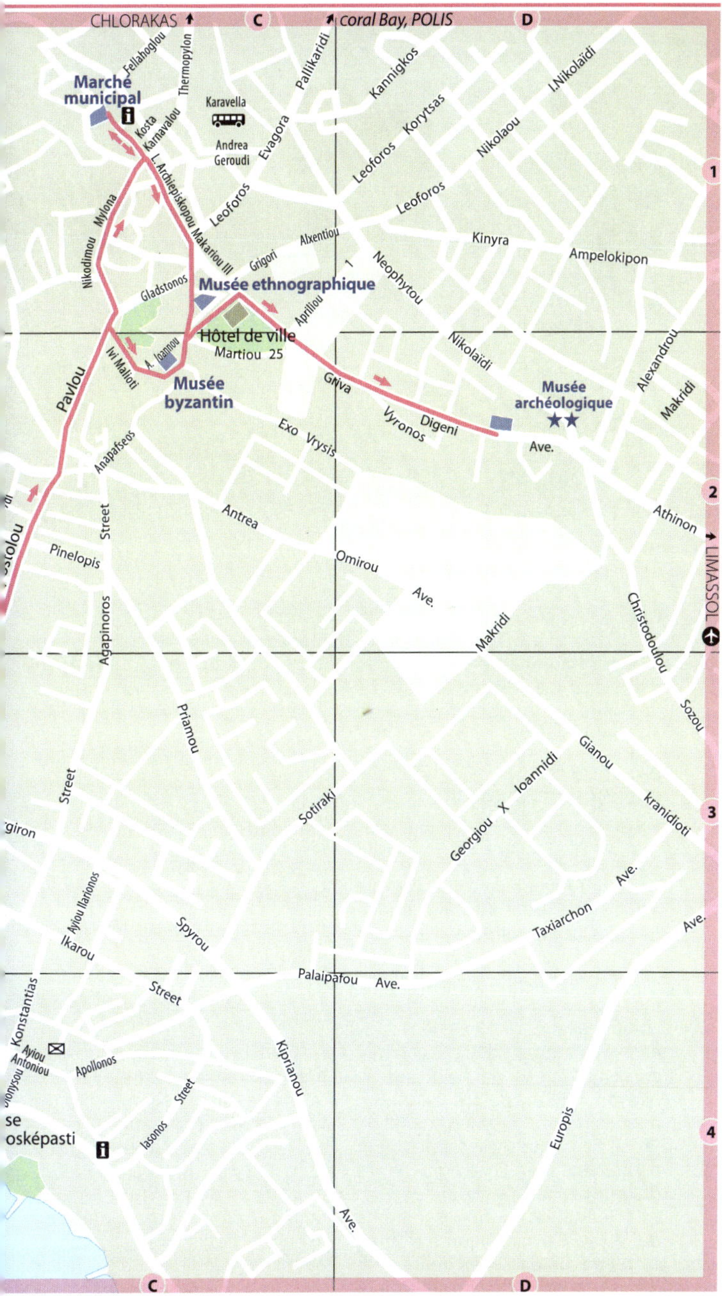
CHLORAKAS
C
coral Bay, POLIS
D
Marché municipal
Fellahoglou
Thermopylon
Kosta Karnavalou
Karavella
Andrea Geroudi
Evagora
Pallikaridi
Kannigkos
I.Nikolaïdi
Leoforos Korytsas
Nikolaou
Leoforos
Leoforos
L.Archiepiskopou Makariou III
Mylona
Nikodimou
Alxentiou
Kinyra
Ampelokipon
Grigori
1
Neophytou
Gladstonos
Musée ethnographique
Apriliou
Hôtel de ville
Martiou 25
A. Ioannou
Iwi Malioti
Musée byzantin
Nikolaidi
Alexandrou
Pavlou
Griva
Vyronos
Digeni
Musée archéologique
Makridi
Exo Vrysis
Ave.
Anapafseos
Antrea
Athinon
LIMASSOL
Street
Pinelopis
Omirou
Ave.
Christodoulou
Agapinoros
Makridi
Priamou
Sozou
Gianou
Ioannidi
X
Georgiou
Kranidioti
Sotiraki
Street
giron
Ave.
Ayiou Ilarionos
Taxiarchon
Ikarou
Spyrou
Ave.
Palaipafou
Ave.
Street
Konstantias
Ayiou Antoniou
Apollonos
Dionysou
Kiprianou
Street
Iasonos
se
osképasti
Europis
Ave.
C
D
1
2
3
4

^ Ruines de Kato Paphos au coucher du soleil

Chapeau, écran total et bouteille d'eau sont indispensables, le site est immense et il n'y a pas d'ombre, mis à part sous les arbres de l'allée qui longe le château de «sarantakolones».

BASILIQUE PALÉOCHRÉTIENNE

Plan B3.

La première basilique date du IVe s.: une immense construction à sept nefs, dont la petite **église de la Chrysopolitissa** n'occupe qu'une partie. On peut en voir les **fragments du pavement de mosaïques**, au pied des hautes colonnes qui délimitaient les nefs. Elles datent du IVe s. et sont contemporaines de celles de la maison d'Aion (p. 135), réalisées peut être par le même atelier. Près des mosaïques, on peut également voir un **fragment de dallage de marbre** en *opus sectile*: c'est le fruit des agrandissements du VIe s. À la basilique s'ajoutait alors un **palais épiscopal**, dont d'importantes traces se voient à droite des colonnes. Enfin, les Francs eux-mêmes ont ajouté leur propre sanctuaire, une **église franciscaine** de style gothique. Quant à saint Paul, après son supplice, il parvint à convertir le proconsul Sergius Paulus, maître de l'île au nom de Rome. Chypre a ainsi été la première terre gouvernée par un chrétien.

LES CATACOMBES

Plan B3.

Au bord de l'avenue Apostolou Pavlou, un arbre porte de drôles de fruits: à ses branches sont accrochés des **morceaux d'étoffes**, des vœux en attente d'être exaucés...

Au pied de l'arbre s'ouvre un **escalier aux marches taillées dans la roche**, qui descend vers des **tombes souterraines**: elles ont servi d'église aux premiers chrétiens. On y priait encore au XIIe s.; des **traces de peinture** de cette époque sont encore visibles dans le chœur de la chapelle. Comme beaucoup d'églises des premiers siècles du christianisme, elle portait le nom de Sainte-Solomi, en référence à la mère des sept Maccabées, symbole de la résistance à la persécution religieuse.

La suite de la visite

Vous pourrez poursuivre votre découverte de la Paphos antique par une **promenade bucolique**. Au pied du **phare** appuyé contre la colline s'étagent les **gradins de l'Odéon**, près de l'**Asklepeion**, sanctuaire du dieu de la médecine dont il ne reste plus grand-chose, qui bordait l'agora, le lieu de rencontre et de promenade des habitants. Le chemin vous conduira ensuite vers les **murailles** de la ville face à la mer, percées d'une poterne, **Saranta Kolones**, vestiges cette fois d'un château construit par les Francs au XIIIe s. et qui, à la suite d'un séisme, s'écroula à peine vingt ans après avoir été achevé. Avant d'atteindre le château, vous pourrez sortir du site par un passage qui conduit à l'avenue Apostolou Pavlou, au niveau du pilier de saint Paul.

LA MAISON DE DIONYSOS ✧✧✧

Plan B4.

Comme le voulait l'usage, cette **vaste demeure** s'organisait autour d'un **atrium à ciel ouvert**, au centre duquel un bassin était destiné à recevoir les eaux de pluie. Sur ce noyau central donnaient les **salles de réception**, somptueusement décorées. Le sol des chambres privées, plus éloignées, n'était orné que de petits cailloux scellés dans un mortier. Il était en terre battue dans les pièces de service et les remises. Sur les 2000 m² de superficie au sol, 556 sont couverts de **mosaïques**.

Tout de suite à gauche en entrant, vous pourrez voir une mosaïque de galets d'époque hellénistique, vestige d'une maison plus ancienne (IIIe s. av. J.-C.). En avançant vers le centre de la maison, vous verrez tout d'abord un panneau représentant **Narcisse** assis sur son rocher puis une composition plus complexe, **allégorie de la Déesse mère entourée des quatre Saisons**. En avant de l'atrium, une passerelle permet de découvrir la plus belle mosaïque de cet ensemble ; elle donne son nom moderne à la villa. Il s'agit du ***Cortège triomphal de Dionysos***, de retour de son expédition mystique aux Indes. Un thème fréquemment représenté dans les cycles consacrés à Dionysos : vous y verrez le jeune dieu sur son char tiré par deux panthères et conduit par un satyre. Dans le cortège apparaissent Pan aux pieds de bouc et un esclave noir, originaire d'Inde, les mains liées dans le dos. Derrière eux, deux nymphes portent des vases à libations. En avant du char, un dompteur est agenouillé face aux bêtes féroces, puis viennent trois musiciens, dont un Noir, originaire d'Inde sans doute lui aussi.

MYTHOLOGIE *Roméo et Juliette de Babylone*

Pyrame et **Thisbé** sont deux jeunes gens de Babylone ; ils habitent des maisons contiguës et tombent amoureux l'un de l'autre. Leurs parents refusant de les marier, ils continuent pourtant leurs doux échanges à travers une faille du mur. Un jour, Pyrame donne rendez-vous à sa belle au pied d'un mûrier blanc. Arrivée à l'endroit convenu, Thisbé tombe nez à nez avec une lionne. La bête l'attaque, mais elle réussit à s'échapper, laissant derrière elle son voile taché de son sang. Découvrant l'étoffe souillée, Pyrame croit la jeune fille dévorée. Fou de douleur, il se transperce le corps de son épée. Revenue sur les lieux et découvrant le cadavre de son bien-aimé, Thisbé se tue à son tour. On trouve une représentation de cette scène mythologique dans la maison de Dionysos.

Au-delà de cette somptueuse composition s'ouvre un vaste espace central montrant des **scènes de vendanges** : elles sont disposées de façon à pouvoir être vues de toutes parts depuis un espace en U destiné à recevoir une table de banquet. Il s'agit de la pièce de réception principale.

Trois des côtés entourant l'atrium sont ornés de **scènes de chasse** : vous noterez les léopards et les tigres traditionnels, mais aussi les mouflons chypriotes. Le quatrième, face à la salle de banquet, présente une série de **scènes mythologiques**. Vous y verrez ***Pyrame et Thisbé*** *(lire encadré p. 133)* et ***Icare et Dionysos***. C'est le dieu de l'Ivresse qui instruisit Icare sur les secrets de fabrication du vin ; le premier est représenté barbu, tirant les rênes d'un chariot portant le produit de sa première vendange, dont il offre une coupe à Dionysos et à la nymphe Akmé ainsi qu'à deux bergers, à droite ; ces deux derniers s'enivrèrent, devenant ainsi, comme le rappelle l'inscription en grec, les « premiers buveurs de vin ». Parmi ces scènes apparaissent également ***Poséidon poursuivant la belle Amymônê*** de ses ardeurs amoureuses et ***Apollon et Daphné***, saisis au moment où cette dernière, pour échapper aux avances du dieu, se transforme en laurier.

Du côté opposé à l'entrée, au-delà de l'atrium, vous verrez encore deux belles compositions à thème mythologique encadrant des tapis de dessins géométriques : à gauche, ***L'Enlèvement de Ganymède*** par Zeus transformé en aigle et, à droite, ***Phèdre et Hippolyte*** : le jeune homme lit la lettre enflammée que lui a adressée sa belle-mère sous l'œil de Cupidon qui a embrasé la torche de l'amour.

LA MAISON DE THÉSÉE ✧✧

Plan A4.

Près de ce qui reste de la maison d'Orphée et de celle d'Aion, c'est la plus vaste demeure découverte à Chypre : le **palais du proconsul romain**. Après avoir franchi par une passerelle les soubassements de dépendances, vous aborderez le palais par son immense cour intérieure. Il faut l'imaginer bordée d'un large portique dallé de mosaïques, plantée de jardins et ornée de fontaines et de statues ; certaines d'entre elles ont été mises au jour et sont exposées au musée de la ville.

Côté gauche se trouve la mosaïque qui a donné son nom à l'édifice ; elle représente **Thésée**, au centre du labyrinthe suggéré par une bordure splendide, au moment où il se saisit du Minotaure. La personnification du Labyrinthe observe la scène, tout comme Ariane au-dessus, qui guette avec angoisse l'issue du combat. En arrière de la mosaïque, une **plate-forme** permet d'avoir une vue plongeante sur un ensemble de pièces bien conservées. Un long couloir, orné de **mosaïques à décor géométrique**, conduit à **deux bassins**, l'un dallé en *opus sectile*, l'autre terminé en abside ; en arrière subsistent les restes des bains privés.

En longeant la cour du côté gauche, vous découvrirez, dans une pièce ouvrant sous le portique, un second splendide panneau de mosaïques : il représente le **bain d'Achille** qui le rendit invulnérable, œuvre tardive du Ve s. annonçant déjà les compositions sur le même thème des peintures byzantines (premier bain du Christ ou de Marie).

PAUSE

Apéro et transat

Sur les planches de Paphos, à **Alykes Beach**, on peut s'offrir un moment de détente sur un transat, pour admirer par exemple le coucher du soleil sur le port et le fort, un verre à la main (7,50 €).

LA MAISON D'AION ✧✧✧

Plan A4.

Les mosaïques représentent cinq scènes mythologiques : **Dionysos enfant sur les genoux d'Hermès** en empereur romain ; **Léda au bain**, qui dévoile son corps magnifique à Zeus changé en cygne. La scène du centre rappelle le concours de beauté qui opposa **Cassiopée et les Néréides** – à gauche, la reine victorieuse est saluée par les dieux, à droite, trois des cinquante filles de Nérée semblent ulcérées de leur défaite. La quatrième scène représente **Apollon et Marsyas** – ce dernier, qui avait osé défier le dieu en prétendant qu'il était meilleur musicien, est emmené au supplice (il sera écorché vif) et implore la grâce. Enfin, un splendide **cortège de Dionysos**. Par leur qualité esthétique, la richesse de leur composition et l'interprétation des thèmes, ces mosaïques sont exceptionnelles. Exécutées de 325 à 350, elles sont les derniers feux du paganisme tandis que le christianisme est déjà proclamé religion officielle. On construit déjà à cette époque la basilique du pilier de Saint-Paul. Aussi le Cortège de Dionysos n'est-il plus l'habituel défilé bachique de satyres ivres, mais une procession solennelle où se lit le respect qui entoure le dieu.

LE PILIER DE SAINT PAUL

Plan B4.

À la sortie du site archéologique se dresse un **fragment de colonne**. Selon la tradition, l'apôtre Paul y a été attaché et flagellé. En mémoire de l'événement, le lieu a connu une succession de sanctuaires dont les archéologues ont dégagé les vestiges.

Une **passerelle** permet de faire le tour du site et d'accéder à la petite église du XVIe s. qui domine l'ensemble. Un joli thème pour les photographes.

^ Mosaïque romaine de Paphos

Le fort médiéval ✧

Plan B4 – 📞 26 30 62 17. T.l.j. 8h30-19h30 (17h nov.-mars.). Entrée : 2,50 €.

Même si ce n'est aujourd'hui qu'une coquille vide, monter sur la terrasse vaut le détour. On découvre de là toute l'étendue de la baie de Paphos avec, en avant du rivage, une ligne de blocs de pierre. Ce sont les vestiges des digues du port antique, à l'origine de la prospérité de la ville. C'est là que débarquaient les milliers de pèlerins venus de tout le monde antique pour honorer Aphrodite dans son sanctuaire de Kouklia (p. 145).

À une cinquantaine de mètres côté mer, un amas de pierres marque l'emplacement d'une des **deux tours dressées par les Francs** au XIIIe s. La seconde, enveloppée d'une nouvelle ceinture de murs par les Vénitiens, puis restaurée par les Ottomans à la fin du XVIe s., n'est autre que le fort lui-même. Il servit de prison pendant la domination turque, puis de grenier à sel à l'époque britannique. De la terrasse, on découvre le vaste parc archéologique.

Le marché municipal

Plan C1 – Dimotiki Agora. T.l.j.

Après la promenade dans la ville basse, cap sur Ktima Paphos, l'ancêtre de la ville avant le développement de la zone touristique autour du port. Juchée sur une colline dominant la mer, elle comprenait un important quartier turc, que signale le haut minaret de sa mosquée.

Au cœur du quartier, le marché municipal est un joyeux bric-à-brac où l'on trouve **articles de cuirs, broderies, sachets d'herbes des montagnes, loukoums**... L'endroit n'a pas oublié sa vocation initiale : sur une esplanade en belvédère, chaque matin sauf le dimanche, les **maraîchers de la région** viennent proposer leurs fruits et légumes. Ne manquez pas les succulentes bananes de la région.

Le Musée byzantin ✧

Plan C2 – Plateia Geroskipou ☎ 26 27 12 21, http://www.impaphou.org/mouseio_impafou.aspx. Lun.-ven. 9h-16h, sam. 9h-13h. Entrée, : 4 €. Photos interdites.

Le **musée de l'archevêché** de Paphos est l'occasion de déjouer les idées reçues. La peinture byzantine (voir p. 235) n'est pas un art enfermé dans de strictes règles indéfiniment répétées. Elle est aussi capable d'exprimer de l'émotion et même du pittoresque. Voyez l'**icône de saint Jacob le Perse** (*1re partie de la salle*, vers 1200), peint de manière très vivante dans son costume d'Oriental, coiffé d'un bonnet phrygien et une boucle à l'oreille. Voyez également la **Vierge Eleousa** (XVIe s., *3e partie de la salle*) provenant du

Le fort médiéval

palais épiscopal, saisie dans un dramatique tête-à-tête avec son enfant, où se mêlent l'expression d'un amour infini et une poignante angoisse devant le sort funeste auquel est promis le Fils de l'homme.

La majorité des icônes présentées ici date des XVIe et XVIIe s. La première section de la salle expose aussi quelques œuvres plus anciennes, notamment une peinture datée du VIIIe s. et consacrée à **Ayia Marina**, qui passe pour la plus ancienne icône de Chypre. Vous verrez encore une **Vierge à l'Enfant** du XIIe s. ainsi qu'un splendide prophète Élie, peint au XIVe s. avec un grand sens du détail et de l'émotion.

PANORAMA

Muse Cafe Kitchen Bar

« The place to be » au coucher du soleil, c'est sur la splendide terrasse de ce bar restaurant qui domine la vieille ville !

> **Plan C1** – Andrea Ioannou st. ☎ 26 94 19 51. Cocktail : 7 €.

Le Musée ethnographique

Plan C1 – Odos Exo Vrysis, 1 ☎ 26 94 48 33, www.ethnographicalmuseum.com. Lun.-sam. 10h-17h, dim. 10h-14h. Entrée : 3 €.

C'est l'occasion d'entrer dans une **maison traditionnelle** du vieux Paphos. Le lieu a même été habité depuis l'Antiquité. Dans les soubassements, on a retrouvé des grottes qui ont servi d'église dans les premiers temps du christianisme ; dans le sous-sol de la maison, on peut voir des costumes folkloriques chypriotes, des poteries, ainsi que la reconstitution d'une cuisine du début du siècle dernier. Dans la cour est présenté un four domestique comme on pouvait en trouver autrefois dans chaque maison campagnarde.

Le Musée archéologique ✧✧

Plan D2 – Leoforos Georgiou Griva Digeni ☎ 26 95 58 01. Mar.-dim. 9h-16h30. Entrée libre.

Si vous cherchez les clés du château franc de la ville basse, elles sont au musée : un beau cadenas ouvragé du XIIIe s., enseveli sous les décombres de la forteresse.

De cette époque, on peut voir également une belle **collection de céramiques** vernissées, typiques du Chypre des Lusignan, et des **pierres tombales** portant des inscriptions en vieux français.

Mais le clou de la visite, ce sont les **vestiges découverts dans les demeures de la ville antique** : objets d'art, ustensiles quotidiens et verrerie restituent l'atmosphère raffinée de ces habitations aux splendides mosaïques ; sous les portiques, dans les jardins, on pouvait admirer des statuettes de marbre des divinités gréco-romaines, Esculape, Déméter, Hercule... Hercule, justement, qui fournit un thème amusant à un pied de table en marbre provenant d'une salle de banquet ; le héros est allongé, repu, et de petits Cupidons profitent de son ivresse pour lui voler son vin et ses armes. On savait aussi se soigner à cette époque : une vitrine présente une collection de bouillottes en terre cuite, chacune épousant parfaitement une partie du corps.

• NOS ADRESSES •

Axiothea

Plan C2 – odos Ivi Malioti ☎ 26 93 28 66, www.axiotheahotel.com. De 50 à 80 €

Un hôtel familial dans le haut de la ville. Les chambres offrent un bon confort et surtout de très belles vues sur la mer. Accueil très sympathique. Pas de restauration en dehors du petit déjeuner (excellent). Une très bonne adresse, loin des hôtels standardisés.

Kiniras

Plan C1 – 1, leoforos Makariou ☎ 26 94 16 04, www.kinirashotel.com. De 50 à 80 €

♥ Une vieille maison du début du XXe s., restaurée et décorée avec goût, en plein cœur de la partie non touristique de Paphos. Bref, un vrai coin de Chypre! Les chambres sont disposées autour d'un jardin fleuri, où l'on sert le petit déjeuner; vous pourrez également y dîner.

Nereus

Plan B3 – 7, odos Konstantias ☎ 26 94 31 01, https://nereus-hotel-paphos.hotelmix.fr. 78 ch. De 50 à 80 €

À deux pas du centre, mais à l'écart du bruit, l'hôtel joue la carte égéenne avec sa décoration de bleu et de blanc. Ambiance familiale. Piscine.

Aloe

Hors pl. par B4 – Leoforos Poseidonos ☎ 26 96 40 00.com. 272 ch. De 100 à 150 €

Un excellent établissement dans sa catégorie. Il offre des bungalows sur l'arrière (donc à l'écart de l'animation), une belle piscine, et surtout un accueil très chaleureux. Une bonne adresse.

Dionysos

Plan B4 – Odos Dionysou, 1 ☎ 26 93 34 14, www.dionysos hotelpaphos.com. 110 ch. De 100 à 150 €

Beau bâtiment en pierre de taille autour d'un agréable jardin, au cœur du quartier noctambule de la station balnéaire… Le calme n'est donc pas toujours au rendez-vous.

OÙ MANGER

Laona

Plan A2 – Odos Votsis, 6 ☎ 26.93.71.21, www.laonarestaurant.blogspot.com. Lun. et mer.-jeu. le midi, mar. et ven. midi et soir. De 10 à 15 €

Ambiance grecque dans ce sympathique restaurant populaire, avec bouzouki en musique de fond et, sur l'ardoise, des plats du jour mitonnés maison: ragoût de lapin, porc au vin rouge, légumes farcis…

Fetta's Corner

Plan C1 – Kostis Palamas leo. ☎ 26 93 78 22, page Facebook Fettas Tavern. Le soir. De 10 à 15 €

Bonne taverne traditionnelle pour déguster mezze et plats traditionnels. L'établissement propose une petite terrasse.

Anemomylos (Windmill)

Plan B3 – Odos Pafias Afroditis, 19 ☎ 26 93 35 18. Lun.-sam. 18h30-22h. De 10 à 15 €

Bon marché pour une cuisine de qualité. Accueil sympathique.

Hondros

Plan B4 – Apostolou Pavlou, 96 ☎ 26 93 42 56, page Facebook Hondros Taverna. T.l.j. 12h-23h. De 10 à 15 €

Sympathique adresse, où les grillades et les poissons sont servis en terrasse. Un seul petit point noir, la proximité de l'avenue, même si le trafic n'est pas intense en soirée.

Kiniras

Plan C1 – Leoforos Makariou, 91 ☎ 26 94 16 04, www.kinirashotel.com. De 15 à 20 €

La taverne de l'hôtel du même nom *(voir ci-contre)*. Dans le charmant jardin intérieur, on vous proposera des plats traditionnels, ragoûts de porc *(afelia)* ou de bœuf *(stifado)*, précédés de délicieuses entrées, et un cocktail en fonction de votre signe astrologique… À ne pas manquer.

Mandra

Plan B4 – Odos Dionysou, 4 ☎ 26 93 41 29, www.mandratavern.com. T.l.j. 17h30-23h. De 15 à 20 €

Une sympathique taverne à l'ancienne, pour déjeuner sur des chaises de paille, sous une tonnelle.

OÙ SORTIR

Paradosiako Kafeneion

Plan B4 – Apostolou Pavlou leo ☎ 99 46 57 60.

Ce café populaire, où les habitués se retrouvent pour jouer aux cartes la journée, s'anime parfois le soir autour de musiciens qui viennent jouer du bouzouki.

SPORTS ET LOISIRS

Balades en mer

Port de Paphos

Sortie pêche et promenade en mer le long de la côte (pause plage et pique-nique). *Rens. sur le port.*

Location de vélos

Wheelie Cyprus

☎ 99 35 08 98, www.wheeliecyprus.com. Tarif: à partir de 15 € la journée.

Festivités

Foire de Paphos

Plan C1 – Dans le parc de la rue Gladstone (odos Gladstonos), dans la ville haute, où une grande taverne est installée en plein air.

En mai. Expositions florales (notamment la riche flore de la péninsule de l'Akamas) et d'artisanat (vannerie, broderie, etc.).

Festivals de Paphos

dont le Pafia Aphrodite Festival

À l'odéon de Paphos et dans le fort. www.visitpafos.org.cy/music-dance-fun/highlight-events/

D'avril à septembre, la municipalité propose des représentations théâtrales et des spectacles folkloriques de chants et de danses. Programme disponible à l'OT.

Terrasse de restaurant en front de mer

LES ENVIRONS de Paphos

Les environs immédiats de Paphos regorgent de possibilités d'excursions : au choix, longues plages de sable, animées comme à Coral Bay ou désertes comme à Lara, peintures byzantines, ou encore, pour les amoureux de l'Antiquité, l'ancien temple d'Aphrodite ou les tombeaux des rois… Grâce à un réseau de bus particulièrement dense, tous ces lieux sont accessibles en transports en commun : on peut ainsi dans une même journée profiter des magnifiques plages de la région, céder à ses penchants culturels et rentrer à Paphos en soirée pour profiter de l'animation de la station balnéaire.

Lara Beach

L'ESSENTIEL

À ne pas manquer

Les mystérieux tombeaux des rois ; le sanctuaire d'Aphrodite à Kouklia.

Expérience

Visiter l'atelier-boutique de loukoums à Yéroskipou.

La plus belle plage

La plage de Pétra tou Romiou, lieu de naissance d'Aphrodite.

Les tombeaux des rois ✧

Carte p. 125 – À 2 km N de Kato Paphos. Bus 610 depuis la ville haute ou 615 depuis la ville basse ☎ 26 30 62 95. T.l.j. 8h-17h (jusqu'à 19h avr.-sept). Entrée : 2,50 €.

S'il s'agit bien de **tombes monumentales** creusées au bord de la falaise, aucun roi n'y a jamais été inhumé, mais plutôt de hauts dignitaires du pouvoir égyptien. Chypre était alors aux mains de la dynastie des Ptolémées, d'origine macédonienne, qui régnaient sur les rives du Nil. On a découvert là une **centaine de sépultures** dont les plus imposantes sont typiques de cette rencontre entre la tradition égyptienne, les nécropoles souterraines et l'architecture grecque avec ses colonnes doriques. Les plus intéressantes se trouvent à 200 m environ de l'entrée. Toutes deux présentent la même disposition : une **fosse à ciel ouvert** formant un **atrium bordé de colonnes** réservées dans la masse. Contre les parois s'ouvrent les chambres funéraires. À l'origine, les parois étaient recouvertes de peintures.

Coral Bay

Carte p. 125 – À 13 km N-O de Paphos. Bus 615 toutes les 10 min en été.

C'est la grande **plage de sable** de la côte occidentale de Chypre. La plus agréable pour la baignade (location de transats, douches, surveillance), et aussi la plus photogénique. Elle est séparée en deux par un promontoire, une **zone archéologique** d'où la vue est splendide sur les deux parties de la plage. Coral Bay est devenue une station balnéaire rivale de Paphos : les collines de l'arrière-pays sont couvertes de maisons de villégiature et, aux abords de la plage, cafés et commerces prolongent les attraits de la baignade. Au sud de Coral Bay, la **plage de Kissornerga** est à aborder avec prudence, car les eaux y sont traversées

Les tombeaux des rois

de courants violents qui ont déjà causé plusieurs accidents : se baigner impérativement dans la zone surveillée (en été seulement).

LE PARC ARCHÉOLOGIQUE DE LA PRESQU'ÎLE DE MAA

26 65 27 61. De mi-avr. à mi-sept. : t.l.j. 8h30-17h30 ; de mi-sept. à mi-avr. : t.l.j. 8h30-16h30. Entrée : 2,50 €.

Les vestiges sont loin d'être spectaculaires ; à part un **mur d'enceinte** encore haut de 2 m par endroits, ils sont même insignifiants. C'est là que, vers 1200 av. J.-C., s'est établie une colonie mycénienne venue de Grèce. À cette époque, les grandes cités du Péloponnèse (Mycènes, Pylos...) ont été brutalement détruites, contraignant leurs populations à l'exil. En parcourant ce promontoire de 450 m de long pour 150 m de large, on comprend le choix de ces immigrants ; des défenses naturelles sur trois côtés en surplomb de la mer, et un puissant rempart face à la terre ferme. Au bout du promontoire, une construction moderne abrite une petite exposition présentant l'arrivée des Mycéniens.

Le cap Drepanon ✧

Carte p. 125 – À 20 km N-O de Paphos, 7 km N-O de Coral Bay. Bus 616 B depuis Coral Bay.

À l'abri de ce cap se cache un **petit port de pêche et une plage de sable** moins fréquentée que Coral Bay. On peut y voir une jolie petite église toute blanche, autour de laquelle se tient un **marché** touristique le dimanche. Ce jour-là, il y a foule : les familles sont de sortie et viennent s'attabler à la taverne de poisson du lieu.

FAN DE POISSON

Saint-Georges

C'est l'une des meilleures tavernes de poisson de la côte. Du reste, les Chypriotes ne s'y trompent pas, qui s'y pressent en famille les fins de semaine. Ne manquez pas le brunch dominical. Les poissons sont grillés à la perfection. Cadre magnifique : une immense terrasse face à la mer. Une adresse qui vaut le détour.

> Ayios Georgios
26 62 13 06. Avr.-oct. : t.l.j. 11h-21h ; nov.-mars : t.l.j. le midi.

Lara Beach ✧✧

Carte p. 125 – À 32 km N-O de Paphos, 8 km N du cap Drepanon.

Au-delà du cap Drepanon, la route côtière file vers le nord et devient rapidement une piste, accessible aux voitures de tourisme. Sur une vingtaine de kilomètres, elle conduit au **cap Arnaoutis**, au bout de la péninsule d'Akamas, une **zone naturelle protégée** (p. 153). Tout au long s'étirent de longues **plages de sable** sans aucune construction : celle de **Toxeftra** tout d'abord, où vous trouverez le dernier petit café-restaurant avant de poursuivre sur la piste jusqu'à l'**immense plage de Lara**, 3 km plus loin. C'est une vaste étendue de sable où vous verrez peut-être des tortues, qui ont choisi les lieux pour pondre leurs œufs.

Avakas Gorge

Carte p. 125 – Randonnée au départ de Toxeftra Beach (à 3 km de Lara). Panneau indicateur; suivre la piste jusqu'au point de départ de la randonnée (2,4 km aller-retour).

Voici une belle occasion de faire un peu d'exercice : un sentier qui remonte de **splendides gorges creusées par la rivière Avakas**. Un coup de frais par les journées de grosse chaleur, au milieu d'une belle végétation, abreuvée par l'eau qui dévale. Pas de difficulté particulière, sauf quelques passages glissants lorsqu'il faut franchir – à plusieurs reprises – la rivière sur des cailloux. Des panneaux jalonnent le parcours pour présenter la faune et la flore.

Le monastère d'Ayios Néophytos ✧✧✧

Carte p. 125 – À 11 km N de Paphos. Bus 604 depuis la gare de Karavella dans le haut de Paphos. Pas de service le dim. ☎ 26 65 24 81. Avr.-oct. : t.l.j. 9h-13h et 14h-18h ; nov.-mars : t.l.j. 9h-13h et 14h-16h. Entrée : 1 €.

Depuis l'époque byzantine, les chrétiens orthodoxes ont une admiration particulière pour les ermites, en communauté dans leurs monastères ou seuls en pleine nature comme Ayios Néophytos. Chaque année les 24 et 25 janvier, des milliers de fidèles viennent lui rendre hommage. Pour l'occasion, une foire colorée s'installe sur le parvis du monastère.

La grotte

C'est cette vallée verdoyante que Néophyte avait choisie pour se

⌄ Les gorges de l'Avakas

^ Kouklia, le manoir franc

retirer du monde. Sitôt arrivé, il entreprend de creuser lui-même une grotte dans la falaise. Aidé par une poignée de disciples, il en couvre les parois de **scènes religieuses**. D'autres peintures seront ajoutées au XIIIe s. L'ermitage de Néophyte comprend trois pièces, une chapelle, un autel et sa cellule avec sa table et son banc creusés dans le roc. Parmi les peintures, voyez une Résurrection et deux scènes représentant le saint. L'une le montre entre deux archanges dans la chapelle et l'autre prosterné au pied de la Croix dans la cellule. Ce sont des **chefs-d'œuvre de la peinture byzantine médiévale**.

Le monastère

Face à la grotte, le complexe monastique récent s'ordonne autour d'une église à coupole du XVIe s. Dans la nef sont exposées les reliques du saint, tandis qu'une partie des murs et des voûtes conserve des peintures réalisées au début du XVIe s.: les derniers feux du grand art byzantin. Un petit musée présente une collection de précieux objets religieux.

Yéroskipou Beach

Carte p. 125 – À 2 km S-E de Paphos. Bus 611 depuis la gare routière de Kato Paphos. Service t.l.j.

Limitrophe de Paphos, la municipalité de Yéroskipou est aujourd'hui un appendice de la station balnéaire. On y trouve une **longue et agréable plage de sable aménagée**: transats, bars de plage, baignade surveillée.

YÉROSKIPOU

Le village a été totalement phagocyté par la banlieue de Paphos. Il n'en reste pas moins le «ieros kipos», le jardin sacré dédié à la déesse Aphrodite, mais, surtout, le lieu incontournable pour les amateurs de loukoums. Ces douceurs fabriquées selon une recette immuable depuis plus de cent ans, à base de sucre, de farine de maïs et d'autres ingrédients tenus secrets bouillis dans un grand chaudron de cuivre se déclinent en parfum à la rose, à l'amande et autre arômes naturels de la région.

L'église Ayia Paraskévi ✧✧

Carte p. 125 – À Yéroskipos, 3 km S-E de Paphos. Bus 612 (depuis Kato Paphos) et 613 (depuis Karavella), arrêt Stavros Taverna. Service t.l.j. ☎ 26 82 10 00. Visite: 8h-13h et 14h-17h (16h nov.-mars). F. dim. Entrée libre.

Cette église construite au IXe s. suit les modèles architecturaux de l'époque de Justinien (VIe s.): un plan basilical surmonté d'un moutonnement de cinq dômes. Au XVe s., l'église fut recouverte d'un nouveau cycle de **fresques**, en particulier celle représentant saint Paul dictant à un scribe, thème rare mais pas surprenant dans les environs de Paphos, où séjourna l'apôtre; et un Baptême du Christ, où le Jourdain et la mer sont personnifiés. La restauration des peintures (1974-1977) a permis une découverte de taille: sur le dôme au-dessus de l'autel a été mise au jour la représentation d'une simple croix entourée d'une décoration florale inspirée de l'art musulman des VIIe et VIIIe s.

DOUCEURS

Arsinoe Industry

Pour tout savoir sur les loukoums de Yeroskipou (visite et dégustation), arrêtez-vous à l'atelier familial Arsinoe! Si vous passez à l'heure où le chaudron s'active, vous aurez aussi l'occasion de goûter ses succulentes amandes grillées au sucre ou le pastelaki, autre spécialité de l'atelier.

> Arch. Makariou III Avenue 49, Yeroskipou; face à l'église Aghia Paraskévi ☎ 26 96 24 85, https://arsinoe-loukoumia.business.site. De 08h30 à 20h30.

Kouklia, le sanctuaire d'Aphrodite ✧

Carte p. 125 – À 14 km S-E de Paphos. Bus 632 depuis Paphos, 3 liaisons quotidiennes (lun.-sam.); départ de la gare routière de Karavella. ☎ 26 43 21 55. De mi-avr. à mi-sept.: t.l.j. 8h-19h30; de mi-sept. à mi-avr.: t.l.j. 8h-17h. Entrée: 4,50 €.

PAUSE

Efraim Tavern

Après avoir arpenté le sanctuaire d'Aphrodite, on mérite bien un peu de réconfort. Maria, la patronne des lieux, concocte de savoureux plats servis avec le sourire sur la terrasse au centre du village.

> Kouklia ☎ 26 43 20 82, www.efraimtavern.com. Env. 15 € le repas complet.

Pendant des siècles, notamment pendant la période romaine, des milliers de pèlerins venaient de tout l'empire pour rendre hommage à la déesse. Ils débarquaient au port de Paphos puis empruntaient la voie sacrée qui menait au sanctuaire, chantant et psalmodiant à travers les jardins de myrtes et de lauriers roses. Accueillis par les prêtres, ils participaient aux mystères, des cérémonies orgiaques qui se déroulaient la nuit. Ils recevaient, la tête couronnée de myrte, la preuve de leur initiation: un bol de sel et un phallus en terre cuite. Le culte de la déesse a été célébré dans ces lieux pendant plus de quinze siècles: de 1200 av. J.-C. au Ve s. de notre ère.

L'aire archéologique

Aujourd'hui, il faut de l'imagination pour suppléer au manque de couleurs, de statues et de colonnes et pour restituer «les bois sacrés et les autels parfumés» que mentionne l'*Odyssée* d'Homère. Des sanctuaires successifs de la déesse il ne reste que peu de chose. En traversant le champ de fouilles vers le musée, vous découvrirez les **soubassements du temple de l'époque romaine**. La ***stoa*** sud conserve (tout à dr.) les **restes d'une mosaïque** à motifs géométriques qui ornait ce portique couvert. En poursuivant, vous rencontrerez des **pans de murs** dressés de gros blocs: il s'agit du premier temple, construit vers 1200 av. J.-C. Remarquez la **petite chapelle** du XIIe s. construite à l'aide de matériaux antiques. Dédiée à la Vierge, elle est comme un défi à l'ancienne déesse maîtresse des lieux.

Le manoir franc ✧

Au sud du champ de fouilles se dresse le **château de Covocle**, un manoir franc du XIIIe s. Le porche d'entrée et l'aile droite sont des remaniements après l'époque turque. Ce qui reste de la construction d'origine s'élève à gauche de la cour: un élégant bâtiment à un étage, **l'un des plus beaux exemples d'architecture médiévale civile à Chypre**. La galerie au pied de la rampe va décevoir ceux qui s'imaginaient les fidèles se prosternant devant la statue d'une femme belle et sensuelle. Aphrodite de Paphos, c'était cette énorme pierre informe présentée ici. Cette dévotion à une **pierre sacrée** – un bétyle – était une pratique courante des cultes antiques orientaux. La galerie en haut de la rampe abrite, quant à elle, une collection d'objets laissés par les pèlerins en témoignage de leur visite. Un splendide **sarcophage** daté du Ve s. av. J.-C. est orné de scènes tirées de l'*Odyssée*: on y voit notamment les compagnons d'Ulysse s'échappant de la grotte du Cyclope, attachés sous le ventre de moutons. Le **grand hall médiéval**, au rez-de-chaussée, est remarquable avec ses fenêtres en ogive et ses pittoresques clés de voûte.

Pétra tou Romiou ✧✧✧

Carte p. 125 – À 11 km S-E de Kouklia.

Le lieu est splendide: une formation géologique de rochers le long de la côte. Ce site naturel est également associé au mythe d'Aphrodite. Ici naquit des flots la déesse de l'Amour!

> Lire aussi le coup de cœur de l'auteur à Pétra tou Romiou (p. 148).

• NOS ADRESSES •

Pour découvrir la région de Paphos d'une autre façon, vous pouvez choisir de résider dans les petits villages des collines, à une dizaine de minutes des plages en voiture, mais bien loin de l'atmosphère artificielle des grands complexes touristiques du littoral. De nombreuses maisons anciennes ont été transformées en auberges ou en gîtes ruraux: vous trouverez tout le confort dans un cadre champêtre. Leur décoration emprunte toujours à l'artisanat local et aux traditions chypriotes, conformément au projet Agrotourisme (voir p. 259). À noter que certaines adresses demandent en principe un séjour minimal de trois nuits, mais tout reste négociable, surtout en dehors de la haute saison.

CORAL BAY

OÙ DORMIR

Leptos Coral Beach

📞 26 88 10 00, www.leptoscalypso.com.cy. 421 ch. De 130 à 250 €

Cet établissement est l'un des fleurons de l'équipement hôtelier de la région. Dès l'entrée, vous êtes accueilli par la belle décoration des parties communes, où le bois et les matériaux traditionnels prédominent. Très jolies chambres, la plupart avec vue sur la mer. Service parfait, piscine splendide, et plage au pied de l'hôtel.

Sentido Thalassa Coral Bay

📞 26 88 15 00, www.thalassa.com.cy. De 130 à 250 €

Un hôtel de grand luxe à taille humaine, ce qui n'est pas toujours le cas dans les complexes hôteliers de la région. À condition d'avoir une chambre donnant sur la mer, on découvre une magnifique vue sur la baie.

OÙ MANGER

Arapis Coral Bay

À côté de l'hôtel du même nom 📞 26 62 10 21. T.l.j. 9h30-19h30. De 15 à 20 €

Taverne de poisson renommée, avec en prime une plage au pied de la terrasse.

AUTOUR D'AYIOS NEOPHITOS

OÙ DORMIR

Agrotiko

À Kallépeia, 13 km N-E de Paphos 📞 99 41 84 27, www.agrotikohouse.com. De 50 à 100 €

À la lisière d'un charmant village qui domine un paysage de vignobles, cette belle maison, entourée d'un jardin, offre trois appartements avec deux chambres et deux avec une chambre.

Amarakos Farm House

Kato Arkoudalia, 23 km N de Paphos 📞 26 63 31 17, www.amarakos.com. De 50 à 100 €

Dix chambres doubles aménagées dans plusieurs corps de bâtiments, disposés autour d'un vaste jardin. Trois chambres sont réunies dans une même villa avec cuisine, qui peut être louée en totalité. Piscine. Également une taverne, où vous pourrez prendre vos repas *(de 12 à 15 €)*.

Michalis Anoyia

Kathikas, 20 km N de Paphos 📞 26 94 42 29, www.michalisanoyia.traveleto.com. De 50 à 100 €

Belle maison de pierre, au cœur du village, qui abrite deux appartements pour deux personnes, avec salon, coin cuisine et chambre à l'étage. La plus sympathique est dotée d'une terrasse abritée d'une tonnelle. Kathikas est un village animé avec ses cafés et excellentes tavernes.

OÙ MANGER

Araouzos

À Kathikas, 22 km N de Paphos, route principale de Polis 📞 26 27 25 00, page Facebook Taverna Araouazos.

Si vous voulez goûter la véritable cuisine campagnarde chypriote, vous êtes au bon endroit. Dès le matin, viande et légumes mijotent déjà. On vous sert sans chichis dans la cour de la maison, aménagée en salle de restaurant. Le dimanche, vous pourrez déguster le pain cuit dans le four du village.

Coup de cœur de l'auteur

PÉTRA TOU ROMIOU

Impossible de repartir de Chypre sans être allé nager dans les flots azurs qui déposent leur écume sur les galets face aux rochers de Pétra tou Romiou. Regardez la mer et dites-vous que c'est là qu'Aphrodite, la déesse de la beauté et de l'amour, est née, au commencement du monde !

Les célèbres rochers >
de Pétra tou Romiou

LA PLAGE LA PLUS PHOTOGRAPHIÉE

On a beau avoir vu ce rivage sur toutes les cartes postales représentant Chypre, le paysage a un charme divin. Dans la lumière du matin, inondée de soleil en plein midi ou quand les rochers géants et la mer s'embrasent au coucher du soleil, on ne peut que succomber.

Lieu de naissance mythique...

Tout débute par une querelle matrimoniale : Gaïa, la Terre, veut se débarrasser de son époux, Ouranos, le Ciel, et demande de l'aide à son fils Cronos. Celui-ci tranche le sexe de son père au moment de l'acte et de l'organe mutilé jaillit sa semence qui se répand dans la mer. C'est de cette écume que naîtra Aphrodite, l'une des douze divinités de l'Olympe.

... OU THÉÂTRE DE COMBAT LÉGENDAIRE

Une autre légende raconte que les énormes rochers qui jalonnent la côte auraient été lancés par le héros byzantin, Digénis Akritas, pour repousser les Arabes sarrasins au Xe s. C'est de cet exploit que viendrait le nom de « petra tou romiou », le Rocher du Grec, le « Romios » dans l'Empire byzantin.

PRATIQUE

Accès

À 25 km S-E de Paphos. Bus 631, jusqu'à 10 trajets par jour en saison ; dernier retour à minuit.

Conseil

On accède à la plage par un tunnel qui passe sous la route depuis le parking.

Aphrodite Hills Riding Club propose des cours et des balades à cheval au coucher de soleil le long de la plage. 99 99 89 89, www.aphroditehillsrc.com

Culture

Débarquant ici, en 1953, Laurence Durrel écrira : « Je m'attendais à quelque chose de magnifique… mais je ne m'attendais pas à ce que ce fût d'une beauté aussi suffocante ! » C'est ici qu'il composera le premier tome de son quatuor *Justine*.

Une source d'inspiration inépuisable

Certains racontent aussi que, parfois, sous l'effet du vent, les vagues s'élèvent jusqu'à former une colonne d'eau évoquant une silhouette humaine l'espace d'un instant avant de se briser sur la grève en une écume épaisse.

Il se dit aussi que faire trois fois le tour du rocher monumental à la nage procure la jeunesse et la beauté éternelles, la chance, la fertilité et l'amour sincère !

POLIS
et la péninsule d'Akamas

Cette portion de littoral au nord de Paphos est un vrai délice. Les plages sont superbes, la nature généreuse, avec ses forêts qui descendent jusqu'au rivage, et, entre deux baignades, on peut suivre de magnifiques sentiers de randonnée à travers la péninsule d'Akamas, une zone naturelle protégée. Pas de grands ensembles hôteliers ni de villas par centaines dans la région, mais des établissements familiaux les pieds dans l'eau et, dans l'arrière-pays, des villages qui ont su préserver leur authenticité.

Le parc national de la péninsule d'Akamas

L'ESSENTIEL

À ne pas manquer

Les paysages préservés du parc naturel de la péninsule ; les bains d'Aphrodite ; l'ambiance très détendue du port de Latchi.

Expérience

Vivre la nature dans tous ses états dans un camping 100 % éco-family-friendly.

La plus belle plage

Blue Lagoon et ses eaux d'une exceptionnelle beauté.

Polis ✧✧

Carte p. 125 – À 35 km N de Paphos par une belle route directe. Bus 645 depuis la ville haute de Paphos. Départs de Paphos toutes les heures en sem. 8h-19h, sam. 8h-16h ; pas de liaison le dim. Il est préférable de disposer de son propre véhicule : cela permet de trouver un coin de plage désert sur cette côte peu fréquentée ou de faire des arrêts en chemin dans les petits villages.

Même si vous n'y résidez pas, nul doute que vous ferez halte dans la petite capitale régionale. La ville a été construite sur le site de l'**antique Marion-Arsinoé**, l'une des capitales des dix royaumes de Chypre. Mais à part les collections du musée archéologique *(ci-après)*, pas de vestiges à se mettre sous la dent. Polis est une ville récente, où les édifices les plus anciens sont quelques maisons de maître du XIXe s. Faute de patrimoine architectural, Polis compense par le charme de son activité débonnaire autour du **centre-ville** joliment restauré avec ses rues piétonnes, ses tonnelles et ses petits cafés.

LE MUSÉE ARCHÉOLOGIQUE

Leoforos Makariou III, 26 📞 26 32 29 55. Lun.-ven. 8h-16h sam. 9h-15h. Entrée : 2,50 €.

Cette petite collection est consacrée aux objets mis au jour sur le site de Marion, la capitale de l'un des royaumes de Chypre dans l'Antiquité.

EXCURSION *Pause nautique*

Pour atteindre **les deux plus belles plages de l'Akamas : Blue Lagoon et Fontana Amorosa**, il vous faudra soit louer un bateau (Latchi Water Sports Centre 📞 26 32 20 95, www.latchiwater sportscentre.com) ou partir en excursion organisée (Alkyon II 📞 99 40 99 97, www.mediterraneanone.com) : promenade de trois heures en bateau jusqu'au cap Arnaoutis avec, en cours de route, un arrêt pour la baignade.

Sa dynastie fut l'alliée des Perses avant d'être détrônée par Ptolémée Sôter, le roi macédonien d'Égypte. Son successeur Ptolémée Philadelphe ordonna sa reconstruction et la nomma Arsinoé, en l'honneur de sa sœur.

Une belle amphore géométrique (850-750) témoigne de l'ancienneté du site ; elle est ornée d'une scène de course de chars. Une collection de terres cuites archaïques (750-475) poursuit ce voyage dans le temps ; parmi celles-ci, vous remarquerez l'intéressante figure d'un homme coiffé d'un bonnet conique d'origine orientale et portant la tunique chypriote.

BALADE

Pique-nique et barbecue

Il fait trop chaud pour marcher ? **Smigies** *(à 2,5 km O de Neo Chorio)* est un agréable site de pique-nique aménagé **au cœur de la forêt d'Akamas** : eau potable, toilettes, barbecue... Et, si les mollets vous démangent, vous pourrez suivre un court sentier en boucle *(2,5 km; 1h; difficulté moyenne)* à travers la forêt ; des panneaux explicatifs permettent d'identifier les espèces végétales que vous rencontrez.

Latchi

Carte p. 125 – À 4 km O de Polis.

C'est la **station balnéaire** de la région : très modeste et d'autant plus sympathique. D'un côté une **belle plage de sable**, de l'autre une **marina moderne** où s'amarrent embarcations de plaisance et bateaux de promenade. On peut également pratiquer toute la gamme des activités nautiques : ski nautique, jetski, plongée... Le soir, on se promène sur la jetée bordée de terrasses de cafés et de restaurants.

Les eaux bleu turquoise de la péninsule de l'Akamas

Bains d'Aphrodite ✧

Carte p. 125 – À 8 km O de Polis.
Bus 622 depuis Polis; 10 liaisons par jour (7 le week-end).

^ Les Bains d'Aphrodite

En quête de l'éternelle jeunesse? **Cette vasque** alimentée par une source est pour vous. C'est là qu'Aphrodite abritait ses amours avec le bel Adonis, fils du roi de Chypre. Quiconque boit l'eau de la source – et non celle de la vasque, qui n'est pas potable – sera doublement gratifié de la jeunesse et de l'amour. Depuis le parc de stationnement, c'est une **courte promenade** (sans difficulté, moins de 10 min) sur un sentier qui se fraie un passage entre les **plantes aquatiques, les figuiers sauvages et les roseaux**. Quant à Adonis, en butte à l'hostilité des dieux qui voyaient d'un mauvais œil une immortelle éperdument amoureuse d'un humain, il périt sous les assauts d'un sanglier lancé contre lui par Apollon... ou par Arès, amant en titre d'Aphrodite...

La péninsule d'Akamas ✧

Carte p. 125 – Depuis les bains d'Aphrodite, deux sentiers pédestres à travers le maquis ont été balisés par les services forestiers de Chypre: le sentier d'Aphrodite (8 km) et le sentier d'Adonis (8 km).

L'Akamas est un splendide terrain d'exercice pour les amoureux de la marche en pleine nature. La pointe nord-ouest de l'île est une **zone naturelle protégée**, classée Natura 2000. Sur ses 17000 ha de superficie, plus de 7000 sont couverts de forêts domaniales où voisinent pins maritimes, genévriers, arbousiers, térébinthes, myrtes... C'est peu dire que la promenade est particulièrement parfumée. On y trouve aussi des pistachiers lentisques, dont la résine est exploitée pour confectionner une résine aux vertus digestives (la *masticha*), des oliviers sauvages et aussi de nombreuses variétés d'orchidées. Côté faune, peut-être aurez-vous la chance d'apercevoir un faucon pèlerin ou un renard. Plusieurs sentiers de randonnée balisés parcourent la région.

Le sentier d'Aphrodite

Cette randonnée en boucle combine découverte de la nature (8,2 km; 3h30 de marche; 340 m de dénivelé) et vues splendides sur le littoral. Les deux premiers kilomètres grimpent à travers le maquis jusqu'à **Pyrgos tis Rigainis**, l'endroit où Aphrodite venait se délasser après son bain. Au XIIe s., les chrétiens y ont construit un monastère, dont on voit quelques vestiges. Deux kilomètres de montée plus loin, et l'on atteint le point culminant de la promenade, la **colline de Moutti tis Sotiras** (375 m), avant de redescendre

^ Blue Lagoon

PAUSE

Kanalli Fish Tavern

Voici l'endroit idéal pour déguster poissons et fruits de mer sur la fantastique terrasse au-dessus du port de Pomos.

> ☎ 26 34 21 91 et 99 56 70 56, www.kanalli.com. T.l.j. 11h30-21h30.

vers les Bains d'Aphrodite en longeant le littoral à distance. **Vues splendides** sur la baie de Polis, le cap Arnaoutis, la forêt d'Akamas.

Le sentier d'Adonis

Itinéraire en boucle (7,5 km; 3h de marche; 310 m de dénivelé). La randonnée suit le premier tronçon du sentier d'Aphrodite *(ci-dessus)* jusqu'à **Pyrgos tis Rigainis**, avant de traverser les **forêts d'Akamas**. Là encore, belles vues sur le littoral.

Pomos

Carte p. 125 – À 19 km au N-E de Polis. Bus 643 (trois liaisons quotidiennes), pas de service le dimanche.

Les constructions se font de plus en plus rares quand on suit la côte au nord-est de Polis. Au bout de la route vous attend le **petit port de pêche** de Pomos, dont les digues dessinent un joli cœur sur le bleu de l'eau. Il est encadré de **deux plages**, l'une aménagée, avec transats et parasols, l'autre non. Le plus beau point de vue se découvre depuis la terrasse du Kanalli, un fameux restaurant de poisson *(encadré ci-dessus)*.

Blue Lagoon

Carte p. 125 – À 11 km au N-O de Latchi en direction du cap Arnaoutis.

« Bleu », ici, concerne toute la gamme, du turquoise pastel au bleu outremer sur fond de **sable blanc** qui donne aux eaux une luminosité exceptionnelle! Par la route, comptez une aventure d'1h30 de trajet en 4x4 sur une piste assez difficile. Par la mer, en bateau de location ou en croisière en groupe (départ toutes les heures du port de Latchi), la baignade dans le lagon bleu est un moment inoubliable malgré l'hyper fréquentation des lieux en haute saison.

• NOS ADRESSES •

POLIS

OÙ DORMIR

À Polis

Odysseas & Eleni

Odos Vasileos Filippou, 8 📞 26 32 11 72. 12 ch. Appartement: 50-60 €/nuit; studio: 40-45 €/nuit. De 40 à 60 €

Côté rue, une petite auberge familiale, avec sa salle de restaurant *(en été seulement; repas autour de 10 €)* et son coin télévision. À l'arrière, au bout d'un jardin qu'embaument les orangers au printemps et où se trouve une petite piscine, un bâtiment moderne abrite appartements et studios très bien équipés, avec balcon et coin cuisine.

Natura Beach

En dehors du centre, à l'est. Papanikopoulos st 📞 26 32 31 11, www.natura.com.cy. 60 ch. De 80 à 120 €

C'est un splendide endroit pour quelques jours de repos: les chambres en rez-de-chaussée disposent chacune de leur petite terrasse, en bordure d'une longue plage de sable. Très calme.

Au sud de Polis

Palates Village Hotel

À Drouseia, 10 km S de Polis 📞 26 33 20 83, www.droushiahotelpalates.com. Plus de 70 à 110 €

Au cœur d'un joli village traditionnel, cet hôtel familial récent propose des chambres tout confort, prolongées d'un balcon avec une vue époustouflante sur le littoral. C'est une bonne option pour conjuguer plaisirs de la plage et découverte des collines.

Kostaris

À Goudi, 9 km S de Polis 📞 99 62 66 72, kostaris@cytanet. com. 3 maisons (2, 3 et 4 p.) autour d'une piscine commune. De 120 à 250 €

On a privilégié ici le respect des traditions rurales chypriotes, avec le dialogue traditionnel de la pierre et du bois. Les aménagements sont pourtant loin d'être rustiques: cuisine moderne, télé à écran plat, lecteur de DVD, lave-linge. Un bel endroit pour qui souhaite rester plusieurs jours et partir à la découverte de la région.

Sappho

À Drouseia, 10 km S de Polis 📞 99 60 40 10, sapphohouse@gmail.com. De 120 à 250 €

Une belle maison de maître du début du siècle dernier, dont le propriétaire se chargera de vous faire l'historique. Autour de la cour centrale, avec petite piscine bien agréable pour se rafraîchir après une journée d'excursion, s'ordonnent 7 chambres confortables – certaines avec salon, toutes avec coin cuisine (équipé). Notre préférée: la chambre double de l'étage, avec sa splendide terrasse privée ouvrant sur la baie de Polis. On ne sert pas à manger (pas même le petit déjeuner), mais le village possède son café et trois tavernes.

OÙ MANGER

Moustakallis

En lisière du quartier piéton de Polis 📞 26 32 28 83, www.moustakallis.com. T.l.j. 10h-22h (en été 23h). De 10 à 15 €

Une taverne, pour se régaler de grillades et de plats de viande.

LATCHI

OÙ DORMIR

Souli

Néo Chorio (sur la route vers les Bains d'Aphrodite) 📞 26 32 10 88, www. soulibeachhotel.com. De 65 à 75 €

Un petit hôtel au bord d'une plage peu fréquentée avec une agréable terrasse commune. Restaurant et piscine.

Aphrodite Family Eco Camping

Néo Chorio 📞 99 93 23 63, www. aphroditecamping.com. Prix par adulte: 7 €, Tipi en paille: 10 €, bungalow de 2 à 4 pers.: 40-55 €, emplacement pour tente: 10 €, caravane: 15 €.

Bungalows ou tentes en bois, recyclage, produits naturels, tout est pensé dans le respect de l'environnement et de la biodiversité, l'hospitalité et l'écologie. Dans la forêt nationale d'Akamas, au cœur du parc Natura 2000, cette aire de camping permet de profiter en toute quiétude de la montagne et de la mer.

Aphrodite Beach

Néo Chorio ☎ 26 32 10 01, www.aphrodite-beachhotel.com. Wifi. Taverne au bord de l'eau (repas entre 12 et 20 €). De 70 à 90 €

Sur une petite colline au-dessus d'une plage quasi déserte, un excellent endroit pour se ressourcer. D'autant que vous serez vite adopté par la famille propriétaire de l'endroit. Savoureuse cuisine traditionnelle à base de produits du jardin. Une excellente adresse.

Anassa

Néo Chorio ☎ 26 88 80 00, www.anassa.com. 166 ch. Plus de 430 €

Situé en bordure de plage, un ensemble de petites villas ne dépassant pas un étage lui permet de s'intégrer à un environnement protégé. Centre de thalassothérapie, trois piscines, jardin tropical… À l'écart de l'animation.

OÙ MANGER

Fish Tavern

☎ 26 32 14 11. T.l.j. 10h-22h. De 10 à 15 €

Une bonne taverne de poisson sur le port. Accueil à la bonne franquette: plutôt que de consulter la carte, allez jeter un coup d'œil sur la banque réfrigérée pour y choisir votre poisson. Il ne vous reste plus qu'à vous installer face au large et à attendre qu'il grille.

Takkas

☎ 99 96 84 87, page Facebook Takkas Beach and Restaurant. Un peu avant les Bains d'Aphrodite. De 10 à 15 €

Un caboulot sur la plage, tout simple, pour déguster du poisson grillé, en tongs et en maillot.

Porto Latchi

☎ 26 32 15 29 et 26 32 15 30, www.portolatchi.com. De 15 à 20 €

Bonne taverne face à la mer. Vous aurez le choix entre la belle salle en pierre à l'intérieur ou la terrasse au bord de l'eau. On pourra se laisser tenter par la soupe de poisson maison et les crevettes au gril. Très fréquenté par les familles locales le dimanche midi.

Psaropoulos

Un peu avant d'arriver au port en venant de Polis ☎ 26 32 10 89. De 15 à 20 €

Des tables sur la plage, du poisson frais grillé et une bonne salade pour entrée en matière… un petit bonheur chypriote.

La découverte de Blue Lagoon

Tous les loueurs de bateaux se trouvent sur le port et les offres sont sensiblement identiques. Réservation recommandée à l'avance l'été.

Blue Diamond ☎ 97 75 41 44

Alkion II ☎ 99 23 98 07 (bateau à fond de verre)

Mediterranean One ☎ 99 40 99 97 (sun deck)

Blue Lagoon II ☎ 99 88 18 29 (toboggan gonflable pour glisser dans le lagon depuis le bateau)

SPORTS ET LOISIRS

Activités nautiques

Latchi Water Sports Center

☎ 26 32 20 95, www.latchiwatersportscentre.com

Pour toutes les activités nautiques: initiation à la plongée à partir de 8 ans; on peut également louer des bateaux pour découvrir à son rythme les côtes de la région.

Adventure Club

Au début de la plage à l'entrée du port de Latchi ☎ 99 47 21 56.

Kayak des mers, plongée sous-marine (débutants et confirmés), cours pour enfants, mais également un large éventail de sports à pratiquer dans la région: VTT, randonnées et escalade.

Falaise vertigineuse et eau turquoise au cap Lara

LIMASSOL et le cap sud

Le cap sud de Chypre est un étrange patchwork où se côtoient, pêle-mêle, une base militaire de la Royal Air Force britannique, le port où se concentre l'essentiel de l'activité économique internationale de l'île, une nouvelle marina luxueuse pour yachts et voiliers, des sites archéologiques exceptionnels et des vestiges médiévaux qui nous ramènent à l'histoire que nous avons en commun avec l'île : le souvenir de Richard Cœur de Lion et des chevaliers sur la route des croisades. Des plages de sable fin, des vignobles plantés par les Templiers, des villages au milieu des oliviers... la région est un concentré de curiosités.

Église d'Asinou
E908
E912
E907
E903
E906
E904
N
Galata
Kakopétria
Panayia
tou Arakou
Stavros tou
Ayiasmati
Kykko
Troodos
Mt Olympe
1952
Pano Platrès
12 Les environs de Limassol p. 172
Trimiklini
PITSILIA
F606
Omodos
F616
Doros
E110
Coup de cœur p. 180
Gerasa
B8
F1282
F812
Alassa
11 Limassol (Lemesos) p. 162
Site archéologique
d'Amathous ★★
CHYPRE
Commanderie des
chevaliers de Kolossi
★★
Platanisteia
Yermasoyia
F606
A1
Sanctuaire
d'Apollon
Episkopi
Musée du vin
Limassol
Paramali
Beach
Kourion
Beach
Pissouri
Beach
Kyrénia Beach
Melanda Beach
Kourion ★★★
ROYAUME-UNI
Lady's Mile Beach ★★
Akrotiri
Monastère Ayios
Nikolaos ton Gaton
Baie d'Episkopi
Cap Zevgari
Cap Gata
MER MÉDITERRANÉE
0
5
10 km
Frontière entre Chypre
et le Royaume-Uni

PRATIQUE

Plan p. 164-165
Nos adresses p. 170

Accès à Limassol

En voiture
En arrivant de Nicosie, Paphos ou Larnaca, vous aborderez l'agglomération par l'autoroute A1 qui suit la côte à distance, au nord de la ville. Les nombreuses sorties (numérotées) permettent de rejoindre différentes parties de la ville, qui s'étire sur une quinzaine de kilomètres le long du rivage. Venant de l'E (de Larnaca ou de Nicosie), la **sortie 21** dessert le **faubourg d'Amathonte** et les **hôtels des environs** (Méridien, Sheraton). La **sortie 22** dessert l'un des principaux **centres touristiques de la partie orientale de la ville**, dont l'hôtel Four Seasons est la figure de proue. La **sortie 24** conduit au second **centre touristique**, le quartier de **Potamos tis Yermasoyias**. Vers le N, cette même sortie permet d'atteindre le petit village de **Yermasoyia**, célèbre pour ses nombreuses tavernes. Les **sorties 27** et **28** desservent le **centre-ville**. Il ne sera pas superflu d'avoir à portée de main un plan de la ville et des environs, avec la mention de ces différentes sorties, disponible gratuitement dans tous les offices de tourisme de l'île.

Liaisons en bus et en taxi collectif
Limassol est reliée par bus et taxis collectifs à Nicosie (p. 71), Paphos (p. 126) et Larnaca (p. 35). L'aéroport international de Larnaca se trouve à 64 km (p. 34).

Liaisons avec le château de Kolossi
Ligne 17 depuis la gare routière (A2); départs toutes les 20 à 30 min à partir de 6h30 (8h35 le dim.), dernier retour à 19h45 (17h55 le sam., 17h35 le dim.). Prix: 1,50 €; forfait journalier à 5 € (qui permet d'emprunter l'ensemble du réseau urbain).

Liaisons avec Kourion
Pour le site archéologique de Kourion, ligne 16, départ de la gare routière (A2); départs toutes les 20 min 9h-15h56 (le sam., 5 départs 9h20-18h, le dim. 2 départs à 11h50 et 15h20), dernier retour à 17h05 (17h23 le sam., 15h55 le dim.). Prix: 1,50 €; forfait journalier à 5 €. Attention, le bus vous déposera au pied de la colline du site archéologique – rude montée d'une vingtaine de minutes en plein soleil; en été, partir impérativement tôt le matin. Ce service de bus ne dessert ni le stade ni le temple d'Apollon. Pour visiter l'ensemble des sites archéologiques liés à l'ancienne Kourion, il est nécessaire d'être motorisé.

Liaisons avec Nicosie, Larnaca et Paphos

Intercity Buses
☎ 80 00 77 89, www.intercity-buses.com
Départ du vieux port *(Old Harbour; B3)*.
Pour Nicosie, 17 départs lun.-ven. 5h30-21h15, 8 départs sam.-dim. 7h-19h30. Prix: 5 € (9 € aller-retour).
Pour Larnaca, 8 départs lun.-ven., 6 départs sam.-dim. Prix: 4 € (7 € aller-retour).
Pour Paphos, 11 départs lun.-ven. 6h-20h, 6 départs sam.-dim. 8h-18h30. Prix du billet: 7 € (13 € aller-retour).

Pour les villages du district de Limassol (Omodos, Platrès...)

Compagnie EMEL
☎ 77 77 81 21, www.limassolbuses.com
Départ de la gare routière *(B2)*. Prix: 1,50 €, quelque soit la destination (forfait hebdomadaire à 20 €).

Liaisons avec l'aéroport de Larnaca

Limassol Airport Express
☎ 77 77 70 75, www.limassolairportexpress.eu
Départ t.l.j. 2h45-minuit (toutes les une à deux heures) en face de l'église Ayios Yioryos Havouzas *(hors pl. par A1)*. Prix: 10 €.

Circuler dans Limassol

L'étendue de l'agglomération dissuade de se déplacer à pied. Même en voiture, il faut bien compter vingt minutes pour aller du château au faubourg d'Amathonte, tout à fait à l'est. Dans le centre-ville, il est en revanche possible (et même recommandé, du fait de la circulation et des difficultés de stationnement) de se déplacer à pied. Le château *(B3)* et le Musée archéologique *(D1)*, les deux centres d'intérêt les plus éloignés l'un de l'autre, sont distants d'env. 2 km. Attention si vous circulez en voiture : les entrées en ville sont très fréquentées dès 7h du matin ; il en est de même pour les sorties à partir de 15h.

En bus

La ligne 30 longe la route côtière entre l'hôtel Méridien, qui termine à l'E la zone touristique, et le vieux port *(B3)*. Elle dessert le site d'**Amathonte**.
Informations
☎ 77 77 81 21. T.l.j. 6h25-21h40 ; passage toutes les 10 à 20 min. Prix : 1,50 €.

En taxi collectif

Travel & Express
(plan B2) ☎ 25 87 76 66 et 77 77 74 74.
Possibilité de réserver votre place dans un taxi et de convenir d'un lieu de prise en charge.

↓ Adresses utiles

Office de tourisme
Old Harbour *(B3)*
☎ 25 36 27 56, LimassolInformation@visitcyprus.com.
Lun., mar., jeu. et ven. 8h-17h ; mer. 8h-14h30 ; sam. 8h-13h30.

Culte catholique
Église Sainte-Catherine
Odos Oktovriou 28, 259 *(C2)* ☎ 25 36 29 46.
Messe t.l.j. à 18h30 (en grec ou en anglais) ; également le dim., messe à 8h en anglais et à 11h en latin.

Culte protestant
Greek Evangelical Church of Cyprus
Odos Platonos, 10 A *(B1)*
☎ 25 38 27 18.
Services dim. à 10h30.

Hôpitaux
Hôpital général
Kato Polemideia *(hors plan par A1)*. Prenez la route de Paphos, puis sortie 29. ☎ 25 80 11 00.

Location de voitures
A. Petsas & Sons
Leoforos Georgiou I, See Breeze Court *(hors pl. par D1)* ☎ 25 32 36 72.
Europcar
Odos Georgiou I, Belmar Complex *(hors pl. par D1)*
☎ 25 32 22 50.
Hertz
Odos Georgiou I, 61 *(hors pl. par D1)*
☎ 25 32 37 58.

Poste centrale
Odos 16 Iouniou 1943 *(plan B2)*.

11

LIMASSOL (Lemesos)

Limassol, que les Chypriotes appellent Lemesos, est la deuxième plus grande ville de Chypre. La ville se déploie vers l'est à partir du port, en lisière de la zone militaire britannique, et sa banlieue va pratiquement jusqu'au site archéologique d'Amathous, le plus ancien site de culte d'Aphrodite. L'activité bouillonnante de la ville se lit dans sa physionomie. Depuis 1974, toute l'activité portuaire de l'île se concentre ici, et l'afflux de réfugiés venant de Kyrénia (Girne) a nécessité une adaptation rapide de l'urbanisme. Étouffée par les quartiers modernes, la vieille ville tente de conserver le charme de ses ruelles piétonnes autour du vieux port et du château médiéval. Limassol est aujourd'hui une immense station balnéaire qui s'étire sur plus de 10 km de bord de mer avec ses hôtels modernes, sa marina de luxe, ses boutiques et ses restaurants aguicheurs.

Les terrasses de café de la marina

L'ESSENTIEL

À ne pas manquer

Le château médiéval qui nous raconte une histoire commune ; les vestiges d'Amathous, l'un des plus anciens lieux de culte dédiés à Aphrodite.

Expériences

La fête du vin (fin août-début septembre), l'occasion de goûter les vins de la région et les spécialités gastronomiques locales. Si le vin est bon, faites comme les habitués, finissez la nuit sur la plage !

Le vieux port et la marina

Old Harbour

Plan B3.

Même si le port moderne s'est déplacé vers le sud-ouest de la ville, Limassol est avant tout une ville de bord de mer. C'est tout d'abord, **Old Harbour**, le vieux port, où tout a commencé à l'époque britannique. Ses vieux entrepôts abritent désormais restaurants et boutiques. Tout à côté, la marina flambant neuve mérite la promenade. Achevée en 2015, elle se veut, comme l'affirment ses promoteurs, le Monte Carlo de Chypre. À côté des yachts somptueux à l'amarre s'est développé un quartier de résidences de grand luxe, appartements ou villas de rêve dotées de leur propre ponton.

Le château ✧✧

Plan B3 – 📞 25 30 54 19. Lun.-ven. 8h-17h, sam. 9h-17h, dim. 10h-13h. Entrée : 4,50 €. La circulation est difficile dans les ruelles autour du château. Il est préférable de stationner dans les parkings à l'entrée du centre piétonnier (3 € quel que soit le temps de stationnement).

L'extérieur

Comme il a l'air tout petit aujourd'hui, totalement phagocyté par les restaurants qui étendent leurs terrasses jusqu'aux murs d'enceinte ! Et pourtant ! C'est dans ce château jadis imposant que Richard Cœur de Lion épousa Bérengère de Navarre et la couronna reine d'Angleterre en 1191.

Endommagé par des séismes en 1567 et en 1568, puis rebâti par les Ottomans en 1590, le fort n'a conservé qu'une partie de l'ancien édifice et, au sous-sol, des cellules utilisées comme prison jusqu'en 1950 par les Britanniques.

Limassol

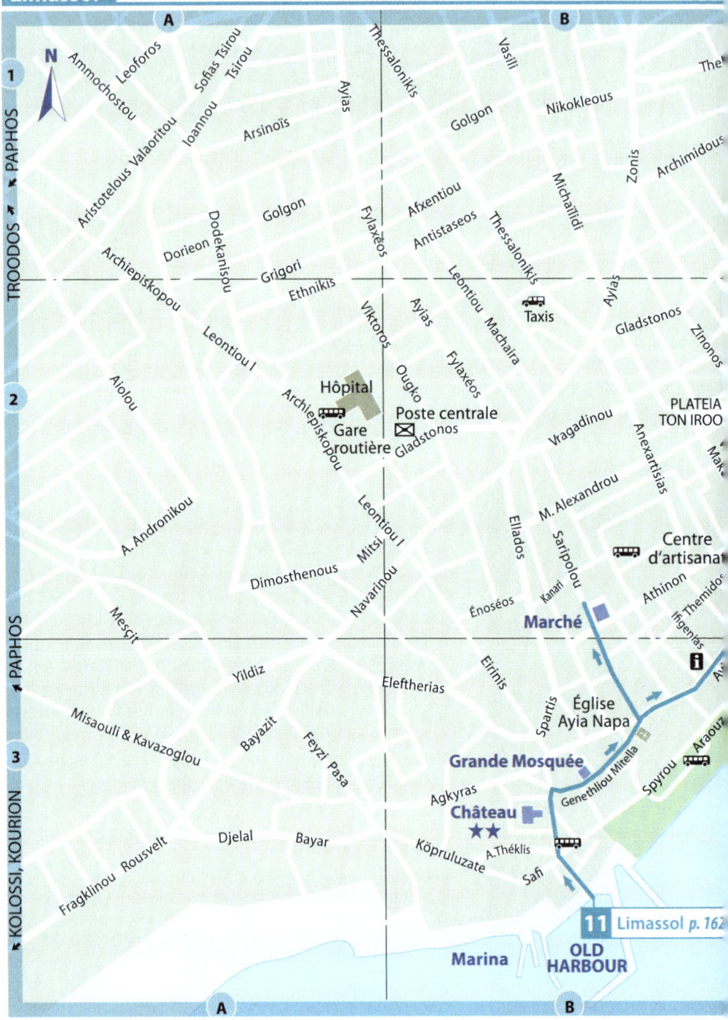

L'intérieur

Le porche d'entrée, côté intérieur, est flanqué du départ d'une belle **voûte médiévale**. Dans le vestibule qui suit est exposée une **dalle funéraire** du XIVe s. : elle montre le château médiéval avec ses trois tours couronnées de merlons ; c'est la seule représentation de la forteresse franque parvenue jusqu'à nous. La longue salle à gauche est bordée de sinistres cellules, construites à l'époque ottomane.

Dans le couloir, des dalles funéraires représentent des chevaliers en armure. Un escalier descend dans une autre salle, au fond de laquelle quelques pierres dessinent l'arc de l'abside de l'église franque – dont la taille excédait celle du fort actuel. De là, un passage conduit à la salle inférieure du donjon médiéval, dominée par des voûtes gothiques. Vous remonterez ensuite dans le vestibule, puis à l'étage, où vous attendent d'autres salles où sont exposés

^ La rue Genethliou Mitellla menant à Ayia Napa

SHOPPING

Old Port Exhibition Center

Tout pour remplir sa valise ! Ici vous trouverez éponges de mer et autres produits de Chypre et de Grèce (savon au lait d'ânesse, épices, bijoux, huile d'olive, sirop de caroube...).

> Agias Theklis *(B3)*
📞 25 87 16 56,
www.apacy.com.

de nombreux objets, vaisselle, armures, stèles funéraires de l'époque franque. Vous pourrez encore grimper jusqu'à la terrasse.

La Grande Mosquée

Plan B3 – Du lever du soleil à la dernière prière du soir. Entrée libre.

Le principal lieu de culte musulman de la ville où l'on peut pénétrer déchaussé. Contre son flanc oriental subsistent deux absides d'une basilique paléo-chrétienne du VIIIe s. La mosquée se trouve au cœur de l'ancien quartier ottoman, la partie la plus pittoresque de la vieille ville, avec ses **maisons levantines** aux oriels de bois. Le quartier est traversé par la rue **Ayiou Andreou**, une allée piétonne bordée de boutiques de souvenirs *(voir encadré p. 167)*.

Le marché municipal

Plan B2 – Mar.-sam. 6h-20h.

Un sympathique marché avec ses étals de fruits et légumes, ses poissonniers, son petit café, destinés aux habitants du quartier de moins en moins nombreux avec le développement de la périphérie. Construit en 1917, et aujourd'hui **classé au patrimoine historique de Limassol**, il abrite également des boutiques de produits chypriotes (dentelles, friandises, vins...). Le coin vaut aussi pour la place en avant de la façade principale : elle est occupée par les terrasses ombragées de petits restaurants populaires, où l'on peut déguster brochettes et plats du jour à petits prix.

Le musée d'Art populaire

Plan C2 – Odos Ayiou Andreou, 253 📞 25 36 23 03. Lun.-ven. 8h30-14h30. Entrée : 2 €.

Une belle demeure du début du XXe s. sert de cadre à une **collection ethnologique** réunie dans les années 1980. Les objets exposés ici conservent la mémoire de la vie des Chypriotes au XIXe s. Parmi les costumes traditionnels, vous verrez des vêtements de tous les jours comme les *vraka* campagnardes ou des parures des jours de fête. La salle du trousseau de la mariée expose de magnifiques **broderies et dentelles** chypriotes. Vous verrez encore un ancien métier à tisser, ainsi que de nombreux outils en bois. Tout au long des salles d'exposition sont également présentés de beaux meubles en bois ouvragé.

Le Musée archéologique ✧

Plan C-D1 – Odos Lordou Vyronos ☎ 25 30 51 57.
Lun.-ven. 8h-16h. Entrée : 2,50 €.

L'aile gauche

Dans la première partie, consacrée à la **préhistoire** (de 8000 à 1050 av. J.-C., du Néolithique à la fin de l'âge du bronze), voyez particulièrement un élégant vase à trois corps dans la vitrine consacrée au bronze récent (1650-1050 av. J.-C.). La seconde partie de la salle rend compte des **périodes géométrique** (1050-750 av. J.-C.) et **archaïque** (750-475 av. J.-C.). La céramique géométrique se distingue par l'extraordinaire diversité de ses motifs décoratifs, damiers, cercles, triangles, svastikas… comme on peut le découvrir dans la vitrine de gauche. Au fond de la salle, voyez la partie supérieure d'une amphore de la période archaïque sur laquelle deux taureaux affrontés sont accompagnés d'un texte en écriture syllabique. Provenant d'Amathonte, plusieurs pièces témoignent des relations du royaume avec le monde égyptien comme ces chapiteaux (Ve s. av. notre ère), ornés de la figure d'Hathor, l'Aphrodite de la vallée du Nil, reconnaissable à ses oreilles de vache. La plus grande (en avant du mur) est surmontée d'Horus – son époux le faucon – et du disque solaire : à gauche est présentée une statue de Bès, le dieu difforme qui présidait aux accouchements dans l'ancienne Égypte (entre 600 et 475).

Le passage vers l'aile droite

Une collection d'amulettes – scarabées, œil *oudjat* (l'œil d'Horus), symbole de vitalité –, qui rappelle à nouveau l'influence de la religion égyptienne, voisine avec des sceaux-cylindres orientaux et des

DÉAMBULATION

Centre historique

L'allée Stoa Fylaktou est bordée de petites boutiques de souvenirs et d'artisanat. On y trouve également un agréable café, le **Juego Café**, idéal pour une pause à l'ombre. L'endroit, ouvert jusqu'à 2h du matin, attire également les noctambules.

> Accès au n° 2 de la rue Ayiou Andreou *(B3)*
☎ 25 34 08 11 et 99 48 16 42.

^ Rue commerçante de Limassol (boutiques de dentelles)

^ Les ruines du site antique d'Amathous

miroirs de bronze des périodes hellénistique et romaine.

L'aile droite

La première partie de la salle est consacrée aux fouilles réalisées dans la région, ainsi qu'une grande variété de stèles funéraires des époques hellénistique et romaine.

Akti Olympion Beach

Plan C-D2.

Prendre un bain à la sortie du musée ? c'est possible à Limassol ! En traversant le rafraîchissant **jardin public** – où se tient chaque année la fête du vin –, on débouche sur la **plage municipale**, un ruban de sable gris long de près de 2 km, où l'on peut se détendre sur un transat, à l'ombre d'un parasol. La baignade est surveillée en été. La plage se prolonge vers le centre-ville par une promenade, **Sculpture Park**, agrémentée de sculptures contemporaines, réalisées par des artistes chypriotes et grecs. Mariage réussi entre les formes étranges et poétiques et le bleu de la mer...

Le site archéologique d'Amathous ✧✧

Hors pl. par D1 – À l'extrémité E du centre touristique (10 km E de Limassol). Accès depuis le centre-ville : bus 30 📞 25 63 52 26. T.l.j. 8h30-17h (19h30 de mi-avr. à mi-sept.). Entrée : 2,50 €.

Le site est immense et il n'y a aucun coin d'ombre. Chapeau, écran total et bouteille d'eau indispensables ! Si Amathous est l'un des centres de culte les plus anciens d'Aphrodite-Astarté, selon la mythologie grecque, ce serait aussi la cité-royaume où Thésée, le héros du Minotaure, aurait confié Ariane, enceinte, aux bons soins des femmes de la région.

Depuis 1975, les archéologues français sont à l'œuvre sur le site. L'histoire entre le site et la France a même commencé un siècle plus tôt. En 1865, une mission avait obtenu l'autorisation des Ottomans d'emporter à Paris une énorme jarre taillée dans un seul bloc de pierre, de plus de 3 m de diamètre et pesant plus de 10 t. Elle est aujourd'hui exposée au Louvre, dans le département des antiquités orientales.

Amathous était une ville cosmopolite. Les fouilles ont mis au jour quantité d'objets qui témoignent de la présence de communautés venues de tout le bassin méditerranéen.

Le **sentier de découverte** traverse l'ensemble du site : de l'agora, en contrebas, au sommet de la colline qui supportait le temple d'Aphrodite. Une visite un peu exigeante, qu'il vaut mieux ne pas entreprendre aux heures les plus chaudes de la journée.

L'agora

L'agora était bordée d'un portique, dont deux colonnes ont été remontées ; on voit très bien l'emplacement de boutiques qui ouvraient à l'ombre de cette promenade, ainsi que deux citernes monumentales, dont les margelles portent encore des traces d'usure dues aux cordages.

L'acropole

Un sentier pentu, qui débute près du guichet d'entrée, conduit à la partie la plus haute du site. À mi-pente, vous passerez les **vestiges du palais royal**, quelques blocs informes dominant une splendide vue sur la mer. Au sommet de la colline s'ouvre un vaste champ de fouilles. C'est le **temple dédié à Aphrodite**. Les soubassements sont encore assez parlants. Vers l'est (à droite lorsqu'on débouche sur le site), une large cavité abritait deux jarres de pierre monumentales (l'une est au Louvre) : elles contenaient de l'eau destinée aux ablutions des pèlerins. En avant de cette cavité se trouve une plateforme taillée dans la roche. Elle est percée de trous pour y attacher les longes des animaux promis au sacrifice. Le temple fut entièrement démantelé à la fin du Ve s., et ses blocs servirent à la construction d'une église : une basilique à trois nefs précédée d'un narthex dont subsistent les soubassements. L'ensemble a été pillé lors des raids arabes du VIIe s. et le site définitivement abandonné.

Un passage souterrain permet de traverser la route depuis le site archéologique pour rejoindre la promenade qui longe la côte et les vestiges du port antique d'Amathous, ainsi qu'un restaurant de bord de mer très agréable, Old Limassol.

PAUSE *Old Limassol*

Un restaurant de poisson donnant sur la mer, le long de la promenade battue par les vents et passant devant le port antique d'Amathous. Laissez votre voiture sur le parking du site et empruntez le passage souterrain. Taverne à l'étage, restaurant d'été au-dessous. Cuisine familiale raffinée à partir de produits de la région et carte des vins locaux très intéressante. Goûtez les feuilles de vigne maison et les scipions grillés nappés de sauce au citron persillée !

> Avenue Amouthountos, 138, Aghios Tychon ☎ 25 32 10 47. Mar.-dim. 12h-minuit.

• NOS ADRESSES •

LIMASSOL

OÙ DORMIR

Il y a peu d'hôtels dans la partie ancienne du centre-ville de Limassol. La plupart se trouvent concentrés dans les zones nouvelles qui se sont développées le long de la mer, à l'est de la ville, depuis la fin des années 1970. La nuit, tout au long de cette interminable avenue, lorsque restaurants, bars et boîtes de nuit clignotent de tous leurs néons, cela confère à l'endroit un petit air de Las Vegas à la méditerranéenne. En somme, un petit « ghetto » touristique qui peut rebuter au premier abord mais qui constitue aussi une partie de l'identité de la ville. Et on y trouve aussi par moments certains établissements dignes d'intérêt.

Alasia

Hors pl. par A2 – Odos Haydari, 6 📞 25 33 20 00, www.alasiahotel.com.cy. Parking gratuit. De 80 à 150 €

Si vous ne tenez pas à résider en bord de mer, voici une bonne adresse pour un prix qui reste modeste. Chambres de tout confort, accueil chaleureux (personnel francophone), atmosphère familiale.

Curium Palace

Plan D1 – Odos Lordou Vyronos, 11 📞 25 89 11 00, www.curiumpalacehotel.com.cy. Piscine. De 80 à 150 €

Un hôtel de grand confort, mais de dimensions humaines, situé face au Musée archéologique. Avec ses bons équipements, il constitue un excellent choix pour tous ceux pour qui le séjour au bord de la plage n'est pas impératif.

Ajax

Hors pl. par D1 – Av. Georgiou Neophytou 📞 25.59.00.00, www.ajaxhotel.com. Parking gratuit. De 80 à 150 €

Une halte de tout repos dans l'hyperactive Limassol : environnement assez calme, chambres vraiment spacieuses et prolongées d'un balcon ouvrant sur la mer, et excellent confort digne d'un établissement de grand standing. Le plus ? Une immense piscine pour se rafraîchir en fin de journée.

OÙ MANGER

Karatello Tavern

Plan B3 – Carob Mills (en arrière du château) 📞 25 82 04 64, www.carobmill-restaurants.com. Lun.-sam. le midi, dim. midi et soir. De 15 à 20 €

Installé dans les anciens moulins à caroube, ce restaurant propose des spécialités traditionnelles sur la terrasse.

Maierko Sykaminia

Plan C2 – Odos Eleftherias, 26 📞 25 36 52 80, www.sikaminia.com. Lun.-jeu. 8h-16h, ven.-sam. 8h-16h et 20h-1h. De 15 à 20 €

Une sympathique taverne traditionnelle dont la clientèle est constituée en majorité d'habitués. Spécialités de viande, accompagnées de produits locaux.

Jours de fête à Limassol

Fév.-mars. Carnaval. Les festivités commencent le *premier jeudi* avec l'entrée solennelle du roi Carnaval qui prend possession de la ville, escorté de chars multicolores. Chaque soir sont organisés concours de chant, jeux et bals costumés. Le *premier dimanche*, les enfants se retrouvent au stade municipal pour une parade costumée. Les fêtes se terminent le *dimanche suivant* par un défilé monstre dans les rues (p. 248).

Septembre. Fête du vin. Depuis 1961, pendant *deux semaines*, on célèbre, au cœur d'une région viticole plusieurs fois millénaire, la production de l'année. Vous pourrez déguster les crus chypriotes, voir les procédés traditionnels de pressage, tandis que des banquets avec orchestre sont organisés par les coopératives dans le jardin municipal.

Old Harbour Fish Restaurant

Plan B3 – Old Harbour 25 36 57 60. F. dim. De 20 à 30 €

C'est sans aucun doute l'un des meilleurs restaurants de la cité. C'est une taverne installée dans un ancien hangar du vieux port, qui régale depuis des lustres tous les gastronomes de la ville. La décoration a été entièrement rénovée avec climatisation et tables espacées ; service professionnel. Idéal pour déguster poissons et fruits de mer d'une extrême fraîcheur. À ne pas manquer !

NOA Beach Seafood Restaurant

Hors pl. par D1 – Route touristique à 400 m environ du centre-ville 25 32 40 56, www.noa.com.cy. T.l.j. 8h-2h. De 20 à 30 €

Pour un déjeuner ou un dîner au calme, on s'attable dans le jardin ou sur la terrasse du Noa Beach, au bord de l'eau. On déguste ici une cuisine traditionnelle à base de poisson et de grillades.

Oshi

Plan B3 – Eleftherias, 52 25 37 77 70. De 20 à 30 €

Installé dans une belle maison de maître et un jardin cosy, Oshi est un restaurant japonais proposant de délicieuses spécialités asiatiques et des sushis ultrafrais.

Vivaldi by Mavrommatis

Avenue Amouthountos, 138, Aghios Tychon 25 32 10 47. Mar.-dim. 12h-minuit.

Que vous connaissiez ou pas le célèbre restaurant parisien étoilé au Michelin, sachez que c'est dans leurs racines chypriotes que les frères Mavrommatis ont puisé l'inspiration de la gastronomie hellénique qui signe leur identité culinaire. Une expérience authentique.

OÙ SORTIR

Nefeli Taverna

Plan B2 – Argirou Drousiotis, 6 25 36 07 00, www.nefeli-music-tavern.business.site. Ven.-sam. 20h-2h.

^ La promenade du front de mer

Pour une soirée endiablée au son d'un orchestre live. Les week-ends, il y a foule : on y vient entre amis pour l'excellente cuisine grecque, et on termine la soirée sur la piste de danse.

SHOPPING

Service de l'artisanat chypriote

Plan B2 – Odos Themidos, 25 25 30 51 18. Lun.-sam. 7h30-17h30 (jusqu'à 13h mer. et sam.).

Autour du château, nombreuses boutiques de souvenirs et d'artisanat.

SPORTS ET LOISIRS

Activités nautiques

À Limassol, vous pourrez pratiquer tous les sports nautiques (ski nautique, parachute ascensionnel, planche à voile, etc.) à partir des plages des hôtels ou de la grande plage du centre-ville.

12

LES ENVIRONS de Limassol

L'ouest de Limassol est un peu déconcertant. Tout à coup, le GPS vous parle en *feet*, et la carte vous indique que vous êtes au Royaume-Uni ! La pointe sud de Chypre, Akrotiri, est une base militaire et, s'il est interdit de prendre en photo les installations militaires, il est tout de même possible de traverser la zone pour accéder aux plages bordant les deux côtés de la péninsule, ainsi qu'au site archéologique de Kourion ou au château de Kolossi, deux visites incontournables de la région. La base de la Royal Air Force se termine au niveau d'Avdimou en direction de Petra tou Romiou et vous voilà de retour dans les villages traditionnels plantés d'oliveraies.

Donjon de Kolossi

L'ESSENTIEL

À ne pas manquer

L'impressionnant château de Kolossi; le site spectaculaire de Kourion et son théâtre ouvert sur la mer.

Expérience

S'initier à l'art de la gravure avec Hambis Tsangaris, artiste de renommée mondiale, à Platanisteia; parcourir la route des vins et tout savoir sur le vin de Koumandaria.

La plus belle plage

La plage de sable doré de Lady's Mile Beach côté britannique ou celle de Pissouri et les falaises blanches du cap Aspro.

Lady's Mile Beach ✧✧

Carte p. 159 – À 4 km O de Limassol.

Le week-end, c'est LE rendez-vous des habitants de Limassol. Une **immense plage de sable** ouvrant sur la baie d'Akrotiri et la ville à l'horizon. Pas de transport public. Plusieurs portions sont aménagées avec transats, parasols, douches, jeux de plage pour les enfants. Avec en prime quelques bonnes tavernes de poisson.

Monastère Ayios Nikolaos ton Gaton

Carte p. 159 – Du sud de la plage de Lady's Mile Beach en direction du cap Gata, une piste de 4 km mène au monastère de Saint-Nicolas des chats.

Au sud-est du lac salé de la péninsule d'Akrotiri, ce **couvent de femmes** est le plus ancien de Chypre. Ce monastère a été fondé par sainte Hélène, la mère de Constantin le Grand, qui l'aurait doté d'un morceau de la Sainte Croix. Comme, à l'époque, Chypre souffrait d'une grande sécheresse,

PAUSE

Captain's Cabin

Une excellente table de poissons et fruits de mer les pieds dans l'eau. Mieux vaut réserver pour le déjeuner le samedi et le dimanche.

> Lady 's Mile Beach
✆ 96 30 40 50, www.ladysmilebeach.com

CULTURE

C'est ici, dans le château de Kolossi, la Commanderie des Hospitaliers, que fut élaboré le fameux vin doux de Koumandaria qui s'est exporté dans toute l'Europe pendant les Croisades et qui trône toujours en bonne place aujourd'hui sur toutes les bonnes tables chypriotes *(Lire la balade et la route des vins n° 5).*

le cap déserté devint le domaine de prédilection des serpents. Constantin ordonna donc d'y lâcher des milliers de chats… et le cap fut rendu à ses habitants. Les nombreux chats qui s'y prélassent à l'ombre aujourd'hui seraient les descendants de ceux de jadis…

La commanderie des chevaliers de Kolossi ✧✧

Carte p. 159 – À 14 km O de Limassol. Bus : ligne 17 depuis Limassol (Old Hospital A2) ; toutes les 30 min lun.-sam, 7 liaisons le dim. De mi-avr. à mi-sept. : t.l.j. 8h30-19h30 ; de mi-sept. à mi-avr. : t.l.j. 8h30-17h. Entrée : 2,50 €.

Le coup d'œil à lui seul vaut le déplacement : un fier **donjon de pierres** blondes au milieu d'un **luxuriant jardin**. C'est un ancien fief des chevaliers de l'ordre des Hospitaliers de Saint-Jean de Jérusalem. Prospère domaine agricole, les Hospitaliers y exploitaient la canne à sucre et faisaient du vin, qu'ils exportaient ensuite vers l'Europe. Au pied du donjon, les **vestiges d'installations agricoles médiévales**, tout comme ceux de la première forteresse, sont encore visibles. Le donjon actuel date, quant à lui, du XVe s.

Le niveau inférieur, sans communication avec les étages, servait de **magasin**. Pour des raisons défensives, l'entrée s'effectuait par le premier étage : à la place de la passerelle moderne était jeté un pont-levis. En entrant, vous remarquerez à droite une Crucifixion portant, en bas à gauche, les armes de Louis de Magnac, le commandeur de l'ordre qui fit reconstruire le château au XVe s. Deux grandes salles se partagent l'étage, dont l'une contient une vaste et simple cheminée. Un escalier de pierre conduit ensuite aux **appartements** du maître : deux pièces, chacune avec sa cheminée ornée de la fleur de lys. Devant chacune des huit larges fenêtres, des bancs de pierre permettaient au maître des lieux de s'asseoir et d'observer la belle campagne alentour. On y trouve également des latrines, creusées dans l'épaisseur du mur. Un escalier grimpe à la **terrasse**, d'où vous découvrirez la somptueuse contrée environnante jusqu'à la mer toute proche. À côté du donjon s'étire une belle et longue salle voûtée : c'était la **fabrique de sucre**. Tout près, on voit encore les ruines du moulin du XIIIe s. L'eau y était apportée de la rivière par un aqueduc, bien visible.

LE MUSÉE DU VIN

Carte p. 159 – À 15,5 km O de Limassol. Odos Paphou, 42, Erimi ☎ 25 87 38 08, www.cypruswinemuseum.com. T.l.j. 10h-17h.

PAUSE *Pastos Restaurant*

Taverne ou plats à emporter pour un pique-nique sur la plage, tout est cuisiné sur place et l'accueil est très agréable. Plats chypriotes ou asiatiques pour la clientèle venant de la base militaire, vins locaux ou bières, il y en a pour tous les goûts. La terrasse arrière est agrémentée d'une immense aire de jeux pour enfants ombragée couverte de gazon.

> Odos, 14, Episkopi ☎ 25 93 4414, www.pastostavern.com. Mar.-dim. 12h-22h.

Un voyage à travers une histoire du vin vieille de 5 500 ans. Le musée du vin a été fondé par l'artiste compositrice Anastasia Guy dans le village d'Erimi réputé pour ses vins depuis l'Antiquité. Visite guidée et dégustation de vins accompagnés de spécialités locales.

Kourion ✧✧✧

Carte p. 159 – À 19 km O de Limassol. Bus 16B depuis Limassol (gare routière Old Hospital plan A2) ; 8 liaisons quotidiennes en semaine, 3 le week-end. Le bus vous dépose au guichet d'entrée, d'où il faut marcher 5 min jusqu'au site. Stationnement provisoire au niveau de la première guérite pour l'achat des tickets qui conditionne l'ouverture de la barrière d'entrée sur le site. Le parking se trouve 500 m plus loin. ☎ 25 93 42 50. T.l.j. 8h30-17h (19h30 de mi-avr. à mi-sept.). Entrée : 4,50 €. Audio-guide téléchargeable gratuitement en format MP3 sur www.visitcyprus.com.

Voici le **site antique le plus spectaculaire de Chypre**, dont les plus anciens vestiges datent de l'époque hellénistique, 325-50 av. J.-C.

La maison d'Eustolios ✧✧✧

En 365, la ville est dévastée par un terrible séisme. Un notable de Kourion, Eustolios, décide d'offrir à ses concitoyens un établissement de bains, qu'il fait construire au-dessus de son palais effondré. L'ensemble comprend les **thermes** et des **dépendances** d'une trentaine de pièces. Plusieurs **magnifiques panneaux de mosaïques** ont été mis au jour. On entre par une cour rectangulaire, bordée de pièces de service ; sur le perron, une inscription souhaite la bienvenue au visiteur. Une seconde cour lui fait suite, bordée à l'origine d'un portique couvert de pavements de

⌄ Le temple d'Apollon, Kourion

^ Chauffage par le sol dans les bains, Kourion

mosaïques : il en reste de beaux fragments au foisonnant décor de fleurs, de figures géométriques et d'animaux. Une inscription et la présence de poissons, symboles du Christ, indiquent qu'Eustolios était chrétien, comme sans doute bon nombre des habitants de la ville à l'époque. Au-delà s'ouvre une vaste salle rectangulaire, sans doute une **salle de banquet**, où, parmi les panneaux de mosaïques, une inscription rappelle la générosité d'Eustolios. Les bains s'étagent à gauche du complexe. On y reconnaît les trois salles caractéristiques de ce type d'établissement. La première, la salle froide *(frigidarium)*, est une pièce rectangulaire dotée de deux bassins et dont le sol s'ornait de panneaux de mosaïques – sur l'un d'eux, vous pourrez voir un buste de femme, Ktisi, personnification de l'art de construire, qui tient à la main un instrument de mesure. Les salles tiède *(tepidarium)* et chaude *(caldarium)* étaient couvertes d'un dallage de marbre soutenu par des piles de briques, les hypocaustes, qui permettaient la circulation de la vapeur d'eau.

Le théâtre ✧✧

Chaque été, les **gradins** reprennent vie : les spectateurs s'y pressent pour assister à des concerts, des ballets, des représentations théâtrales comme voilà près de deux mille ans. À cette différence près qu'ils peuvent admirer en toile de fond une vue sublime sur les eaux de la Méditerranée ; dans l'Antiquité, les spectateurs

en étaient privés : ici, comme dans tous les théâtres romains, un haut mur de scène s'élevait derrière les acteurs, jusqu'à la hauteur des derniers gradins. Construit dès le IIe s. avant notre ère, le théâtre a été agrandi par les Romains au IIe s. ap. J.-C. Le théâtre peut accueillir 7 000 spectateurs.

L'agora

C'était le cœur de la ville, un immense espace ouvert, bordé sur quatre côtés par un portique pour être abrité du soleil au plus chaud de la journée. On venait y rencontrer ses amis, échanger les dernières nouvelles, profiter des bains, qui occupaient tout un côté de la place. Ses vestiges sont encore bien reconnaissables, deux ailes séparées par une **fontaine monumentale** et, au sol, des pavements de **mosaïques** ou des **dallages de marbres colorés**. On venait aussi faire ses courses. La partie la plus évocatrice est le côté droit du portique, où quelques colonnes ont été relevées, derrière lesquelles subsistent les soubassements de boutiques.

La basilique

Bien sûr, il faut un peu d'imagination pour restituer ce bâtiment exceptionnel. Mais les vestiges qui gisent à terre, **mosaïques, marbres, colonnes de granit** disent bien la splendeur de ce complexe. Depuis l'agora, on aborde l'église par le chœur terminé par une abside. Quatre bases de colonnes appartiennent au baldaquin qui recouvrait l'autel sur son estrade. Dans l'axe s'ouvre la nef centrale, pavée de mosaïques et bordée de deux bas-côtés dont le sol était recouvert de carreaux de marbres de couleur. À l'extérieur des deux murs latéraux couraient deux longs couloirs. C'est là que prenaient place ceux qui n'avaient pas encore été baptisés. Enfin, la nef était précédée d'un vaste hall couvert, le narthex, sur lequel ouvrait la sacristie. Cette dernière conserve une belle mosaïque portant des versets tirés des Psaumes.

La maison des Gladiateurs

Cette maison privée a pris son nom du thème central des mosaïques de son pavement. Le panneau le plus remarquable représente un groupe de gladiateurs, un thème peu fréquent en Méditerranée orientale. Vous y verrez un certain Lytras, retenu dans sa fureur guerrière par un personnage en civil, l'arbitre.

La maison d'Achille

Une cinquantaine de mètres plus loin, vous découvrirez un second groupe de **mosaïques**. Le panneau principal, parfaitement conservé, est consacré à la légende d'Achille. Fils d'un mortel, il était condamné à mourir. Mais sa mère, Thétis, une déesse, ne l'entendait pas de cette oreille. Pour le soustraire à la guerre de Troie, elle l'envoie se cacher à la cour de Lycomède, le roi de Skyros, dissimulé sous des vêtements de femme. Parti à sa recherche, Ulysse le démasque : c'est la scène que l'on voit ici, Achille retirant ses habits féminins devant le roi d'Ithaque, lui-même déguisé en marchand.

Les plages sur la côte ouest de la péninsule d'Akrotiri

KOURION BEACH

Carte p. 159 – À 19 km O de Limassol.

Après la visite du site archéologique, voici l'occasion idéale de se rafraîchir. Au pied de la falaise qui supporte la ville antique s'étend une longue plage de sable gris. La baignade est surveillée (de mai à nov.) sur une portion de la plage. Mieux vaut se limiter à ce périmètre ; plus loin les eaux sont traversées de courants qui peuvent être violents. Une bonne taverne de poisson complète le paysage (**Kourion Beach Tavern** 📞 25 99 12 12. T.l.j. 10h-18h).

PARAMALI BEACH

Carte p. 159 – À 8 km de Kourion Beach en empruntant la route côtière vers l'ouest.

Une petite plage sauvage de fins galets avec vue sur la falaise où jouer les Robinson solitaires. Pour apercevoir les tortues qui courent vers la mer entre juin et septembre, il faudra se lever avant le soleil.

PAUSE À LA PLAGE

Yialos Fish Tavern

Pour déguster poissons et fruits de mer au bord de la plage, rendez-vous dans cette taverne. Et, si vous avez envie de prolonger la pause, le patron loue également quelques petits appartements simples mais confortables, à 50 m de la plage, pour 50-60 € la nuit.

> Pissouri Beach 📞 25 22 17 47.

KYRÉNIA BEACH

Carte p. 159 – À 11 km O de Paramali Beach.

Une interminable plage de sable vierge de toute construction à l'exception d'une taverne de poisson plantée sur le rivage (**Kyrénia Beach Restaurant** ☎ 99 67 94 51).

MELANDA BEACH

Carte p. 159 – À 5,5 km SO de Kyrénia Beach.

La dernière plage de sable de la baie aménagée en partie devant le restaurant Beach Bar Tsiolos (☎ 99 56 53 36.). Un sentier de randonnée permet de rejoindre les criques Robinson en 10 min, pour nager au bout du monde dans des eaux translucides.

PISSOURI BEACH ✧

Carte p. 159 – À 39 km O de Limassol.

C'est sans doute le plus joli coin de la région : une longue plage de sable blond, veillée par les falaises blanches du **Cap Aspro**. En retrait, s'est développé un petit village touristique qui permet de se restaurer. Transats, parasols, douches et toilettes assurent également une baignade de tout confort. Si vous avez le courage de vous arracher à la mer, allez faire un tour dans le pittoresque village de Pissouri, perché au-dessus du rivage.

JOURS DE FÊTE

À Kourion

Juin-juillet. **Festival de musique,** danse et théâtre au théâtre antique de Kourion (p. 249). Plusieurs soirées sont consacrées à Shakespeare.

Juillet-août. **Festival de tragédie antique.** *Pendant un mois*, sur le site prestigieux de l'antique cité de Kourion, la gloire de la tragédie grecque renaît chaque soir dans un cadre à sa mesure. Les représentations théâtrales sont bien entendu en grec ancien, guère plus intelligible pour les Grecs d'aujourd'hui que ne l'est le latin pour les Italiens. Des résumés en français sont remis à l'entrée. Il existe un service de bus gratuits à partir de Limassol. *www.greekdramafest.com*

PLATANISTEIA

Carte p. 159 – À 6 km N de Pissouri, 40 km O de Limassol.

Ce village, planté de caroubiers, est surtout le lieu de résidence de l'artiste **Hambis Tsangaris**, graveur et chef de file de son art à Chypre *(voir musée municipal de la gravure Hambis, p. 76)*. La maison de Hambis, qui est aussi un musée et son atelier, se trouve à l'entrée du village dans l'une des maisons traditionnelles en pierre restaurées avec soin.

LE MUSÉE HAMBIS PRINTMAKING ✧

☎ 25 22 27 72, http://printmaking.cy. Mer.-dim. 10h-13h et 15h-17h. Entrée : 2 €, gratuit pour les enfants.

Le musée présente une exposition permanente des œuvres de Hambis et d'autres artistes, ainsi que trois expositions temporaires par an consacrées à l'art de la gravure. Le programme comprend aussi des **ateliers** et des stages (gratuits, sur inscription) ouverts à ceux qui souhaitent s'initier ou se perfectionner dans l'**art de la gravure**. Et chaque année, les deux premières semaines d'août, Hambis Tsangaris ouvre les portes de son atelier aux artistes en herbe de tous âges, venant de tous horizons. Les ateliers sont en anglais, mais Hélène, l'épouse de l'artiste, pourra vous assister en français.

‹ Pissouri Beach

Balade et viticulture

LA ROUTE DES VINS N° 5

Si vous avez visité le site archéologique de Paphos, vous avez déjà admiré la mosaïque qui orne le sol de la maison de Dionysos et qui représente les premiers buveurs de vin. C'est dire si la vigne est une tradition à Chypre depuis longtemps! Depuis plus de six mille ans, dit-on... Sept circuits élaborés par l'office de tourisme permettent de découvrir les principaux cépages de l'île et de faire connaissance avec des savoir-faire ancestraux. Parmi ceux-ci, la route des vins n° 5, qui sillonne un hydrobiotope d'une grande richesse, est consacrée à un vin que les chevaliers de l'ordre de Saint-Jean ont élaboré dans la région à l'époque des Croisades: le vin de Koumandaria.

14 villages, dont les vignobles sont situés entre 500 et 900 m d'altitude, produisent des vins d'appellation contrôlée **« Koumandaria »**. Les cépages locaux sont le mavro rouge et le xynisteri blanc.

KOLOSSI-ERIMI-MONAGRI 30 KM

Depuis le **château franc de Kolossi** qui servit de « Grande Commanderie » aux chevaliers de l'ordre du Temple et qui donna son nom au vin franc, en passant par le musée du vin de Chypre à Erimi, la route mène à Monagri, un village traditionnel où se trouve la **cave Menargos** de Nikos Aristidou. L'occasion de déguster le vin blanc « Elli » issu de Xynistéri et l'« Alexandrinos » vinifié à partir de Muscat d'Alexandrie séché au soleil (☎ 25 43 36 74, www.menargos.net).

< Château de Kolossi

SILIKOU ET DOROS, 5 KM

Un petit crochet par Silikou où sont produits d'excellents raisins. Retour vers Doros où la **cave Panagiotis Karseras** se trouve à côté de l'église Aghios Epiphanios. La koumandaria qui y est produite est considérée comme l'une des meilleures de l'île (✆ 99 41 32 38).

^ Promenade champêtre dans les vignes

LANELA-AGHIOS MAMAS, 12 KM

Empruntez les chemins de terre, passez admirer le **pressoir traditionnel restauré** et déguster quelques autres spécialités issues de la vigne à Lanela. Le **soutzoukos** est un chapelet d'amandes trempé dans du moût de raisin qui se mange sans faim... Puis direction Aghios Mamas vers la **cave Revecca**. Un petit musée créé dans une maison rurale rénovée permet de découvrir les procédés traditionnels de fabrication. Ne repartez pas sans avoir gouté la **zivania**, l'eau de vie locale de Chypre (✆ 99 60 83 33, www.revecca.com).

˅ Raisin pour la production de ce vin doux

^ Ancien pressoir au musée de Laneia

KAPILIO-KALO CHORIO-ZOOPIGI, 25 KM

À Kapilio, village construit au sommet d'une colline qui surplombe la vallée de la rivière Limnati, sept pressoirs faisaient office de taverne du temps où le village était connu comme «l'endroit où l'on vend du vin». En continuant vers l'est depuis Aghios Mamas, un chemin de terre conduit à Kalo Chorio, l'un des centres les plus importants de production de koumandaria. La **Société coopérative viticole** y rassemble les productions des villages alentour et propose une visite guidée avec support audiovisuel en grec et en anglais.

(☎ 25 54 22 66) La visite du **musée historique de la Koumandaria** de Zoopigi se fait sur réservation (☎ 99 65 62 88).

Et pour finir en beauté...

Les villages d'**Aghios Pavlos**, **Aghios Konstantinos** et **Louvaras** sont des destinations particulièrement agréables pour découvrir les vignobles et les paysages ruraux de la région. Et, sur la route du retour vers Lemesos, les communes de **Gerasa** et **Apsiou** sont aussi l'occasion de promenades champêtres avec vue imprenable sur les vignobles.

PRATIQUE

Accès

Le circuit est indiqué par les pancartes bicolores portant un 5 cerclé de blanc et une grappe de raisin.

Conseil

Il est indispensable de prendre contact avec le propriétaire avant la visite d'une cave. Laissez-vous tenter sur la route par les nombreuses tavernes qui rivalisent d'authenticité.

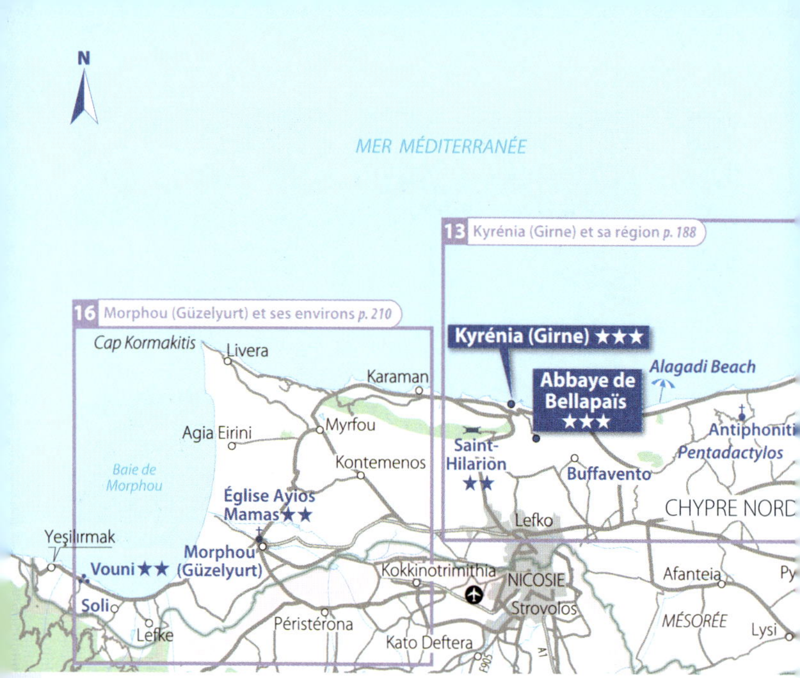

LES BEAUTÉS de

Kyrénia (Girne), charmante ville balnéaire avec son vieux port et sa forteresse fortifiée devenue un musée abritant l'épave d'un navire grec datant du IVe siècle, se trouve sur la côte nord de Chypre. De spectaculaires vestiges du passé franc de l'île s'égrènent à proximité avec l'abbaye de Bellapaïs (Beylerbeyi), le château de Saint-Hilarion (Hilarion Kalesi) et celui de Buffavento (Çatalköy). La péninsule du Karpas (Karpaz) qui s'avance comme un doigt vers la mer est une zone protégée de toute beauté, dont le monastère Saint-André couronne l'extrémité depuis le naufrage du *Saint* au début de notre ère.

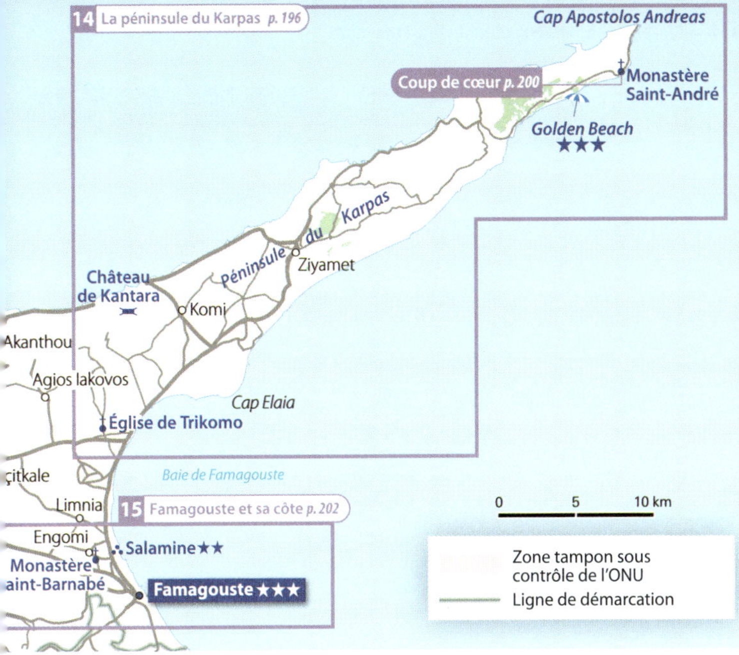

la partie nord

Le long du golfe d'Ammochostos, quelques monuments historiques d'exception vous attendent comme l'église de Trikomo, la cité de Famagouste qui a inspiré l'*Othello* de Shakespeare ou encore Salamine, l'un des plus impressionnants sites antiques gréco-romains. Enfin, sur la côte ouest, Morphou (Güzelyurt), Soli et Vouni conservent des traces du passé antique grec et romain, mais aussi celles de Byzance, des Francs et des Ottomans le long d'une côte splendide dentelée de plages. Toutefois, avant de vous y rendre, consultez le site du ministère de l'Europe et des Affaires étrangères de France Diplomatie (p. 186).

PRATIQUE

Carte p. 184-185
Nos adresses p. 195

↓ Risques et recommandations

L'île est divisée depuis 1974 entre la partie nord et la partie sud de l'île. La ligne de démarcation (ligne verte ou zone tampon) est surveillée par une mission de maintien de la paix des Nations unies, la FNUCHYP. Seule la partie sud est reconnue par la communauté internationale (à l'exception de la Turquie). La présence de nombreux militaires au nord, le niveau élevé des armements sur l'ensemble de l'île, ainsi que la permanence de la division politique entretiennent un climat de tension susceptible de donner lieu à des incidents.

En raison de la partition de fait et du statut illégal de la « République turque de Chypre nord » (RTCN), entité qui n'est reconnue que par la Turquie, l'**ambassade de France ne peut garantir l'exercice de la protection consulaire dans la partie nord de l'île**. Les touristes visitant la partie nord doivent impérativement respecter les interdictions de prises de vue aux abords des zones militaires turques protégées et identifiées comme telles par des panneaux comportant la mention « zone interdite » (en plusieurs langues dont le français), sous peine d'arrestation.

Il est également **formellement interdit de pénétrer dans la zone tampon sous contrôle de l'ONU**. Celle-ci ne peut être traversée qu'aux points de passage désignés. Des sentinelles armées en assurent la protection de chaque côté et certaines zones sont minées.

Pour plus d'informations, visiter le site du ministère de l'Europe et des Affaires étrangères : https://www.diplomatie.gouv.fr/fr/conseils-aux-voyageurs/conseils-par-pays-destination/chypre/#securite

↓ Zones de vigilance

La partie sud de l'île est en vigilance normale (vert) et la partie nord en vigilance renforcée (jaune).
Il convient, dans les deux parties de l'île, de ne pas s'approcher en bateau du prolongement maritime de la ligne séparant le nord du sud. Les contrôles et interpellations des embarcations passant la ligne de démarcation sont quasi systématiques.
L'île de Chypre accueille deux bases souveraines britanniques, l'une au sud-est (région de Dékelia, entre Larnaca et Ayia Napa), l'autre sur la presqu'île d'Akrotiri (ouest de Limassol).
Ces bases sont interdites aux civils. Il convient de respecter les interdictions indiquées par des panneaux.

↓ Usage de la carte bancaire

Dans la partie nord de l'île, il convient de se montrer très vigilant sur l'usage de sa carte bancaire : les sommes effectivement débitées peuvent se révéler bien supérieures au montant attendu. Les demandes de rectification, s'agissant d'un « État » non reconnu par la communauté internationale, sont aléatoires.

Location de voiture

Attention ! Passer en zone occupée avec un véhicule de location n'est pas autorisé, quoi que vous propose, aux checkpoints, la police turque !

Au moment de la location de votre véhicule, vous avez donné l'empreinte de votre carte de crédit et vous signez le document suivant (commun à toutes les agences de location de voitures):

ATTESTATION / DÉCLARATION

Je soussigné(e), par la présente déclaration et attestation, déclare avoir été pleinement informé(e) que ni la société ni la police d'assurance de la voiture louée par moi ne couvrent le conducteur, les passagers et la voiture de location dans les territoires de Chypre nord qui sont occupés par les troupes turques et qui ne sont pas sous le contrôle de la République de Chypre. Par conséquent, le véhicule de location n'est pas autorisé à quitter la République de Chypre.

Pour cette raison, je reconnais que j'endosserai la responsabilité pour tout dommage matériel ou lésion corporelle éventuellement survenu soit à la voiture de location soit à un autre véhicule, soit à des tierces personnes dans la partie occupée de Chypre et je prendrai en charge le dédommagement complet de la société de location mais aussi le dédommagement de toute tierce personne.

En outre, par la présente irrévocable déclaration, j'autorise la société de location de véhicule de calculer le coût des éventuels dommages qui surviendraient à la voiture dans la partie occupée de Chypre et à débiter pour son compte ma carte de crédit et/ou prendre n'importe quelles mesures judiciaires ou autres mesures pour la couverture des dommages matériels et des lésions corporelles.

VIGILANCE

Au checkpoint de la ligne de démarcation, la police turque propose des paiement tarifés d'« assurance obligatoire ». Ne vous y trompez pas !

Le formulaire porte l'entête de « TOWER INSURANCE LTD ». Cette taxe de circulation n'est, en aucun cas, une assurance qui viendrait suppléer au document que vous avez signé au moment de la location du véhicule.

En cas de problème dans la partie nord avec un véhicule loué dans la République de Chypre, aucune représentation consulaire, aucune assurance, personne ne pourra vous venir en aide.
La République du nord de Chypre n'est reconnue internationalement que par la Turquie.

13

KYRÉNIA (Girne) et sa région

Le charme à l'état pur : un petit port où sont amarrés les bateaux de pêche, une promenade piétonne entre terrasses alléchantes et belles maisons de pierre et la silhouette massive du château médiéval. À quelques kilomètres de là, le fantastique nid d'aigle de Saint-Hilarion ou le charmant village de Bellapaïs et son monastère sont des incontournables pour les voyageurs en quête d'histoire et de culture millénaire.

PRATIQUE

• Carte p. 184-185
• Nos adresses p. 195

↓ Accès

En voiture
Si vous vous déplacez avec votre véhicule, vous pouvez passer au nord moyennant une taxe de circulation de 20 € à payer à la police turque au checkpoint.

Vers Kyrénia (Girne) ou Famagouste (Gazimağusa) depuis Lefkoşa
Après avoir passé à pied le checkpoint de la rue Ledra, rendez-vous à la porte de Kyrénia (Girne Kapisi). Des minibus à 8 places font le trajet vers Girne en 25 min (2 €) ou vers Gazimağusa en 1h10 (8 €).
Nombreuses agences de location de voitures ou de taxis à proximité

Le port de Kyrénia

L'ESSENTIEL

À ne pas manquer

Le port de Kyrénia ; l'épave vieille de plus de 2000 ans dans la forteresse médiévale.

Expérience

Montez jusqu'au château de Buffavento, « celui qui défie le vent ».

La plus belle plage

Alagadi Beach, refuge des tortues de mer.

La vieille ville ✧✧✧

Carte p. 184-185 – À 26 km N de Nicosie.

Après la découverte du **port**, ne manquez pas de flâner dans les ruelles étroites et pentues en arrière du quai. Belles maisons de pierre, arcs enjambant les rues, mosquées et vestiges médiévaux : ici s'étendait la **ville franque**, accolée au fort et protégée par sa propre muraille. Il en reste un souvenir important, la **Tour ronde** (Round Tower, *des panneaux indicateurs vous dirigent vers les principaux centres d'intérêt*) : construite vers 1300, elle abrite aujourd'hui une **galerie d'art et d'artisanat** (10h-18h), ce qui permet de jeter un coup d'œil à l'intérieur. Presque en face, vous trouverez l'**ancien marché municipal**, le **Bandabuliya**, construit en 1891, pendant l'occupation britannique. Il abrite aujourd'hui un petit café blotti sous la haute charpente métallique, typique de l'architecture de cette époque. Chemin faisant, vous rencontrerez également la **mosquée Cafer Pasha**, construite en 1589, peu de temps après la prise de la ville par les Ottomans, avec son beau minaret effilé.

de l'office du tourisme. (Prix à négocier)

Vers Morphou, Salamina ou dans la péninsule du Karpas

Location de voiture ou taxi uniquement.

En bus

Depuis la porte de Girne à Lefkoşa, des services réguliers rallient les principales localités de la région. Kyrénia est ainsi à 20 min de route. Départs toutes les heures *(plan p. 68-69 / B1)*.

En taxi

Vous trouverez partout des taxis prêts à vous conduire aux quatre coins de la région. Il est impératif de négocier le prix à l'avance. Commencez à partir de la moitié du prix proposé !

Vous trouverez également des taxis collectifs (*dolmuş*, départ station des autobus) qui assurent des liaisons régulières à travers toute la région.

LE CHÂTEAU ✧

Avr.-oct. : t.l.j. 8h-18h30 ; nov.-mars : t.l.j. 8h-17h. Entrée : 2,50 € environ.

Construit dès 1192, au tout début de la présence franque, le château doit sa silhouette actuelle aux Vénitiens : un formidable mur opposé à la ville et trois ouvrages d'angle (deux circulaires, le troisième polygonal), destinés à recevoir les pièces d'artillerie. Cette nouvelle enveloppe de pierre n'empêcha pourtant pas ses défenseurs de se rendre aux Ottomans, en 1570, sans même avoir combattu.

L'esplanade

Le long couloir coudé débouche sur l'esplanade intérieure de la citadelle. Au Moyen Âge, elle était encombrée de constructions de bois, ateliers, baraquements, écuries, un vrai petit village, que remplace aujourd'hui une sympathique terrasse, bienvenue pour qui souhaite se rafraîchir au cours de la visite. Tout autour s'étire la muraille surmontée de son chemin de ronde. On peut y accéder et découvrir de là-haut de belles vues sur le château et le port.

Les prisons

À la sortie du couloir, du côté droit, pièces aveugles et citernes passent pour avoir été les geôles du château.

CONSEIL

Les sites archéologiques côté turc n'acceptent pas souvent les paiements par carte. Ayez toujours de la monnaie sur vous.

La tour des Lusignan

Au fond de l'esplanade, à gauche, se dresse l'unique ouvrage défensif médiéval laissé par les Vénitiens. En avancée sur la mer, il présente deux belles salles gothiques superposées, éclairées par de hautes meurtrières.

La section archéologique

Face à l'entrée de l'esplanade, les vastes salles voûtées sont les anciennes salles de garde. Elles abritent des présentations de diverses découvertes archéologiques effectuées dans la région. La plus spectaculaire a été celle d'un navire grec qui sombra devant le port de Kyrénia vers 300 avant notre ère, chargé de 400 amphores de vin de Rhodes et de Samos. Ses vestiges ont été rassemblés ici. Le musée Thalassa à Ayia Napa en propose une reconstitution moderne (p. 50).

La tour circulaire

À l'angle de la muraille, c'est l'un des puissants bastions construits par les Vénitiens.

L'abbaye de Bellapaïs ✧✧✧

Carte p. 184-185 – À 25 km N de Nicosie et 5 km E de Girne. Avr.-oct. : t.l.j. 8h-18h30 ; nov.-mars : t.l.j. 8h-17h. Entrée : 1,80 € environ.

C'est un monastère du plus beau gothique, au cœur d'un charmant village noyé dans la verdure. En contrebas, la mer et, à l'horizon, les montagnes de Turquie.

L’église ✧

Une porte fortifiée (il y avait même un pont-levis à l’époque médiévale) précède le petit jardin planté de citronniers en avant de l’église. C’est la partie la plus ancienne de l’ensemble : son chevet remonte aux premiers temps du monastère, au tout début du XIIIe s. La façade conserve des restes de peintures murales du XVe s. à droite de l’entrée, tandis que celles au-dessus de la porte sont plus tardives (XVIIe-XVIIIe s.). C’est à l’intérieur de cette belle église gothique à trois nefs rythmées de puissants piliers que furent inhumés le roi Hugues III en 1284 et à sa suite d’autres figures éminentes de l’aristocratie chypriote. Les tombes ont aujourd’hui disparu, saccagées par les Turcs lors de la conquête de l’île en 1570. Le monastère avait alors déjà perdu toute autorité morale et religieuse. Au début du siècle suivant, l’église se transforma en sanctuaire orthodoxe pour les habitants du village. Elle l’est restée jusqu’en 1974.

Le cloître ✧✧✧

Comme il est d’usage, il s’entoure du promenoir qui abritait la méditation des moines. Il ouvrait sur le jardin central par de splendides arcs gothiques, dont les rosaces ont aujourd’hui disparu. Face à l’entrée, un sarcophage romain signale l’accès au réfectoire. Il servait de lavabo aux moines. Au-dessus de la porte, un linteau de marbre est frappé de trois blasons aux armes des Lusignan.

Le réfectoire ✧✧✧

Construit au XIVe s. sous le règne de Hugues IV (1324-1359), c'est la plus belle salle de ce type à Chypre. Au nord, six fenêtres ouvrent sur un paysage splendide. Le mur de droite, troué d'impacts de balles, rappelle que le lieu servit de stand de tir au début de l'occupation britannique. Au-dessous du réfectoire s'ouvre le vaste cellier, où étaient conservées les provisions des moines.

La salle du chapitre ✧

Depuis le cloître, un passage conduit à la salle où les moines réglaient la vie de leur communauté. Si les voûtes ont croulé, on peut toujours en voir les consoles ornées de curieuses figures : Ulysse entre deux sirènes, un homme aux prises avec deux bêtes féroces, un moine et un chat dans un poirier. Au milieu de la salle, une colonne romaine servait de pilier central. Contre le haut mur du cloître venaient s'appuyer les cellules des moines, aujourd'hui disparues.

Après la visite, ne manquez pas de faire un tour dans le **village**, jusque dans sa partie haute avec ses petites maisons blanches typiquement grecques.

Saint-Hilarion ✧✧

Carte p. 184-185 – À 30 km N de Nicosie et à 5 km S-O de Girne. Avr.-oct. : t.l.j. 8h-18h ; nov.-mars : t.l.j. 8h-16h30. Entrée : 1,40 € environ.

Imprenable. Le **château** de « Dieu d'amour » **des Francs** n'a rien d'une villégiature. Il vous faudra trente minutes d'ascension pour en venir à bout et parvenir au sommet, en franchissant portes fortifiées, passages voûtés, chapelle et palais royal. Construit par les Byzantins

˅ Saint-Hilarion

au Xe s., Saint-Hilarion était, avec Buffavento (p. 194) et Kantara (p. 197), un **poste d'observation sur la mer**, alors sillonnée par les navires arabes. De cette vigie, les Francs firent une **forteresse**, agrandie à plusieurs reprises jusqu'au XIVe s. ; c'était une des résidences d'été des Lusignan, où, derrière les murailles hostiles, se dissimulaient de délicats palais, agrémentés de jardins.

PAUSE

Littérature

Un bar restaurant avec terrasse pour les amoureux de la littérature. **Tree of Idleness** est à l'ombre d'un vénérable robinier de plus de 200 ans, l'« arbre de la paresse » décrit par Lawrence Durrell dans ses *Citrons acides*. Il y raconte avec humour son séjour à Bellapaïs à la fin des années 1950.

> Bellapaïs ☎ (+90) 392 815 33 80.

La basse-cour

Le chemin grimpe tout d'abord à travers cette partie du château où se concentraient casernes, écuries et ateliers. Çà et là s'ouvrent de profondes citernes destinées à soutenir un éventuel siège. Une petite salle d'exposition propose une histoire du château. Toujours plus haut, vous atteindrez une porte fortifiée : c'est l'entrée du quartier royal.

Le palais

Au-delà de l'entrée, un passage voûté traverse les différentes parties du palais des Lusignan. Leur construction remonte au XIIe s. L'église est de fondation plus ancienne, elle appartient à un monastère byzantin édifié autour de la tombe d'un ermite, qui avait fui la Terre sainte au VIIe s. et trouvé refuge dans ces solitudes de Chypre : saint Hilarion, qui a donné son nom au lieu. La vaste salle que vous rencontrez était la pièce de réception principale, de là un second passage donne accès aux cuisines et à un belvédère, offrant un panorama sur les environs. Mais le plus beau reste à venir.

Les appartements royaux

Au XIVe s., les rois de Chypre décidèrent de la construction d'un nouveau palais, au plus haut de la montagne. C'est là que l'ascension se fait ardue : une quinzaine de minutes par de rudes escaliers, jusqu'à un porche fortifié. Il donne accès à une étroite **esplanade**, entre les deux pitons rocheux, les Jumeaux (« Didymes » en grec, que les Francs transformèrent en « Dieu d'Amour »). À cet emplacement se trouvait le jardin du palais, rafraîchi par des **fontaines** alimentées par à des citernes toujours visibles. Appuyé contre les deux rochers, voici les anciens appartements royaux, en grande partie écroulés. Il subsiste un vestige romantique, accessible par un escalier moderne : la **fenêtre d'Éléonore**, une ouverture du plus pur style gothique où la reine d'origine catalane aimait à s'asseoir pour admirer le paysage. Une dernière ascension vous conduira au **sommet du château**, à 732 m au-dessus de la mer. Une tour isolée appartient aussi à l'époque franque : on l'appelle traditionnellement la **tour du prince Jean**, le beau-frère d'Éléonore, qui lui disputait la couronne de Chypre. La légende veut que, d'ici, le féroce prince jeta un à un dans le vide ses mercenaires bulgares qu'il soupçonnait de trahison.

Buffavento ✧

Carte p. 184-185 – À 20 km S-E de Girne, par la route de Nicosie, puis à gauche à Boğazkoy (panneau indicateur). Accès libre.

C'est le plus haut des **châteaux francs** de l'île: situé à 950 m d'altitude, il offre une **vue extraordinaire** sur le large mais aussi vers l'intérieur et la plaine de Nicosie. « Celui qui défie le vent » – c'est ce que suggère son nom, d'origine italienne – a été construit au départ par les Byzantins. C'est dans ce nid d'aigle que s'était réfugié Isaac Comnène, le maître byzantin de Chypre, lorsque l'armée de Richard Cœur de Lion envahit l'île, en 1191. L'excursion vaut surtout pour la promenade – 30 min de montée à travers le maquis – et le point de vue. Le château en lui-même est très ruiné: derrière ses fortifications, on peut reconnaître les vestiges d'une chapelle et d'un corps de garde. Au départ de l'étroite route qui conduit au château, l'ancien monastère **Ayios Ioannis Chrysostomos**, fondé au début du XIIe s., a été abandonné après l'invasion de 1974; son église sert à présent d'étable.

Alagadi Beach ✧

Carte p. 184-185 – À 18 km E de Girne. Accès interdit entre 20h et 8h.

Cette longue **plage de sable** est un espace protégé: en juillet-août, les **tortues de mer** viennent y déposer leurs œufs (de 100 à 200 par nid). Une opération qui leur prend moins d'une heure. Seule une jeune tortue sur 100 survivra aux prédateurs. Mais même sans tortue, l'endroit est bien agréable pour une baignade dans un cadre paisible.

Antiphonitis ✧

Carte p. 184-185 – À 38 km E de Girne. Fermeture pour rénovation.

La petite église d'Antiphonitis, qui se cache au cœur d'une belle forêt de pins, conserve un des meilleurs cycles de peintures (XIIe-XVe s.) murales du nord de l'île.

• NOS ADRESSES •

Attention : le séjour dans certains hôtels de Chypre-Nord obéit à des dispositions légales extrêmement strictes. Avant de réserver un hôtel, consultez la rubrique « Hébergement » (p. 259).

KYRÉNIA

OÙ DORMIR

Reymel Boutique Hotel

3, Bozoklar Sokak. ☎ (+90) (0) 533 887 2007. De 45 à 55 €

En retrait du port, 18 chambres simples et confortables.

Hotel Piabella

14, Iskenderun cad ☎ (+90) 392 650 50 00, www.piabella.com. Autour de 70 €

D'accord, le Piabella ne donne pas sur le charmant port de Kyrénia *(15 min à pied)*. Mais l'établissement est des plus confortables : moderne, accueillant avec une immense piscine et un casino au cœur d'un grand jardin. Demandez les chambres donnant sur les jardins (la rue est un peu bruyante).

OÙ MANGER

Canli Balik

Old Harbour ☎ (+90) 392 815 21 82. De 15 à 20 €

Parmi tous les restaurants qui se pressent le long du port, celui-ci jouit d'une réputation flatteuse auprès de la clientèle locale. Le poisson y est toujours très frais et les mezze, dont on vous sert une dizaine de variétés, sont succulents. Un petit bémol, le service un peu brouillon.

Vous pourrez également essayer les deux restaurants voisins, le Tripyti et le Set Fish, qui proposent sensiblement la même carte. Tous ont des terrasses sur le port.

Set Balik Evi

Old Harbour ☎ (+90) 392 815 23 36. De 20 à 30 €

Une bonne table de poisson sur le port : on a le choix entre s'installer sur la jetée au plus près des bateaux ou sur la terrasse en hauteur (vue sur le port).

BELLAPAÏS

OÙ MANGER

Kybele

☎ (+90) 392 815 75 31 33, www.kybele.biz. T.l.j. 11h-23h. De 15 à 20 €

Pour un moment romantique, devant un sublime spectacle : d'un côté l'ancienne abbaye, de l'autre le rivage et la mer en contrebas. Choisissez de préférence les tables au fond du jardin. Cuisine de grillades classique.

‹ Château de Buffavento

14

LA PÉNINSULE du Karpas

À la pointe nord-est de Chypre, la péninsule du Karpas a été classée parc naturel. Une bonne nouvelle pour les plantes du maquis, qui peuvent exhaler leurs parfums capiteux sans crainte des constructions, et pour les délicats lys de mer qui piquent le rivage de leurs fleurs blanches en été. Tout au bout, le monastère Saint-André veille sur les îles Kleidi, « clé », haut lieu stratégique depuis l'Antiquité, aux portes de l'Orient.

Le château de Kantara

L'ESSENTIEL

À ne pas manquer

Le château perché de Kantara et son point de vue imprenable ; le monastère d'Apostolos Andréas.

Les plus belles plages

Au cap Saint-André, la plage de Zafer Burnu et celle de Big Sand Beach pour plonger seul au monde.

Château de Kantara ✧

Carte p. 184-185 – À 80 km E de Girne. Avr.-oct. : t.l.j. 8h-18h30 ; nov.-mars : t.l.j. 8h-17h. Entrée : 1,40 € environ.

C'est le plus oriental des trois châteaux médiévaux qui gardaient le nord de Chypre. Perché à 630 m d'altitude, c'est aujourd'hui le plus facile d'accès. Depuis le parc de stationnement, une courte marche conduit à l'entrée de cette **forteresse**, gardée par deux tours massives et défendue sur trois côtés par de vertigineuses falaises.

Passé la porte, on s'avance à l'intérieur du château à la découverte de ses spectaculaires pans de mur, de ses vestiges de tours et de citernes. Un petit raidillon conduit au point le plus haut de la forteresse : le **panorama** est exceptionnel sur la côte nord, la pointe du Karpas et le golfe de Salamine. Par temps clair – en hiver –, on peut même apercevoir les montagnes du Liban, à 160 km de là. Des appartements qui occupaient les lieux est conservée une belle **fenêtre gothique**. On dit que certains soirs y apparaît le fantôme d'une noble dame du temps jadis.

PAUSE *Café grec*

À l'entrée du **parc national du Karpaz**, la localité de **Rizokarpaso** (Dipkarpaz) abrite toujours une petite communauté de Grecs. En 1974, ils ont choisi de rester dans leurs maisons familiales et ont vécu comme coupés du monde jusqu'à la libéralisation du passage interzone, à la fin des années 1990. Allez vous attabler au café grec qui domine la place centrale du village, histoire de prendre le pouls de l'histoire.

L'église de Trikomo ✧

Carte p. 184-185 – À Iskele, à 75 km E de Nicosie. T.l.j. 8h-15h30. Entrée : 0,60 € environ.

FARNIENTE

Burhan's Golden Beach

Des bungalows en pierre offrant tout le confort avec une vue époustouflante sur la mer. Un bon restaurant et une grand piscine.

> Route du monastère Ayios Andreas ☎ (+90) (0) 533 864 10 51, www.burhanshotel.com. De 50 à 90 €

À l'entrée de la localité, cette église a bénéficié d'un traitement de faveur. L'intérieur n'a pas été saccagé et, le soir venu, les portes sont soigneusement fermées. C'est que l'intérieur dissimule des **chefs-d'œuvre de peintures murales**, qui ont décidé les autorités à en faire un **musée**.

À l'origine, c'est une église à nef unique du XIIe s., à laquelle a été ajoutée au XIVe s. une nef parallèle. C'est par là que l'on entre dans l'église. nLes peintures de la partie la plus ancienne sont les plus intéressantes : elles ont été réalisées dans la première moitié du XIIe s., lorsqu'à Constantinople régnaient les Comnènes. C'est l'apogée du grand style byzantin. C'est aussi un hymne à Dieu et au pouvoir impérial.

Sous la coupole, le Christ Pantocrator (« Tout-Puissant ») est tout un programme. Ce n'est plus le dieu d'amour et de compassion, mais l'arbitre implacable du Jugement dernier. En attendant ce retour du Christ, c'est l'empereur qui règne en son nom sur la Création. Ainsi, le trône sur lequel repose le Livre du Jugement n'est autre que la représentation de celui du souverain dans son palais. Et le double cortège d'anges qui converge vers le trône est conduit par deux archanges portant l'habit officiel des huissiers de la cour de Constantinople. Sur le mur sud de la nef, la peinture byzantine sait aussi se faire plus gracieuse et pittoresque, comme inspirée par l'observation de la vie de tous les jours. Dans cet ensemble illustrant des épisodes de la vie de la Vierge, voyez ainsi la rencontre d'Anne et de Joachim – les parents de Marie –, s'embrassant tendrement sous le regard d'une servante postée à la fenêtre. Dans la scène de l'Annonciation, l'archange surprend Marie occupée à filer la laine. Dans la même veine, voyez les figures des bergers de la Nativité.

Le monastère Saint-André ✧

Apostolos Andreas

Carte p. 184-185 – À 140 km E. de Girne.

L'église de Saint-André fait peau neuve. Depuis 1974, le monastère s'affichait en résistant héroïque, îlot chrétien tout au bout de la péninsule du Karpas. Aujourd'hui, c'est un symbole de la coopération entre les deux

Golden Beach ›

communautés. Les **importants travaux de restauration** (5 millions d'euros) ont été financés, à part égale, par l'église chypriote et l'administration religieuse turque.

Cap Apostolos Andreas ✧

Carte p. 184-185 – À Zafer Burnu (5 km du monastère Saint-André).

Envie de découvrir la pointe orientale de Chypre ? Depuis le monastère, une piste facile conduit au cap, comme un doigt tendu vers l'Orient et la côte turco-syrienne, d'où sont arrivés les premiers occupants de l'île à l'époque préhistorique. Les archéologues y ont d'ailleurs trouvé les traces d'un habitat datant de 6000 avant notre ère. Le cap est prolongé d'un semis d'îlots rocheux, refuge de nombreux oiseaux de mer.

> Lire aussi le coup de cœur : Le cap Saint-André et le monastère Apostolos Andreas (p. 200).

Golden Beach ✧✧✧

Carte p. 184-185 – À 135 km E. de Girne

Magique. Exceptionnel. Inoubliable. Les mots manquent pour raconter celle qui est incontestablement **la plus belle plage de toute l'île**. Plusieurs kilomètres de sable fin, bordés d'un cordon de collines verdoyantes, sans aucune construction en vue, à l'exception de deux *guesthouses* qui ont eu la bonne idée de se fondre dans le paysage. On se trouve ici à l'intérieur de la zone protégée du parc naturel du Karpas. Vous pourrez vous installer au pied de l'une des deux *guesthouses*, si vous voulez profiter de leurs installations (transats, douches, toilettes...). Vous pourrez aussi vous écarter un peu – juste un peu – pour dénicher un coin isolé où étendre votre serviette. Une merveille ! Les **tortues de mer** adorent, elles aussi : elles viennent en nombre pondre leurs œufs dans le sable entre juillet et septembre.

Coup de cœur de l'auteur

LE CAP APOSTOLOS ANDREAS ET LE MONASTÈRE SAINT-ANDRÉ

Le monastère Apostolos Andreas

Une péninsule qui s'avance vers la mer comme un doigt pointant vers le nord-est, un lieu de pèlerinage qui rappelle celui de Notre-Dame de Lourdes, un monastère dont l'entrée est barrée par des ânes sauvages et des plages désertes baignées par des eaux cristallines... Voilà brossé, en quelques touches, le tableau du cap Saint-André, Apostolos Andréas pour les Chypriotes.

CAP AU NORD-EST

Direction le bout de la péninsule du Karpas, aussi connue sous le nom de Karpasia. Comptez trois heures de route depuis la capitale, un trajet qui traverse la plaine de Mesaoria, jadis grenier à blé de Chypre. Si la route surplombe la côte depuis un chemin de crête qui offre des points de vue impressionnants, prudence toutefois sur la dernière partie, un chemin de terre qui longe la péninsule par le sud.

La légende de saint André

C'est tout au bout de ce chemin, face à la mer et aux rochers déserts des îles Kleides qu'a été érigé le monastère Saint-André, un monument à forte valeur symbolique. C'est ici que l'apôtre André aurait fait naufrage alors qu'il s'en revenait de Terre sainte. Frappant le rocher, le saint en aurait fait jaillir une eau qui a depuis, dit-on, des pouvoirs de guérison sur les yeux. Et parce qu'André aurait rendu la vue au capitaine borgne de son bateau, le site est devenu, dès le début de notre ère, un lieu de pèlerinage.

En arrivant au monastère, faites attention aux ânes qui barrent la route ! Ils tentent d'en imposer, mais ne sont pas agressifs. Abandonnés sur place en 1974 par les fermiers fuyant la guerre, ils sont aujourd'hui redevenus sauvages.

Le monastère : patrimoine mondial de l'unesco

La partie la plus ancienne du monastère fortifié date du XIIe s. C'est là que le Byzantin Isaac Comnène aurait cédé l'île à Richard Cœur de Lion en 1191. La petite chapelle près de la rive a complété le site au XVe s. et l'église du monastère date de 1867. Les autres bâtiments ont été ajoutés plus récemment comme le dortoir prévu pour héberger les pèlerins de passage qui date de 1914. De nombreux récits de miracles légendaires circulent encore dans les mémoires des Chypriotes qui considèrent cet endroit comme un lieu saint, quelle que soit leur appartenance religieuse.

Site classé au patrimoine mondial de l'humanité de l'UNESCO, le monastère, après être resté trente ans à l'abandon, a bénéficié en 2003 d'un programme de restauration exceptionnel mené par des entreprises chypriotes, grecques et turques sous la supervision d'un programme des Nations unies.

Dans le bâtiment du XVe s., les fresques ont été restaurées et le monastère orthodoxe accueille à nouveau, le 30 novembre, les fidèles venus en pèlerinage de toute l'île.

IRRÉSISTIBLE BAIN DE MER

Après la visite, ne résistez pas à plonger dans les eaux cristallines qui entourent le cap. À 10 min à pied vers le nord vous attendent la plage de Zafer Burnu et son sable blanc et, sur la route du retour, à 5 min en voiture, s'étire la longue plage de sable doré de Big Sand Beach le long de laquelle vous êtes passés en arrivant.

15

FAMAGOUSTE et sa côte

Voici une excursion d'une journée à la découverte du passé de l'île. Au programme, les vestiges gothiques de la fabuleuse cité de Famagouste, qui surgissent au-dessus d'une paisible bourgade où il fait bon flâner, les ruines de la ville romaine de Salamine, et le monastère byzantin Saint-Barnabé et ses coupoles sous les palmiers. En prime, la possibilité d'une pause baignade au pied des ruines de Salamine.

La cathédrale Saint-Nicolas

L'ESSENTIEL

À ne pas manquer

La cathédrale Saint-Nicolas; la muraille de la ville dont la tour Othello; le site de Salamine qui cumule les superlatifs, plus ancienne capitale de l'île, plus impressionnant gymnase de l'Orient romain, plus grand théâtre romain de Chypre.

Les plus belles plages

Palm Beach avec ses eaux turquoise et son sable doré, l'une des plus belles plages de la côte, jadis appelée « la perle de Chypre ». La plage, en lisière de la ville fantôme de Varosha, coupée par une clôture de barbelés, reste magnifique.

Famagouste ✧✧✧

Amochostos / Gazimağusa

Pour les Grecs, c'est Ammochostos, pour les Turcs Gazimağusa. Pour les Francs, c'était le grand port de leur royaume et pour les Vénitiens, le dernier réduit à résister à la puissance ottomane. La ville succomba en 1571 après un interminable siège. Pendant près d'une année, Famagouste fut hachée menue par l'artillerie ennemie: seuls ont subsisté les édifices les plus solides et les églises, qui dressent aujourd'hui leurs ruines romantiques. Dans les petites maisons basses de la ville, dans les anciens entrepôts datant de l'époque britannique, cafés, boutiques et restaurants proposent autant de haltes au long de la promenade.

LA MURAILLE ✧✧✧

Il faut être motorisé pour faire le tour des formidables remparts de la ville: pas moins de 3 km de muraille, parfaitement conservés. N'attendez pas ici les hauts murs d'une citadelle médiévale: les progrès de l'artillerie étant passés par là, les Vénitiens ont bâti un mur relativement bas mais d'une épaisseur atteignant par endroits 15 m. C'était le meilleur dispositif pour résister aux boulets ennemis. En avancée du rempart, plusieurs bastions renforçaient la défense. Le plus bel exemple se trouve au nord-est du mur, le puissant **bastion Martinengo**, un des plus beaux exemples d'architecture militaire du XVIe s., dessiné par le Vénitien Michele Sanmicheli (1484-1559), à qui la ville de Zadar en Croatie doit également une partie de ses fortifications. On peut accéder à une petite portion du **chemin de ronde** par un escalier face à la porte de la Mer.

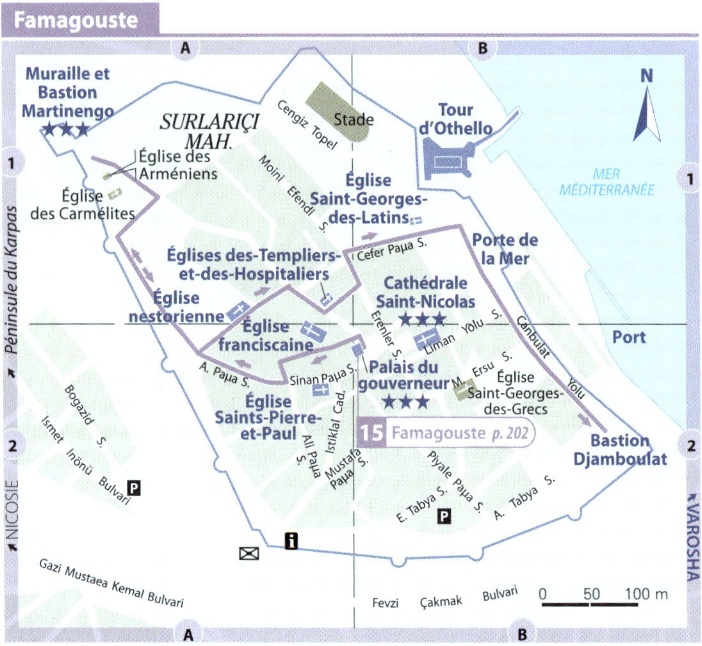

LA CATHÉDRALE SAINT-NICOLAS ✧✧✧

Lala Mustafa Pasha Mosque

Plan B2 – Du lever au coucher du soleil. Entrée libre.

C'est un morceau de France transplanté sous le soleil de l'Orient: une majestueuse cathédrale du plus beau gothique, construite à partir de 1300. Par sa taille, par son style, on peut la comparer à la cathédrale de Reims; par sa destination aussi: si les rois de Chypre étaient couronnés à Nicosie, c'est à Famagouste qu'ils recevaient la couronne de Jérusalem, un titre purement honorifique depuis la perte de la Ville sainte en 1189.

À gauche de la façade se dressent deux **colonnes antiques** provenant du site de Salamine. C'est ici qu'après la reddition de la ville, le gouverneur vénitien Bragadino fut attaché et écorché vif. Sa peau remplie de paille fut envoyée au sultan en guise de trophée. Du côté opposé, une **galerie médiévale** abrite aujourd'hui les **fontaines** destinées aux ablutions des fidèles. Après la prise de la ville, la cathédrale fut immédiatement transformée en mosquée: sur le côté de la façade aux deux tours caractéristiques de l'architecture gothique française se dresse, depuis, un **minaret** effilé dans le style ottoman. Ne cherchez pas le peuple de statues qui ornaient les trois porches de la façade: il a été systématiquement démantelé par les conquérants. Pour toute décoration reste la splendide **rosace** au-dessus du porche central.

Même pâleur à l'intérieur, dépouillé de peintures et d'ornementations.

Il n'en reste que la majesté des volumes, rythmée par deux rangées de piliers massifs, et le chœur baigné de lumière grâce à ses larges ouvertures. Les tapis de prière dissimulent de nombreuses **pierres tombales**: dans l'abside à gauche du chœur, l'une d'entre elles est visible, celle d'un évêque du XIVe s.

LE PALAIS DU GOUVERNEUR ✧✧✧

Plan B2.

Face à la cathédrale se trouve le seul témoin du **palais du provéditeur** (gouverneur) de la Sérénissime, pulvérisé par les bombardements. L'arc central est surmonté du blason du noble Vénitien, qui gouvernait l'île en 1552. Le palais était précédé d'une vaste cour, où le café voisin a poussé sa terrasse parmi les boulets et les fragments architecturaux qui lui servent de décoration.

Du côté gauche, des restes de constructions médiévales servirent au XIXe s. de résidence forcée à Namık Kemal, poète ottoman déporté à Chypre en 1873 par le sultan. Son ancienne geôle abrite un **petit musée** consacré à la mémoire de ce modernisateur de l'Empire ottoman, qui voulut concilier les idéaux des Lumières – il était francophone – et les traditions musulmanes. Quant au palais lui-même, il faut en chercher la trace dans le haut mur en équerre qui s'élève à une centaine de mètres plus à l'ouest et qui sert de parking.

L'ÉGLISE FRANCISCAINE

Plan A2.

Elle ne conserve qu'une de ses chapelles, avec les débris de son autel et de pierres tombales franques. Après la prise de la ville, elle fut en partie transformée en hammam.

L'ÉGLISE SAINTS-PIERRE-ET-PAUL

Sinan Pasha Mosque

Plan A2.

Elle doit son bon état de conservation extérieure à sa transformation ultérieure en mosquée; on voit encore la base du minaret à l'angle sud-ouest. Elle présente également du côté nord une belle porte ouvragée. Le bâtiment est fermé à la visite.

L'ÉGLISE NESTORIENNE

Plan A1.

Elle témoigne de la présence à Famagouste des communautés chrétiennes d'Orient. Pour leur opposition au dogme de la double nature du Christ, les nestoriens furent exclus de l'Église orthodoxe lors du concile d'Éphèse en 431. Ils trouvèrent refuge en Mésopotamie et, suivant la route de la soie, s'aventurèrent jusqu'en Chine, où une communauté nestorienne est attestée dans la capitale d'alors, Xian. Commerçants émérites, les nestoriens ne pouvaient qu'être présents à Famagouste, plaque tournante du commerce entre l'Orient et l'Europe. Leurs descendants constituent aujourd'hui la communauté assyro-chaldéenne d'Irak, dramatiquement menacée par les événements en Irak et en Syrie.

PAUSE

Aspava Restaurant & Bar

Un grand choix de délicieuses brochettes, de succulentes entrées dont un assortiment est servi gracieusement avec le plat principal, une agréable terrasse: la halte idéale à Famagouste.

> **Plan B1** – Liman Yolu, 19
(+90) 392 727 76 21.
Lun.-sam. 12h-minuit.
De 15 à 20 €

LES ÉGLISES DES TEMPLIERS ET DES HOSPITALIERS

Plan A1.

Ce sont deux sanctuaires accolés, aux allures de manoirs fortifiés. Vous y verrez encore le dispositif qui permettait d'accrocher les bannières de l'ordre. La chapelle des Templiers abrite un petit bar sympathique, nommé « De Molay » (☎ (+90) 392 727 76 21 ; t.l.j. 11h30-tard le soir), en l'honneur du dernier grand maître de l'ordre. L'occasion de pénétrer à l'intérieur de l'édifice, parfaitement conservé.

LA TOUR D'OTHELLO

Plan B1.

C'était l'ancienne forteresse franque, à un angle de la muraille, qui défendait tout à la fois le port et la ville. Réaménagée en bastion par les Vénitiens, cette construction massive conserve à l'intérieur une partie de son dispositif du XIVe s. Passé l'entrée gardée par le **lion de Venise** sculpté dans le marbre, on découvre un quadrilatère médiéval encadré de quatre tours. Une vaste salle dominée par des arcs gothiques servait de **salle de banquet**. Les murs, aujourd'hui nus, étaient alors tendus de précieuses tapisseries, et le sol recouvert de tapis et de peaux de bête.

Un escalier conduit à la **terrasse**, d'où l'on découvre une belle vue : d'un côté la ville, avec en premier plan le beau chevet gothique de l'**église Saint-Georges-des-Latins**, et de l'autre l'ancien port au pied de la muraille. En cas d'attaque, le bassin était fermé par une lourde chaîne accrochée à deux blocs de rochers, toujours visibles. La tradition a nommé la forteresse en l'honneur du héros de Shakespeare. Le drame se déroule à Famagouste et met aux prises son gouverneur maure, Othello, avec les affres de la jalousie. Trompé par son serviteur Iago, il est convaincu que son épouse, la belle Desdémone, lui est infidèle. Il l'empoisonne, puis, apprenant la traîtrise de Iago, se plonge une lame dans le cœur. *« She was chaste, she loved you, cruel Moor. »*

CULTURE

Conseil littéraire

Au café de la ville perdue d'Anaïs Llobet est un roman qui saura éclairer le voyageur de façon vivante et très imagée sur l'histoire de la cité de Varosha. Cette station balnéaire au sud de Famagouste qui fut une mini Saint-Tropez dans les années 1960 et 1970 et où se croisaient les stars de cinéma est interdite d'accès par l'armée turque depuis 1974, à l'abandon, entourée de barbelés. L'auteur y brosse le destin d'une famille comme tant d'autres ballottée à travers les aléas de l'histoire d'une île meurtrie dont le présent est suspendu et l'avenir est plein d'inconnu.

LE BASTION DJAMBOULAT

Plan A1 – T.l.j. 8h-15h30. Entrée : 1,40 € environ.

C'était l'arsenal de la citadelle vénitienne et, lors du siège, l'un des objectifs principaux des assaillants. Pour le défendre, les Vénitiens avaient imaginé une machine infernale, une roue garnie de lames acérées qui déchiquetaient quiconque tentait de forcer le passage. Un officier ottoman, Djamboulat Pacha, voyant ses hommes se faire tailler un à un en pièces, enfourcha son cheval et se lança contre le piège. Il perdit la vie dans cet assaut, mais son corps et celui de sa monture mirent hors d'usage le terrible dispositif vénitien. Après la prise de la ville, Djamboulat fut inhumé dans le bastion. L'édifice abrite une **petite exposition** consacrée à la prise de Famagouste. C'est aussi l'occasion de monter jusqu'au **chemin de ronde**, que l'on découvre par les vitres du kiosque moderne planté sur la terrasse.

^ Statues romaines sur le site de Salamine

LA VILLE FANTÔME DE VAROSHA

Hors pl. par B2 – Suivre la direction « Byzantine Museum » (en fait l'ancienne cathédrale de Famagouste).

Il y a un autre témoin des drames de l'histoire. Plus récent celui-là : la ville de Varosha. Jusqu'en 1974, c'était la principale station balnéaire de l'île. Lors de l'invasion turque, ses habitants ont fui, laissant derrière eux leurs maisons et leurs biens. Depuis, à l'exception de l'armée turque et du personnel de l'ONU, **personne n'a le droit de franchir la barrière de barbelés qui l'entoure et qui s'avance jusque dans la mer**. Depuis l'ancienne cathédrale, une rue longe la ville fantôme, qui reste un enjeu dans les négociations entre les deux parties. Contrairement au reste du nord de l'île, où l'essentiel des biens grecs a été saisi, ici, maisons et hôtels restent théoriquement la propriété de leurs anciens occupants.

Seules les **tortues de mer** ont tiré avantage de la situation. Depuis plus de quatre décennies, elles viennent pondre sur la longue plage de sable, en toute tranquillité.

PAUSE

Après la visite de Salamine, vous pourrez vous délasser sur la sympathique **terrasse du Bedi's Beach Bar** à l'entrée du site et même profiter de la **jolie petite plage** en contrebas.

Salamine ✧✧

Carte p. 184-185 – À 10 km N de Famagouste. T.l.j. 8h30-14h. Entrée : 1,80 € environ.

Capitale de Chypre jusqu'au IVe s. avant notre ère, Salamine resta une brillante cité à l'époque romaine. C'est là que débarqua saint Paul dans son premier voyage missionnaire. Il était accompagné de Barnabé, sans doute natif de l'île et dont le tombeau se trouve à quelques kilomètres de là, dans l'ancien monastère qui porte son nom.

LE GYMNASE ✧✧

C'est l'un des plus impressionnants édifices de ce type dans l'Orient romain, lieux privilégiés de la sociabilité antique. Sur un vaste espace bordé d'une colonnade évoluaient les jeunes sportifs de la ville. Sous le portique subsistent des **vestiges de pavement** en *opus sectile*, interrompus par endroits de dalles portant des inscriptions, chrétiennes pour certaines, témoins de réaménagements ultérieurs. À un angle de la cour (côté g. en entrant), vous verrez les **latrines publiques**, où les usagers, installés côte à côte, pouvaient poursuivre leur conversation. Du côté opposé, de hauts murs signalent les **thermes** : le portique qui les précède était bordé de part et d'autre de bassins. Ces luxueux bains publics étaient constitués de trois salles perpendiculaires à la colonnade. Celle du centre, la principale, desservait, de part et d'autre, les bains. Côté colonnade, vous verrez encore les larges baignoires. En explorant les lieux, vous découvrirez des vestiges de **peintures murales** et de **mosaïques** sous la voûte d'une salle de l'aile droite.

˅ Les ruines de Salamine

LE THÉÂTRE ROMAIN

Dégagé en 1959, il a été entre-temps entièrement restauré. C'est **le plus grand théâtre romain de Chypre** : il pouvait accueillir 15 000 spectateurs (7 000 à Kourion). On peut grimper jusqu'au sommet des gradins, pour imaginer le mur de scène aujourd'hui disparu ou les naumachies qui y étaient organisées au IIIe s. Le goût du drame et de la comédie s'étant alors perdu, le théâtre fut aménagé pour accueillir ces jeux nautiques au cours desquels s'affrontaient des gladiateurs.

LES RUINES DE LA VILLE

Depuis le théâtre, vous pourrez partir à la découverte des vestiges de la ville. Rien de spectaculaire, mais une **agréable promenade ombragée** d'eucalyptus et fleurie de mimosa au printemps. Des panneaux explicatifs permettent de se repérer et d'identifier les vestiges croisés en chemin. La partie la plus évocatrice se trouve à proximité immédiate du théâtre : c'est l'**ancien marché aux poissons**, où sont encore en place les six étals où les marchands présentaient leurs produits. Vous découvrirez également l'**ancienne muraille byzantine** : la ville s'était alors considérablement rétractée par rapport à son âge d'or antique. Elle fut détruite lors d'un raid arabe en 648.

Le monastère Saint-Barnabé

Apostolos Varnavas

Carte p. 184-185 – À 6 km S-O de Salamine. T.l.j. 9h-17h (19h mai-sept.). Entrée : 1,40 € environ.

Un bosquet d'arbres dans la plaine, deux coupoles qui se hissent au-dessus de murs chaulés de blanc : c'est le monastère Saint-Barnabé qui, jusqu'en 1974, abritait un célèbre atelier de peinture d'icônes. Les moines entretenaient également la tombe de Barnabé : au Ve siècle, le compagnon de saint Paul apparut à l'archevêque de Chypre et lui indiqua le lieu de sa sépulture. Ce miracle fut bien utile : il permit au prélat d'obtenir de l'empereur byzantin le privilège de l'autonomie. Déjà, les ecclésiastiques de Chypre défendaient l'indépendance de leur île.

La ferveur religieuse qui entoure le lieu lui a valu une parure architecturale toujours renouvelée : si une première église fut construite sans doute dès la fin du Ve s., l'édifice actuel, une **basilique à deux coupoles**, où sont exposées quelques icônes des XIXe et XXe s., remonte au XVIIIe s. Privé aujourd'hui de sa vocation religieuse, le monastère abrite un **petit musée archéologique** où sont présentées diverses pièces provenant des environs ; quelques céramiques des périodes archaïque et géométrique retiennent plus particulièrement l'attention. Parmi elles, un **vase bichrome** orné de la figure d'un guerrier décochant une flèche.

La **tombe du saint** se trouve à 200 m de l'entrée, à la limite de l'ancienne nécropole de Salamine. Sous une construction moderne, vous pourrez descendre dans une **fosse creusée dans la roche**, à l'image des sépultures hellénistiques découvertes dans les environs par les archéologues. Les fidèles de passage y entretiennent la flamme qui vacille dans l'obscurité.

16

MORPHOU (Güzelyurt) et ses environs

L'ouest de Kyrénia offre la possibilité d'une jolie promenade d'une journée. La baie de Morphou – la « Belle » en grec – est ourlée de milliers d'hectares de vergers plantés d'orangers, dont les fleurs embaument au printemps. Moins séduisant en revanche apparaît le littoral de Morphou, une bande de fin gravier qui sert surtout de dépotoir aux déchets agricoles.

Église Ayios Mamas

L'ESSENTIEL

À ne pas manquer
Le site archéologique de Soli; celui de Vouni.

La plus belle plage
Aspava beach à 3 min à pied de la basilique de Soli.

L'église Ayios Mamas ✧✧

Carte p. 184-185 – À Güzelyurt (Morphou), 54 km O de Girne. Mars-oct.: t.l.j. 8h-18h; nov.-fév.: t.l.j. 8h-15h30. Entrée: 1,40 € environ. Les billets sont à retirer au musée, bâtiment blanc qui domine la cour de l'église.

En lisière de la grosse bourgade agricole de Güzelyurt, sans grand intérêt, une haute coupole annonce l'église, dont la construction remonte à la fin du Moyen Âge. Elle occupe le centre d'un ancien complexe monastique. Si la coupole date d'agrandissements du XVIIIe s., l'intérieur conserve de nombreux éléments de ses origines: les colonnes de la nef, la châsse (à g.) abritant les reliques de saint Mamas, ainsi que les porches nord et sud. Typiquement grecque en revanche, l'iconostase, avec ses montants en bois doré sculptés à la fin du XVIe s.: en s'approchant, on découvre une foule de détails, dauphins, griffons ou aigles au milieu des motifs végétaux. Les icônes sont plus récentes.

LA CHÂSSE DU SAINT

Dès avant l'arrivée des Francs, on vénérait la mémoire de saint Mamas, un ermite qui avait choisi Morphou pour retraite. Le saint homme refusait obstinément de payer l'impôt. Des soldats se saisirent de lui pour le conduire à Nicosie. En chemin surgit un lion, qui se coucha docilement devant Mamas. L'ermite l'enfourcha comme si c'était une mule, et c'est sur le dos de l'animal qu'il entra à Nicosie. Une remise d'impôt lui fut octroyée sur-le-champ. La châsse qui enferme ses reliques est une belle réalisation du gothique flamboyant, avec son arc ouvragé au-dessus du sarcophage. Celui-ci, en marbre, est plus ancien et date de l'époque

^ Intérieur de l'église Ayios Mamas

byzantine. Dans la châsse, vous remarquerez deux orifices ménagés selon une coutume répandue de la chrétienté orientale : ils permettent de verser de l'huile sanctifiée par son passage sur les reliques. Les visiteurs grecs ne dérogent pas à la tradition.

LE MUSÉE ✧

Deux raisons de pousser la porte de ce petit musée. La première est une **statue d'Artémis**, découverte en 1980 au large de Salamine. Loin d'être la gracieuse Diane chasseresse des Romains, cette Artémis se présente telle qu'était vénérée cette divinité d'origine orientale dans son principal sanctuaire d'Éphèse (Turquie) : une vierge nourricière et polymaste, c'est-à-dire aux nombreuses mamelles. L'autre point fort du musée est le produit des fouilles à Soli en 2005-2006 : de **somptueux bijoux en or**, trouvés dans sept tombes datant des périodes classique et hellénistique (Ve-IIIe s. avant notre ère). Le diadème présenté au centre de la salle est une pure merveille.

Soli ✧

Carte p. 184-185 – À 71 km O de Girne.
T.l.j. 8h-15h30, jusqu'à 18h de mars à oct.
Entrée : 1,40 € environ.

Un théâtre et une basilique : ce sont les vestiges les plus importants de cette cité antique, la capitale d'un des dix royaumes de Chypre au Ier millénaire avant notre ère. Le sage Solon, le créateur des institutions démocratiques athéniennes, y est mort en exil vers 558 av. J.-C. et lui a légué son nom. La ville s'étendait au-delà de ces deux édifices : ses quartiers s'étiraient jusqu'à la mer, où était aménagé un port. Rien n'en subsiste : les pierres de la ville antique ont été chargées à pleins bateaux au XIXe s. pour servir de matériaux de construction aux quais de Port-Saïd (Égypte).

La basilique ✧

Protégées par un auvent moderne, ses ruines laissent encore bien deviner le plan de cet édifice monumental du Ve s. : cinq larges nefs, précédées d'un porche et d'un atrium. Au sol subsistent des traces importantes de mosaïques : le plus beau panneau représente un paon majestueux, accompagné d'une inscription en grec. La ville a été détruite par les Arabes au VIIe s. Le site a connu une nouvelle occupation dans les siècles suivants : en témoigne la petite église construite au XIIe s. sur une partie seulement de la basilique antique.

Le théâtre ✧✧

En suivant un petit chemin partant de la basilique, on parvient en 10 min de marche au théâtre antique. Construit au Ier s. de notre ère, il a été dégagé dans les années 1930 par une équipe d'archéologues suédois. Depuis, ses gradins ont été entièrement restaurés. Vous découvrirez une large vue sur la côte avec, au premier plan, les installations portuaires aménagées au début du XXe s. pour le chargement du minerai de cuivre.

PAUSE

Aspava Beach Restaurant

Excellent restaurant de poisson, avec sa terrasse les pieds dans l'eau. On peut également profiter de la petite plage voisine.

> Yedigalga (entre Soli et Vouni) ☎ (+90) 392 727 76 21. T.l.j. 9h-minuit. De 15 à 20 €

Vouni ✧✧

Carte p. 184-185 – À 12 km O de Soli et 83 km de Girne. T.l.j. 8h-15h30 (18h mars-oct.). Entrée : 1,40 € environ.

Les anciens savaient choisir l'emplacement de leurs villes. Celui de Vouni est spectaculaire : une haute colline dressée au-dessus de la mer. La vue que l'on découvre de là-haut compense largement les petits frissons occasionnés par l'ascension en voiture de l'étroite route en surplomb menant au sommet. Au milieu de l'odorante végétation du maquis, on découvre les **vestiges d'un palais** édifié vers 500 av. notre ère.

On accède tout d'abord à une esplanade bordée de vastes remises. Au-delà, un long vestibule conduit à l'intérieur du palais. On y reconnaît une cour bordée d'un portique sous lequel ouvraient les pièces d'habitation. Avec un peu d'attention, on peut reconnaître les vestiges d'un bain ainsi que les traces du four des cuisines.

Vestige du palais de Vouni

TOUT SAVOIR SUR...

_'histoire

LA GASTRONOMIE,

.A RELIGION

LA CULTURE...

Vous voulez en savoir plus sur l'histoire de Chypre, connaître les secrets de ses traditions, goûter au meilleur de sa gastronomie ou découvrir son incroyable diversité naturelle ? Ces pages sont faites pour répondre à vos questions et à bien d'autres...

SOMMAIRE

HISTOIRE

LES DATES QUI ONT FAIT L'HISTOIRE CHYPRIOTE

^ Site de Salamine

«Il vaut mieux, pour Chypre, s'en tenir à la poésie qu'à l'histoire», écrivait Chateaubriand, tant il est vrai que l'île d'Aphrodite, où l'Antiquité a situé ses cultes les plus charmants, n'a pas été épargnée par les guerres. Tous les grands conquérants rêvèrent un jour de prendre Chypre et lancèrent leurs vaisseaux contre ses rivages. Perses et Égyptiens, Romains et Arabes, croisés et mamelouks, Génois et Vénitiens, Ottomans et Anglais, Turcs, enfin, depuis 1974.

Quatre mille ans d'histoire

Les plus récentes investigations archéologiques ont repoussé les premières traces d'occupation humaine à Chypre au IXe millénaire avant notre ère: une communauté d'éleveurs-chasseurs se serait établie sur le promontoire d'Akrotiri, sur la côte sud de l'île. Après une longue période durant laquelle l'île semble être restée inoccupée, une nouvelle culture éclot au VIe millénaire, dont le site de Khirokitia est l'illustration la plus spectaculaire.

Chypre possède une riche histoire au Néolithique et surtout au chalcolithique (voir p. 233): très influencée par les cultures syrienne et palestinienne, Chypre se trouvait alors au **centre des échanges de la Méditerranée orientale** et entrait dans le même temps dans l'aire culturelle grecque. En effet, au XVIIIe s. av. J.-C., la riche civilisation crétoise y établit ses premiers comptoirs commerciaux.

La première empreinte hellénique

Du XVe au XIIe s. av. J.-C., les rapports avec la Grèce continentale se firent plus étroits. Durant cette période, l'île se couvrit de nouvelles villes, qu'ont révélées les sites de **Kition** et d'**Engomi**, près de Famagouste. Les archéologues y ont mis au jour de grands cratères ornés de chars, de motifs d'oiseaux et de poissons ou des bronzes superbes. Parmi eux, le célèbre **dieu cornu** (au musée de Nicosie).

Puis vint le temps de la colonisation grecque : chassés par les invasions successives qui déferlaient sur la péninsule, les premiers Achéens s'installèrent dans l'île vers le XIIe s. av. J.-C., alors que la Méditerranée orientale était ravagée par le passage de mystérieux envahisseurs que les Égyptiens appelèrent les « Peuples de la Mer ». L'hellénisation dura un siècle, au terme duquel furent créés une dizaine de royaumes. Malgré leurs constantes rivalités, ils assurèrent à Chypre une période de grande prospérité, qui dura jusqu'au VIIIe s av. J.-C.

De 707 à 333 av. J.-C., Chypre fut ballottée dans le tourbillon qui remua l'hellénisme pendant près de quatre siècles. Les **Assyriens** s'emparèrent les premiers de Chypre ; ils y restèrent jusqu'en 650 av. J.-C. Après quatre-vingts ans d'indépendance où resplendirent les feux d'une brillante civilisation, ce fut au tour d'un pharaon d'Égypte, **Amasis**, de mettre la main sur des richesses trop convoitées (570-546 av. J.-C.). L'aristocratie chypriote choisit alors de faire appel aux **Perses** pour chasser l'Africain.

De 546 à 333 av. J.-C., les satrapes des rois de Perse maintinrent les royaumes de Chypre dans une semi-dépendance dont ne parvinrent à se libérer ni le général athénien **Cimon** (450 av. J.-C.) ni le glorieux roi **Évagoras**, qui échoua face aux Perses dans sa tentative d'unifier les royaumes grecs. C'est en 350 av. J.-C. que les rois chypriotes se révoltèrent contre le joug perse, dont ils s'affranchirent vingt ans plus tard, en unissant leurs forces à celles d'**Alexandre**. La grande cité de ce temps se nommait **Salamine** (dont le site était occupé depuis le XIe s. av. J.-C.) et fut jusqu'à l'époque romaine le **centre artistique et commercial** le plus important de l'île. La salle des trésors de Salamine, au musée de Nicosie, offre un aperçu de sa splendeur. Quant au site, il se trouve au nord de l'île, non loin de Famagouste.

D'Alexandrie à Byzance

À la mort d'Alexandre, l'île échut en partage à l'un des généraux du jeune conquérant, **Ptolémée**. Il fonda en Égypte une dynastie grecque dont la dernière représentante fut la célèbre Cléopâtre. Chypre participa alors à la brillante culture d'Alexandrie, capitale culturelle du monde grec, dont la bibliothèque rivalisait en prestige avec le phare, l'une des sept merveilles du monde antique. Durant cette époque, Chypre vit naître, vers 335 avant notre ère, le fondateur du stoïcisme, **Zénon de Citium**.

Chypre romaine

Tombée sous la **domination romaine** en 58 av. J.-C., dépouillée de ses richesses qui partaient garnir les coffres romains, l'île devint alors un lieu de villégiature des plus agréables, vanté par **Cicéron**, qui en fut gouverneur, dans une lettre à son successeur. En somme, Chypre était déjà une destination touristique ! Pour l'agrément des Romains, de **somptueuses villas** furent édifiées – ainsi celles de **Paphos**, dont les splendides mosaïques ont été mises au jour à partir de 1965 par une mission polonaise. Un **théâtre** fut élevé à **Kourion** à la même époque.

Christianisation

C'est sous le règne d'Auguste que **saint Paul et saint Barnabé** – ce dernier étant natif de l'île – abordèrent les rivages de Chypre pour propager la foi nouvelle. L'un des premiers convertis fut le proconsul romain Sergius Paulus, et l'île devint la première terre au monde à avoir un gouvernement chrétien.

Au cours des quatre siècles qui suivirent, la vitalité de l'Église chypriote consacra une dizaine d'évêchés à travers le pays, sous l'autorité de l'**archevêque de Salamine**. La ville prit ensuite le nom de Constantia en l'honneur de l'empereur Constance II et devint la capitale chrétienne de l'île. Soucieuse de son autonomie à l'égard du patriarcat d'Antioche, l'Église tenta de faire reconnaître son indépendance dès le **concile d'Éphèse** (431). Celle-ci ne lui fut accordée que cinquante ans plus tard. Les prérogatives de l'archevêché furent confirmées par l'empereur Zénon, lequel accorda à **Anthémios**, qui occupait alors le trône épiscopal, les privilèges impériaux: la chape de pourpre, le sceptre, le droit de signer à l'encre de cinabre, symboles d'indépendance que conservera jalousement **Mgr Makarios**, dernier représentant d'une longue lignée de prélats soucieux de l'intégrité de leurs territoires (p. 222).

Sous tutelle byzantine

Désormais province de l'Empire d'Orient, Chypre prospéra au cours des siècles sous la tutelle byzantine, en dépit des razzias des Arabes, qui dévastèrent l'île 24 fois en l'espace de trois siècles. L'avènement de l'empereur **Nicéphore II Phocas** (963-969) endigua définitivement les incursions musulmanes, rendant à Chypre paix et prospérité.

Pendant deux siècles, l'île se couvrit de **monastères** (tels celui de Kykko ou celui de Machairas, p. 101 et 120), tandis qu'à proximité des cités détruites par les invasions surgirent de nouvelles villes: Limassol, près d'Amathonte, Leucosie (Nicosie), au centre de l'île, sur l'emplacement de l'antique Lédra, Ammokhostos, la future Famagouste des Francs, près de Constantia. Enfin, Larnaca remplaça la vieille cité de Kition.

Chypre franque

Au printemps 1191, une violente tempête jeta **Richard Cœur de Lion**, parti reconquérir Jérusalem à la tête de la troisième croisade, sur les côtes de Limassol. Il ne fallut qu'un mois au roi d'Angleterre pour capturer Isaac Comnène, le gouverneur byzantin, et se rendre maître de l'île, dont il fit immédiatement don aux **Templiers**. La poigne de fer des moines-soldats réussit en peu de temps à dresser unanimement la population contre ces nouveaux occupants, qui ne tardèrent pas à rendre au roi un cadeau décidément embarrassant.

Guy de Lusignan et les luttes de succession au trône de Jérusalem

En 1185 mourait Baudouin IV, le jeune roi lépreux de Jérusalem. Il laissait un royaume tiraillé entre les ambitions des barons francs et une sœur, Sibylle, héritière du trône. Après la mort d'un premier mari, la jeune femme s'amouracha d'un chevalier qui venait de débarquer en Terre sainte. C'était Guy, cadet de la famille des Lusignan, comtes de la Marche et du Poitou. En 1186, Sibylle fut couronnée au Saint-Sépulcre de Jérusalem. Elle remit aussitôt sa couronne sur la tête de son bel époux. Ce même Guy de Lusignan conduisit la plus formidable armée réunie par les Francs à la rencontre des troupes de Saladin. Ce fut le désastre de Hattin (4 juillet 1187) où périt la fine fleur de la chevalerie franque. Guy resta prisonnier de Saladin pendant deux ans. Finalement libéré, Guy de Lusignan fut remis en selle par l'arrivée en Terre sainte de Richard Cœur de Lion: le roi d'Angleterre entendait en faire son candidat sur le trône de Jérusalem, vacant depuis la mort de Sibylle, en octobre 1190. Mais, devant l'hostilité des barons francs, il abandonna son poulain, non sans lui avoir remis, à titre de compensation, le trône de Chypre en 1192. Ainsi fut fondée la dynastie poitevine qui régna sur l'île jusqu'en 1489, lorsque Catherine Cornaro dut céder son fief à la République de Venise.

Souverains d'importation, les Lusignan eurent à cœur de défendre l'indépendance de Chypre, notamment face à l'empereur germanique Frédéric II qui, en 1228, tenta en vain de s'emparer de l'île.

L'apogée des Lusignan

Cette noblesse féodale et française reçut Saint Louis avec faste lors de son passage à Chypre en 1248. Mais c'est avec la chute de Saint-Jean-d'Acre (1291), dernière possession des croisés en Terre sainte, que la Chypre franque connut son apogée. Le **port de Famagouste** joua alors un rôle prépondérant dans une région où les ambitions latines ne s'étaient pas tues, tandis que l'île servait de refuge à de nombreux barons chassés de Palestine.

Saint-Hilarion

Le pays se couvrit de monuments somptueux, et l'on découvre encore aujourd'hui à Chypre de pures **cathédrales de style champenois** des XIIIe et XIVe s., comme celles de Nicosie (p. 66) et de Famagouste (p. 203), construites dans cette belle pierre ocre dont l'île regorge. Toutes deux se trouvent aujourd'hui en territoire occupé. Il en est de même pour les **châteaux forts** les plus imposants, ceux de Saint-Hilarion (p. 192), de Buffavento (p. 194) et de Kantara (p. 197), et pour le splendide monastère de Bellapaïs (p. 190), célèbre pour son cloître du XIVe s., et surtout pour son réfectoire, l'un des mieux conservés de la chrétienté médiévale d'Orient. Le seul vestige franc de taille dans le sud-ouest de Chypre est le monumental donjon de Kolossi, à quelques kilomètres de Limassol (p. 174). Tandis que la noblesse française couvrait de ses châteaux et cathédrales le littoral et les plaines chypriotes, l'**hellénisme orthodoxe**, hostile à la papauté depuis le schisme de 1054, se réfugiait dans de modestes chapelles perdues dans les montagnes. Ainsi, pendant les trois siècles que dura le royaume poitevin (1192-1489), Grecs et Francs vécurent séparés, unis seulement lorsqu'il fallut défendre la souveraineté de l'île contre les envahisseurs étrangers. Toutefois, les fresques qui habillent les murs des églises byzantines révèlent ici et là l'influence de l'esthétique occidentale, de même que les peintures des églises franques ont emprunté au somptueux art byzantin, comme on peut le voir dans la chapelle royale de Pyrga (p. 62).

Pierre Ier (1359-1369), roi-chevalier d'une autre époque, tenta de ressusciter un esprit de croisade qui s'essoufflait. Il pilla le port d'Alexandrie, s'attirant le ressentiment tenace des Génois, dont les affaires dans le port égyptien étaient florissantes.

^ Lion ailé, emblème de Venise, sur la promenade de Larnaca

Aussi, sous le règne de son fils **Pierre II** (1369-1382), une escadre de la République italienne vint-elle mouiller devant Famagouste, dont elle occupa le fort, avant de piller Nicosie.

À la mort du roi, le connétable Jacques, qui devait lui succéder, était aux mains des Génois ; il ne put retrouver son trône qu'en leur cédant définitivement Famagouste.

Son fils, **Janus Ier** (1398-1432), puis **Jean II** (1432-1458) et **Jacques le Bâtard** (1460-1473), les souverains suivants, jouèrent le jeu dangereux des alliances avec le plus offrant : les mamelouks d'Égypte, les Byzantins, les Vénitiens. Ces derniers finissant par asseoir leur autorité pour de bon...

Venise et la menace ottomane

Pendant près d'un siècle, de 1484 à 1571, l'île fut aux mains de **gouverneurs vénitiens**, tel Cristoforo Moro, l'Othello de Shakespeare, qui y fut nommé en 1505, et Catherine Cornaro, la dernière reine de Chypre. Joyau de l'empire colonial de Venise, Chypre était aussi l'un des derniers bastions de l'Occident latin face à l'irrésistible expansion ottomane. Après avoir mis fin à l'existence de l'Empire byzantin par la prise de Constantinople en 1453, les Turcs étendaient au XVIe s. leur hégémonie de la Perse aux frontières de Vienne, devant laquelle ils campèrent en 1529. À leur tête se trouvait le sultan le plus déterminé auquel la chrétienté eût à faire face : **Soliman le Magnifique** (1520-1566). Après les Balkans, il avait soumis la Syrie et l'Égypte et s'employait alors à réduire les dernières places fortes chrétiennes en Méditerranée orientale : Rhodes tomba en 1522, Chio en 1566, Naxos en 1567.

Enserrée dans un étau de plus en plus étouffant, Chypre se couvrit de forteresses : Famagouste s'entoura de remparts admirables, œuvre de Michele Sanmicheli. Mais, en 1570, le sultan **Sélim II** exigea la cession de Chypre. Devant le refus du sénat, les Turcs prirent Larnaca, et Nicosie fut conquise le 9 septembre 1570, après 42 jours de siège. Trois jours durant, la ville fut livrée au **pillage** : massacre des hommes valides, vente des enfants comme esclaves, rapt des femmes, qui enrichirent les harems des pachas. En Occident, l'émotion était à son comble. Le pape Pie V appela à une nouvelle croisade et Ronsard écrivit son poème, ***Vœu à Vénus***, pour garder Chypre de l'armée du Turc : « Idalienne,

Amathonte, Érycine, défend des Turcs Chypre ton beau séjour. » En vain! Au printemps 1571, Famagouste fut assiégée par un formidable appareil de guerre: 8 000 défenseurs, commandés par le général **Marcantonio Bragadino**, opposèrent sans espoir de secours une résistance héroïque qui coûta la vie à 50 000 assaillants. Contraint de livrer la ville et assuré d'une reddition honorable, Bragadino fut traîtreusement capturé par **Lala Mustapha Pacha**, le général ottoman, qui faillit à sa parole en le faisant écorcher vif après lui avoir infligé les plus ignobles supplices. Émue par le martyre de son héroïque gouverneur, Venise s'employa à racheter la dépouille du vaillant capitaine, qui repose aujourd'hui à San Giovanni e Paolo, le Panthéon vénitien.

Malgré l'écrasante victoire de Lépante quelques mois plus tard, où la flotte ottomane fut anéantie par les navires de la Sainte Ligue, c'en était fait de la présence chrétienne en Orient. Seule la Crète devait encore résister près d'un siècle aux assauts musulmans.

Ottomane pendant trois siècles

Comme si l'histoire s'était figée pendant trois cents ans, Chypre connut le sort d'une **province ottomane**, assoupie dans un immobilisme qui devait être fatal à l'Empire. Quelque 160 000 Grecs étaient contrôlés par 20 000 soldats turcs qui s'installèrent dès la conquête. Lors de la soumission à la Sublime Porte, les quelques Latins survivants s'étaient massivement convertis à l'islam, soucieux de préserver une situation privilégiée qu'ils n'entendaient pas abandonner.

En dépit des **révoltes épisodiques,** il fallut un traité pour que la Turquie fût dépossédée de Chypre au profit de la Grande-Bretagne.

En 1821, au moment où la Grèce continentale se soulevait pour secouer le joug turc, l'archevêque de Chypre et le clergé brandirent à leur tour l'étendard de la révolte. Alors que la Grèce, soutenue par les nations européennes, obtenait son indépendance après huit années de luttes féroces, la tentative chypriote se termina rapidement dans un bain de sang: l'ethnarque et trois évêques eurent la tête tranchée, de même que 400 dignitaires ecclésiastiques ou notables de l'île.

Un siècle britannique

Athènes aurait pu, en 1915, acquérir l'île: la Grande-Bretagne avait promis le rattachement de Chypre à la mère patrie à condition que cette dernière intervînt dans la guerre aux côtés de l'Entente.

ES DROGMANS

Le système ottoman reconnaissait une personnalité juridique aux « nations » *(milet)* non musulmanes qui vivaient dans les frontières de l'Empire. Chacune possédait auprès de la cour impériale un représentant officiel, archevêque pour les Grecs orthodoxes, grand rabbin pour les juifs, etc. En plus des compétences juridiques qui leur étaient accordées dans le domaine civil, ces représentants étaient les garants du paiement de l'impôt dû par leur communauté parce que non musulmane. C'est l'origine de l'institution des drogmans *(glossaire, p. 239)*, qui servirent de représentants de leur communauté auprès des autorités ottomanes. Leur fonction de fermier des impôts leur permit d'accumuler des richesses considérables. Leur position restait néanmoins précaire. Le drogman Hadjigeorgakis, après avoir servi une trentaine d'années et amassé une belle fortune, finit décapité dans une geôle de Constantinople.

Le gouvernement grec déclina cette offre pour l'accepter deux ans plus tard, mais elle ne fut pas renouvelée. Devenue en 1914 possession britannique, puis colonie de la Grande-Bretagne en 1925, l'île fut dotée d'un gouverneur qui remplaça le haut-commissaire, assisté d'un conseil exécutif où la représentation grecque restait minoritaire. En 1931, excédée de ne pas atteindre son objectif d'**enosis** (union politique avec la Grèce), la **population chypriote se souleva** contre les forces anglaises, allant jusqu'à brûler les palais officiels. Londres instaura alors un **régime d'exception**, exilant évêques, notables et députés, emprisonnant les autres, supprimant les seules élections auxquelles participaient les autochtones et concentrant tous les pouvoirs entre les mains du gouverneur.

Lors de l'éclatement de la Seconde Guerre mondiale, 20000 Chypriotes combattirent l'ennemi commun sous l'uniforme britannique. Mais Chypre, qui aurait bien mérité la reconnaissance de Londres, se retrouva colonie britannique à l'issue de la guerre.

La lutte pour l'indépendance

En 1950, l'Église chypriote organisa, sous l'autorité de l'archevêque Mgr Makarios III, un référendum sur le rattachement à la Grèce. Le résultat fut édifiant: sur 224757 votants, 215108 – soit 95,7% – se prononcèrent en faveur de **l'enosis**. Ce vote, considéré comme n'ayant aucune valeur juridique, constitua l'argument décisif de la **lutte pour l'indépendance**. Monté sur le trône épiscopal le 20 octobre 1950, **Mgr Makarios III** allait devenir le chef de file d'une revendication à laquelle il conféra une dimension internationale.

L'archevêque Makarios: figure de la lutte indépendantiste

Après la tentative infructueuse du maréchal Papagos, Premier ministre grec, de porter l'affaire devant les Nations unies, commença **une guerre qui devait durer cinq ans**. Le général Grivas, natif de l'île, prit la tête de l'**organisation indépendantiste EOKA** (Organisation nationale des combattants chypriotes) et organisa des corps francs pour entretenir la lutte contre l'occupant britannique, qui dut mobiliser jusqu'à 30000 hommes lorsque les combats atteignirent leur paroxysme. Chypre prit l'aspect d'un immense camp militaire, et l'état d'exception de 1931 fut à nouveau en vigueur.

Londres décida alors d'envoyer un gouverneur à poigne, le **maréchal Harding**, avec pour double mission de maintenir l'ordre et d'entamer des négociations avec les représentants chypriotes. Mais les pourparlers entre Makarios et Harding tournèrent court, au désavantage de l'archevêque, qui fut **exilé aux Seychelles en 1956**. L'affaire était d'autant plus délicate qu'elle mettait aux prises deux membres de l'Alliance atlantique, la Grèce et la Turquie, qui entendaient défendre les intérêts de leurs communautés respectives; le statu quo avait ainsi l'immense avantage de geler les rivalités entre deux alliés stratégiques des États-Unis.

Après les propositions britanniques de partager l'île en deux territoires, l'un grec, l'autre turc – sinistre préfiguration de la situation actuelle –, les autorités américaines firent pression pour obtenir une solution, mais il ne pouvait plus être question **d'enosis**, qui aurait trop profondément lésé les intérêts de l'allié turc.

MRG MAKARIOS

Il naît le 13 août 1913 à Pano Panayia, sous le nom de Michaël Mouskos. Il fait ses études primaires au monastère de Kykko puis est envoyé au lycée de Nicosie, avant de suivre les cours de théologie de la faculté d'Athènes. Après avoir participé à la lutte contre l'occupant allemand, il est ordonné prêtre à la fin de la guerre et part aux États-Unis étudier la théologie et la sociologie à l'université de Boston. C'est là qu'il apprend sa nomination à la chaire épiscopale de Kourion. Il est alors âgé de 32 ans. Rentré au pays, Makarios retrouve son peuple face à l'occupant britannique, qui refuse d'abandonner cette parcelle d'Empire. Il reprend tout naturellement le flambeau d'une longue tradition qui a fait des prêtres et des prélats orthodoxes les champions du nationalisme grec. L'arme de Makarios est le verbe. Il devient le symbole de la revendication nationale des Grecs chypriotes.

^ Statue de Mgr Makarios

Les **accords de Zurich**, signés le 11 février 1959, consacrèrent donc l'indépendance d'un nouvel État: la République de Chypre. Mgr Makarios, accueilli triomphalement à son retour d'exil le 1er mars, s'attela immédiatement à la constitution d'un **gouvernement gréco-turc**, dans le cadre d'une période transitoire qui vit son élection à la présidence de la République, en décembre 1959.

La République de Chypre

Le **16 août 1960, l'indépendance de Chypre** fut officiellement proclamée, et l'Union Jack fut remplacé sur les bâtiments officiels par le drapeau du nouvel État: une île jaune sur fond blanc entourée de deux rameaux d'olivier. Pour la première fois depuis près de dix siècles, Chypre était rendue à ses habitants, à l'exception de deux bases militaires (Akrotiri et Dhékélia), qui demeuraient sous souveraineté britannique.

Mgr Makarios, élu par trois fois à la présidence de la jeune République (1960, 1968, 1973), s'attacha à maintenir son État à l'écart des grands blocs, flirtant avec le mouvement des non-alignés. Cette volonté farouche d'indépendance et son hostilité déclarée à la dictature des colonels à Athènes sont la cause de son renversement par un coup d'État d'extrême droite en 1974, et du tragique enchaînement des événements qui aboutit à la partition de l'île. Ayant survécu au bombardement de son palais en 1974, Makarios reprit les rênes de l'État, réduit désormais à la partie grecque, jusqu'à sa mort en 1977.

Drapeau turc, Nicosie-Nord >

L'ÎLE DÉCHIRÉE

Dès les premières années d'indépendance, obtenue en 1959, des nuages lourds de menace obscurcissent l'avenir de la jeune République chypriote. En 1974, l'orage éclate : l'île est divisée, les communautés séparées.

Une douloureuse histoire contemporaine

Le 11 février 1959, les accords de Zurich accouchèrent d'un véritable monstre juridique : la Constitution dont fut doté le nouvel État prévoyait qu'un **président grec** serait assisté d'un **vice-président turc**, élus par leurs communautés respectives. Au Parlement, dans l'administration, dans l'armée, les représentations grecque et turque étaient strictement proportionnées. Ajoutons la présence de **deux garnisons étrangères**, dépêchées par Athènes et Ankara, qui, avec Londres, étaient garantes de l'application d'accords que le gouvernement chypriote n'avait pas le droit de modifier, et l'on comprendra que les Anglais avaient laissé derrière eux une véritable poudrière.

C'est précisément à la suite d'une proposition de réforme constitutionnelle de Mgr Makarios au Dr Küçük, porte-parole des Turcs chypriotes, qu'éclatèrent les premières **dissensions, en décembre 1963**. Après un incident mineur à Nicosie, les minarets de la capitale se hérissèrent de nids de mitrailleuses, tandis que dans les quartiers turcs paradaient les hommes valides, armés selon toute vraisemblance par la garnison turque stationnée dans l'île. Les tensions intercommunautaires prirent un tour si dramatique que les Nations unies décidèrent l'envoi d'un contingent pour prendre de vitesse le Premier ministre turc Inönü, qui menaçait d'intervenir militairement pour « défendre la Constitution chypriote », comme les accords de 1960 lui en donnaient la possibilité. Cela n'empêcha pas les avions de la chasse turque de survoler Nicosie à deux reprises, mesure d'intimidation qui réaffirmait de manière prémonitoire l'intérêt vital qu'Ankara portait à Chypre.

Les événements de 1974

Le putsch d'Athènes du 21 avril 1967 précipita les événements. Entre le régime autoritaire et atlantiste des colonels et le non-alignement sourcilleux de Mgr Makarios, il n'y avait guère de place pour le dialogue. Espérant souder autour de l'idée nationale une population de plus en plus rétive au régime, Athènes entreprit de susciter des troubles à Chypre et commença à comploter contre l'ethnarque en s'appuyant sur la garnison grecque cantonnée dans l'île.

Ces menées subversives aboutirent au **coup d'État du 15 juillet 1974**, perpétré par l'armée grecque et l'extrême droite chypriote.

Un temps donné pour mort, Mgr Makarios parvint à s'échapper de son palais bombardé. **Nikos Sampson**, journaliste et homme de main d'extrême droite, fut nommé président. Les forces d'Ankara, qui jugeaient menacés les intérêts de la communauté turque, débarquèrent sur l'île quelques jours plus tard et établirent une tête de pont à Kyrénia.

Le 24 juillet, à Athènes, exaspérée par l'ampleur du désastre qui s'annonçait, la population grecque mit fin à sept ans de dictature. **Constantin Caramanlis** rentrait triomphalement d'exil, et la démocratie était rétablie. En même temps, à Nicosie, s'écroulait le régime fantoche instauré moins d'une semaine plus tôt. Le jour même, des négociations anglo-gréco-turques s'ouvraient à Londres mais, encouragée par le silence approbateur du Département d'État américain, la Turquie décida de passer à la seconde phase de son plan : l'**occupation militaire** d'une partie de l'île, dans la plus grande indifférence des soldats britanniques stationnés dans les bases militaires sur le sol chypriote pour en garantir l'intégrité.

Le nord de Chypre : zone turque

Les forces turques se déployèrent à partir de Kyrénia, atteignant Nicosie, que l'aviation bombarda à plusieurs reprises. En deux jours, la moitié de Nicosie et tout le nord de Chypre, soit 37 % du territoire, la partie la plus riche de l'île, étaient sous contrôle turc. Pour plus de 200 000 Grecs, installés dans des territoires désormais occupés, commença alors un terrible **exode vers le sud** et l'arrivée dans des campements de fortune. Dans cette fuite éperdue, 1619 personnes sont encore aujourd'hui portées disparues. Certaines pourraient avoir été détenues dans des prisons turques, à Chypre ou sur le continent.

La **partition** est aujourd'hui un état de fait, de chaque côté d'une «**ligne verte**» qui partage Nicosie en son centre et que gardent les forces des Nations unies. Au sud, un État chypriote indépendant, représenté dans toutes les instances internationales; au nord, un État fédéré turc, proclamé le 15 novembre 1983: la Turquie, qui y a envoyé quelque 120000 colons anatoliens et y entretient 45000 hommes de troupe, est seule à le reconnaître à ce jour.

Une population dynamique

Les événements de 1974 ont rendu difficile l'**évaluation de la population** de la partie nord de Chypre; le chiffre avancé de 200 000 habitants comprend en effet de nombreux colons anatoliens arrivés dans l'île après 1974, les Chypriotes turcs ne comptant que pour environ 80000 habitants. Les dernières statistiques font état de 855000 habitants pour la seule partie sud. Comme dans tous les pays industrialisés, la tendance est à l'abandon des campagnes: près de 70% de la population est aujourd'hui citadine et il n'est pas rare de traverser des villages vides de toute population active. Avec 11,1‰, le **taux de natalité**, longtemps élevé, a rejoint celui des pays industrialisés (en France, 11,4‰) et l'**espérance de vie** est comparable à celle des pays de l'Union européenne: 84,7 ans pour les femmes, 80,3 ans pour les hommes (en France 85 ans et 78,9 ans). L'**éducation** – 30,5% de la population chypriote a moins de 25 ans – est l'une des préoccupation majeures du gouvernement et le taux d'analphabétisme est insignifiant.

Douée pour le commerce, l'industrie, les professions libérales ou l'agriculture, la population grecque a résisté aux coups de boutoir de l'armée turque. Elle a su, en particulier, trouver une solution au problème des réfugiés, qui ont laissé derrière eux maisons et ressources: plus de 200000 personnes (c'est-à-dire plus d'un quart de la population totale) ont été progressivement intégrées à l'économie du pays, et les camps de toile des réfugiés ne sont plus aujourd'hui qu'un mauvais souvenir. Outre l'aide internationale, le rôle de l'**Église autocéphale** a été une fois de plus déterminant: riche de ses nombreuses propriétés foncières – elle détient également près de 20 % des parts de la société Keo, qui produit l'incontournable bière locale –, celle-ci a démontré qu'elle demeurait le ciment de son peuple.

Des espoirs déçus

Avec l'ouverture du passage interzone en avril 2003, Chypre pensait avoir fait un premier pas dans le processus de réunification de l'île: dans les jours qui ont suivi, près de 200 000 personnes – un Chypriote sur quatre – ont profité de cette liberté nouvelle pour aller voir, de l'autre côté, les biens qu'ils avaient dû abandonner. Quelques mois plus tôt, d'immenses manifestations dans la partie nord avaient réuni près de 30 000 Chypriotes turcs réclamant la fin de la partition, soit un sixième de la population de la zone. Cette impressionnante mobilisation populaire n'a pas empêché Rauf Denktash, le vieux leader de la communauté turque, de faire capoter, en mars 2003, les négociations conduites par les deux parties sous l'égide de l'Onu autour du plan avancé par Kofi Annan, secrétaire général de l'organisation internationale, qui proposait une cantonalisation du pays, à la manière suisse. Le parti de Denktash, opposé à une réunification, réussissait même, aux élections législatives de décembre 2003, à conserver la moitié des sièges au Parlement. Le 24 avril 2004, la proposition d'État binational avancée par l'Onu est soumise à référendum dans les deux secteurs de l'île. Mais le projet est repoussé par les Grecs. Le 1er mai, Chypre intègre l'Union européenne. Dès son élection en 2008, le président Demetris Christofias (à qui a succédé Nikos Anastasiades à l'issu de la présidentielle de 2013) a tendu la main à la communauté turque. En dépit de rencontres entre les deux parties et de collaborations ponctuelles (dans la gestion des infrastructures de Nicosie par exemple), la perspective de réunification est toujours un sujet de tensions.

Une réunification problématique

L'entrée dans l'Union européenne d'une Chypre divisée crée une situation inextricable : un membre de l'Union voit en effet une partie de son territoire occupée par les forces armées d'un État lui-même candidat à l'adhésion. Une fois de plus dans sa longue histoire, le sort de la petite île échappe à ses habitants pour devenir un enjeu international.

La réunification poserait cependant son lot de problèmes. Divisée depuis près de quarante ans, l'île voit ses deux parties séparées par un gouffre économique et social : un PIB six fois plus important au sud qu'au nord (p. 228), où l'économie chancelante est soutenue à bout de bras par Ankara. Seul secteur florissant au nord, les activités illégales. En effet, de nombreux mafieux recherchés ont trouvé refuge dans ce petit territoire non reconnu par les instances internationales et y poursuivent leurs fructueux trafics. D'autre part se pose la question de l'indemnisation des populations grecques reconnues par les instances internationales comme spoliées de leurs biens : commerces, exploitations agricoles, maisons familiales, dont des ressortissants étrangers (anglo-saxons pour la plupart) ont pu faire l'acquisition. Reste aussi en suspens le sort des colons anatoliens attirés au nord par les autorités d'Ankara, et dont le nombre dépasse à l'heure actuelle celui de la population turque autochtone. Les pourparlers de réunification tenus à Crans-Montana (Suisse) en juillet 2017, entre le président chypriote Nikos Anastasiades et le dirigeant chypriote turc Mustafa Akinci, sous l'égide des Nations unies, ont échoué. L'opportunité historique de réunification a achoppé sur le refus d'Ankara de retirer ses soldats du nord de l'île, un préalable non négociable pour la République de Chypre.

Le 12 février 2013, l'ex-chef de la diplomatie Nikos Christodoulides a été élu président de Chypre. Sa position sur la réunification de l'île et la reprise des pourparlers avec la Turquie était l'un des points clés de sa campagne électorale.

⌄ Ligne verte à Lefkosia

ÉCONOMIE

^ Limassol, ville dynamique et écologique

CHYPRE CONTEMPORAINE

En 2010, à la suite de la crise financière grecque, les banques chypriotes, très engagées en Grèce, se sont retrouvées à cours de liquidités. L'intervention massive de l'Union européenne et du FMI a permis d'éviter la faillite. Les mesures d'austérité imposées par les créanciers – gel des salaires, diminution des dépenses publiques, confiscation de l'épargne des particuliers de plus de 100 000 euros – ont entraîné une augmentation du chômage et une réduction de l'activité économique. Pourtant, après plusieurs années de récession, l'économie a renoué avec la croissance (3,4 % en 2017).

Des débuts difficiles

À l'indépendance, en 1960, la République chypriote présentait tous les indices d'un pays en voie de développement: 46 % de la population était employée dans l'agriculture, tandis que l'industrie et le secteur tertiaire étaient insignifiants. De plus, la partition du pays l'a privée de la plupart de ses richesses agricoles (79 % des citronniers, 68 % des céréales, 100 % du tabac, 47 % du bétail), d'importantes installations industrielles (30 %), mais aussi de ressources commerciales – Famagouste étant le principal port de l'île – et touristiques (65 % de la capacité hôtelière). En moins de trois décennies, Chypre est parvenu a rejoindre le peloton des pays membres de l'UE; à la veille de la crise, le PIB par habitant à Chypre se hissait à 98 % de la moyenne des 27 pays membres de l'Union de l'époque. Au nord, la richesse nationale par habitant est inférieure d'un tiers.

Une agriculture de qualité

Grâce à l'irrigation – depuis 1982, le gouvernement a mis en œuvre un programme de barrages qui a multiplié par cinq les retenues d'eau –, les revenus agricoles se maintiennent, et les exportations se développent: pomme de terre, pamplemousse, citron, raisin de table. Après un long déclin, la production traditionnelle de caroube connaît un nouvel essor. La viticulture occupe 10% de la surface agricole: plusieurs dizaines de cépages sont utilisés, autochtones ou importés, pour une production qui s'est aujourd'hui modernisée. Le fleuron de la viticulture chypriote reste la koumandaria, un vin doux bénéficiant d'une origine contrôlée: seuls quatorze villages de l'est du Troodos bénéficient de l'appellation (p. 181).

Une industrie diversifiée

Le cuivre est exploité depuis le IIIe millénaire av. J.-C., et l'industrie minière a largement contribué au développement de l'île de 1930 à 1970. Mais les plus riches gisements se sont épuisés, et le secteur marque désormais le pas. Reste l'exploitation de la bentonite (1,6% des exportations), une argile utilisée dans la construction (étanchéité, géothermie) et... dans les litières pour chats. La prospérité des cimenteries est liée à celle des industries du bâtiment, villas de tourisme et complexes hôteliers. Le secteur de l'industrie pharmaceutique est en plein essor: les médicaments, essentiellement génériques, constituent la première exportation chypriote. Dans les années 2000, ont été repérés d'importants gisements gaziers sous-marins au large de Chypre. De premiers forages prometteurs en 2011 laissent augurer une fructueuse source de revenus dans les décennies à venir. Toutefois, ces futures ressources sont perçues par Ankara comme une spoliation des droits des Chypriotes turcs sur les ressources naturelles de l'île.

Des échanges déficitaires

Le volume des exportations reste cependant modeste. La production industrielle chypriote est concurrencée par celle des pays émergents et ne parvient pas à combler le déficit de la balance commerciale. Les importations de biens de consommation courante et d'équipements sont dopées par les besoins de plus de deux millions de touristes qui séjournent dans l'île chaque année. Ce déficit commercial est comblé par les apports en devises de la marine marchande, la troisième en Europe pour le tonnage après la Grèce et Malte. De ce point de vue, l'interdiction faite par les autorités d'Ankara aux bâtiments battant pavillon chypriote de mouiller dans les ports turcs est une sévère mesure de rétorsion. Mais c'est surtout sur le secteur des services (86,5% du PIB) que s'appuie la prospérité chypriote. Après la disparition de Beyrouth comme place financière régionale et internationale depuis la guerre civile entre 1975 et 1990, le gouvernement de Nicosie s'est efforcé d'attirer les capitaux étrangers. Une part importante de ceux-ci provient de l'ancienne Union soviétique, notamment depuis l'embargo sur les armes imposé à Chypre par les États-Unis en 1987. Cet embargo a été levé le 17 septembre 2022, la donne stratégique ayant évolué avec le conflit russo-ukrainien.

Le tourisme, domaine privilégié

Le secteur touristique, qui avait été amputé des deux tiers de ses capacités d'accueil en 1974, a fait preuve d'un dynamisme remarquable (12% du PIB en 2016). Avec 3,2 millions de visiteurs en 2016, c'est la principale source de revenus en devises.

MYTHOLOGIE

APHRODITE, BELLE ENTRE TOUTES

La déesse née sur les rivages de Chypre était volage; il est vrai que son époux Héphaïstos, ce nain aux jambes torses, dieu du Feu et du Métal, n'avait rien pour inspirer l'amour. Aphrodite séduisit de nombreux dieux de l'Olympe: Arès, qui lui donna deux fils (elle avait aussi une fille, Harmonie), Éros et Antéros, mais aussi Hermès, Dionysos et Poséidon. Elle enflamma également le cœur de mortels comme Anchise. De leur union naquit Énée, l'ancêtre des Julii, dont Jules César prétendait descendre. Elle subjugua encore Pâris, le héros troyen, qui, parce qu'il lui avait donné la célèbre pomme d'or, reçut l'amour d'Hélène: la guerre de Troie allait commencer.

La pomme de discorde

Furieuse de n'avoir pas été conviée aux noces de Thétis et Pélée, auxquelles assistaient tous les dieux, Éris, la déesse de la Discorde, jeta entre les convives une pomme d'or, la «pomme de discorde», sur laquelle on pouvait lire ces mots: «À la plus belle». Athéna, Héra et Aphrodite en appelèrent au jugement de Pâris, devant lequel elles se présentèrent toutes trois dans l'éclat de leur nudité. Le jeune Troyen se prononça pour Aphrodite, s'attirant ainsi la rancune tenace d'Athéna et d'Héra, qui soutinrent ses ennemis lors de la guerre de Troie.

Pour l'amour d'Adonis

La plus belle histoire, qui se déroula sur l'île, est celle de l'amour qui unit Aphrodite à Adonis. Le bel Adonis était le fruit des amours incestueuses de Cyniras, roi de Chypre, et de sa fille Myrrha, qui fut changée en arbre – celui qui porte encore son nom. Recueilli par Aphrodite, l'enfant fut confié à Perséphone, la reine des Enfers. Comme la déesse qui descendit aux Enfers pour retrouver son bien-aimé «confisqué» par le prince des ténèbres, dans l'épopée de Gilgamesh (l'un des mythes les plus anciens de l'humanité, d'origine sumérienne), Aphrodite descendit

Mosaïque, sanctuaire d'Aphrodite ›

au royaume de Perséphone, qui, séduite, refusa de lui rendre le jeune homme. Il fallut l'intervention de Zeus, qui décida de partager l'année d'Adonis en trois saisons : l'une appartiendrait à Perséphone, une autre à Aphrodite, et, pendant la dernière, le jeune mortel serait libre de son choix. Mais le tiers de l'année était encore trop pour Arès, l'amant jaloux de la belle Aphrodite. Il envoya un sanglier qui, d'un coup de défense, blessa mortellement le jeune adolescent à l'aine.

Voici l'un des mythes les plus clairs de l'Antiquité : Adonis y devient le symbole de la nature, qui, chaque année, meurt avant de renaître. Le culte du couple divin que formaient Aphrodite et Adonis se répandit par la suite dans tout l'Empire romain, où la déesse fut assimilée à l'Astarté syrienne et à l'Isis égyptienne. Chaque année, en juillet, se tenaient les fêtes des adonies, où l'on représentait Aphrodite remontant des Enfers en compagnie d'Adonis.

Le mythe d'Aphrodite fut repris par les gnostiques chrétiens : l'amour de la déesse pour Adonis symbolisait à leurs yeux celui de l'incarnation pour l'âme. Ainsi, dans les campagnes de Chypre, le culte d'Aphrodite fut-il peu à peu remplacé par celui de la Vierge, tandis que celui du Christ se substituait à celui d'Adonis.

Aphrodite en images

Déesse de la Fertilité, elle est souvent représentée entourée de fruits à pépins, tels que pommes, grenades ou pavots. On la voit aussi en compagnie de cygnes, de colombes et de pigeons, symboles de la félicité conjugale.

Aujourd'hui, la « déesse nationale » de Chypre est omniprésente dans l'île : elle sert d'enseigne à d'innombrables magasins, restaurants, hôtels, et vante les mérites d'un vin (un cru demi-sec de la cave Keo) comme ceux d'une célèbre marque de loukoums.

PATRIMOINE

CHYPRE AVANT LES HELLÈNES

Par sa situation géographique aux confins de la Méditerranée orientale, Chypre ne pouvait échapper à son rôle de relais entre Orient et Occident. De l'Anatolie, elle reçut, outre sans doute ses premières populations, des innovations techniques majeures ainsi que le goût de la fantaisie ornementale. Elle accueillit également le très ancien culte de la Déesse mère, qui allait gagner l'Occident sous les traits gracieux de la charmante Aphrodite.

^ Les tombeaux des rois

Néolithique ancien précéramique

Les plus anciens habitants de Chypre vivaient dans de gros villages, comme ceux dont les vestiges ont été mis au jour à **Khirokitia** (p. 60). Dans leur jargon, les archéologues les nomment Étéo-chypriotes, et l'époque, le **néolithique ancien précéramique**. Il n'y avait pas de poterie en effet dans ces âges lointains (VIe millénaire avant notre ère), mais un très bel outillage de pierre, des coupes, des jarres ainsi que des idoles en forme de disque. Leur vaisselle est en pierre polie, décorée de motifs géométriques. Leurs parures de bijoux, en obsidienne et cornaline – deux pierres inconnues à Chypre –, témoignent d'un sens esthétique certain et surtout prouvent que des courants d'échanges existaient entre l'île et l'Asie Mineure. Quant aux représentations anthropomorphes, elles se limitent à des silhouettes esquissées sur des galets ou à des formes géométriques stylisées et les morts étaient enterrés sous le sol des habitations.

Néolithique récent (4500-3800 av. J.-C.)

Il faut attendre le **néolithique récent** (précédé d'une longue période intermédiaire sur laquelle la lumière n'a pas encore été faite) pour voir apparaître la première **poterie**. Le site de Sotira, près de Limassol, en a laissé de superbes vestiges: des poteries dites *combed ware*, décorées d'ondulations dessinées comme avec un peigne (d'où leur nom, qui signifie «céramique peignée»).

Chalcolithique (3800-2300 av. J.-C.)

L'âge du cuivre, le chalcolithique, mis en évidence dans des sites sur la côte ouest de l'île, amorce une évolution décisive: la poterie fait son apparition, avec des motifs rouges sur fond blanc, ainsi que la production de métal – c'est de cette époque que date le plus ancien objet en cuivre de Chypre. Des figurines en forme de croix sont façonnées dans l'argile, bras tendus et genoux repliés, parmi lesquelles de très nombreuses femmes en train d'accoucher. C'est donc une brillante civilisation – laquelle doit sans doute beaucoup aux colons venus d'Anatolie et de la côte syrienne arrivés sur l'île vers 3000 av. J.-C. – qui laisse à Chypre ses plus belles réalisations: les **grands vases blancs décorés à l'ocre rouge de motifs floraux stylisés** et les idoles en forme de croix à voir au musée de Nicosie (p. 84).

Révolution à l'âge du bronze (2300-1050 av. J.-C.)

À l'âge du bronze, innovations technologiques et importations d'Anatolie déterminent une période de prospérité. De véritables centres urbains se créent, où les artisans fabriquent une céramique abondante. Dans les premiers siècles, elle reste exclusivement utilitaire – bols, amphores, jarres atteignant parfois 1,50 m de haut – et se caractérise par un engobe poli rouge foncé au décor incisé.

La découverte et l'exploitation de riches mines de cuivre firent de l'**âge du bronze** l'étape la plus originale de l'art chypriote. Vers 2000 av. J.-C. apparaissent les motifs peints, noirs sur fond blanc, tandis que les formes se diversifient, sans doute sous l'influence orientale. C'est à cette période qu'appartient l'enclos de Vounous. Ce site a livré notamment de petits enclos d'argile représentant des sanctuaires en plein air où fidèles et bovins prêts pour le sacrifice sont stylisés avec une remarquable fraîcheur. Ces représentations d'animaux fantastiques, d'idoles en forme de planche ou de figures féminines témoignent d'une grande inventivité, que l'on retrouve également dans des bronzes, comme le célèbre **dieu cornu** d'Engomi (XIIe s.).

L'apport mycénien

Le XIVe s. avant notre ère marque le début de relations très étroites avec le monde mycénien. L'île est même inondée de céramiques mycéniennes, importées de Grèce continentale par les marchands de l'île: elles représentent près de 50 % des dépôts funéraires dans les tombeaux de cette époque mis au jour par les archéologues. Chypre occupe alors le centre d'un vaste réseau d'échanges qui s'étend jusqu'en Égypte, comme le prouvent les centaines de vases chypriotes que l'on y a retrouvés et, inversement, les objets d'origine égyptienne (scarabées, ivoires) ou encore hittite découverts dans l'île. Le passage des peuples de la mer au XIIe s. av. J.-C. bouleversera cet équilibre et se soldera par l'arrivée, à la fin du XIe s. av. J.-C., des premiers Grecs, et par l'hellénisation de Chypre.

^ L'iconostase, église Saint-Lazare à Larnaca

L'ÉGLISE BYZANTINE

Entrer dans une église byzantine, c'est pénétrer au cœur des conceptions théologiques de l'Église orthodoxe. Chaque détail de l'architecture et de la décoration répond à des canons précis et revêt une signification particulière.

Basiliques et églises à plan carré

On distingue **deux types d'églises** byzantines. Les églises à **plan basilical**, couvertes de bois et voûtées, connurent un regain de faveur au IXe s., après la période iconoclaste, où les empereurs de Byzance, influencés sans doute par l'islam, avaient interdit les images. Le second type d'église, est de loin le plus fréquent : des **sanctuaires cubiques**, entièrement voûtés et couronnés par une **coupole centrale,** parfois entourée de coupoles secondaires. Le modèle en est l'église Sainte-Sophie de Constantinople, érigée au VIe s., mais réduit à de plus modestes proportions. Les choix architecturaux l'imposaient : si une coupole de 3 ou 4 m de diamètre est facilement réalisable, construire plus grand réclame en revanche les compétences d'un architecte de génie. De plus, ces églises servaient à des communautés plutôt réduites, villages ou monastères.

Le plan des églises est immuable, considéré par les théologiens comme une image de l'univers. La coupole figure le ciel – le cercle était en outre associé à la divinité dans la tradition néoplatonicienne – et les murs symbolisent la Terre. Point de formidables envolées vers le ciel ni de tensions architecturales apparentes comme dans les églises d'Occident, mais l'image stable et apaisée de l'éternité de l'univers.

La liturgie

La liturgie byzantine est tout entière centrée sur le mystère de l'eucharistie. Aux yeux des théologiens byzantins, la célébration de l'eucharistie est la réunion symbolique du peuple de Dieu dans son ensemble. Les participants à un office, si peu nombreux soient-ils, offrent la représentation de toute la chrétienté, réunie sous une coupole elle-même représentation de la Création. Il ne peut ainsi y avoir, le même jour, deux offices sur le même autel ou un prêtre qui célèbre deux messes. Les fidèles se tiennent sous la coupole (les offices durent au moins deux heures et sont entièrement psalmaudiés). L'autel, toujours scellé dans le dallage, prend place dans l'abside, orientée à l'est. Entre les deux, un mur d'images, l'iconostase. L'abside centrale est flanquée de deux absidioles : celle de gauche *(prothésis)* sert à la préparation des offrandes, celle de droite *(diakonikon)* est utilisée pour remiser le calice entre les cérémonies.

La décoration des églises

Sous la coupole centrale prend place le Christ Pantocrator (Tout-Puissant). Les murs latéraux accueillent les principaux épisodes de la vie de Marie et de Jésus avec une fonstion pédagogique. Saints, prélats et Pères de l'Église y trouvent aussi chacun leur place. Marie, symbole de l'Incarnation, est toujours représentée dans la conque de l'abside, puisqu'elle représente le lien entre la Terre et le ciel.

L'église bizantine d'Ayia Paraskévi à Yéroskipou

LE CULTE DES ICÔNES

Les icônes les plus anciennes (fort rares, elles datent des Ve et VIe s.) ont été très inspirées par les portraits du Fayoum en Égypte. Placés sur le visage du défunt, ceux-ci remplaçaient les masques funéraires de la tradition pharaonique.

Une technique immuable

La technique de la peinture d'icônes répond à des règles très strictes, codifiées dès le Xe s. Il faut d'abord recouvrir le support (une planche de bois parfois revêtue d'une toile) d'un enduit blanc composé de poudre de plâtre et de colle. Les couleurs sont ensuite délayées dans de l'eau additionnée de jaune d'œuf et d'huile de lin. Lorsque la peinture est achevée, on passe enfin un vernis à base d'huile.

C'est après la crise iconoclaste (aux VIIIe et IXe s., lorsque les empereurs de Byzance interdisent toute représentation humaine) que le rôle et la place de l'icône dans la liturgie orthodoxe sont définitivement fixés.

Une foi simple et spectaculaire

Plus qu'une simple peinture, une icône est un objet de piété et de culte. Plus qu'un portrait, elle est *habitée* par le saint qu'elle représente : selon la conception orthodoxe, les saints demeurent en effet présents dans le monde, en mission parmi nous. Lorsque leurs devoirs les entraînent au loin, c'est à force de prières ferventes qu'ils réintègrent leur demeure.

Les icônes ont leur vie propre : certaines voyagent, saignent, parlent ; d'autres exsudent des huiles parfumées, ou encore possèdent des pouvoirs miraculeux, guérisseurs le plus souvent. Les plus recherchées passent pour avoir été exécutées de la main même de saint Luc, premier peintre d'icônes selon la tradition byzantine.
L'une d'elles, exposée dans l'église du monastère de Kykko (p. 101), conserve une *riza*, un revêtement d'orfèvrerie qui recouvre d'ordinaire les icônes les plus précieuses.

Vierge Eleoussa (XIVe siècle) › au musée d'Art bizantin de Pedoulas

GLOSSAIRE

^ Fresque (XIIe-XVe s.), monastère Ayios Néophytos

Abside : espace semi-circulaire (ou polygonal) entourant le chœur d'une église.

Absidiole : petite chapelle arrondie de l'abside, du chevet (extrémité extérieure) ou du transept (corps transversal qui sépare la nef du chœur, formant les bras de la croix) d'une église.

Achéens : nom générique donné aux peuplades indo-européennes qui s'installèrent en Grèce vers le début du IIe millénaire av. J.-C. Ils envahirent Chypre du XVe au XIIe s. av. J.-C.

Amphore : gros vase pansu à anses verticales symétriques et col rétréci, destiné à la conservation ou au transport des denrées alimentaires (huile, vin...).

Ayios, ayia, ayii : saint, sainte, saints.

Cella : salle centrale d'un temple et chambre de la divinité.

Chapiteau : élément élargi, au sommet d'une colonne, d'un pilier ou d'un pilastre (saillie rectangulaire d'un mur), qui supporte l'architrave ou directement l'arc. On distingue trois ordres grecs – dorique, ionique et corinthien – régissant la construction et le décor. Chaque niveau d'élévation comporte le soubassement, le support (colonne ou pilier avec son chapiteau) et l'entablement, supportant le toit.

Christ Pantocrator: Christ tout-puissant, bénissant, représenté en buste sur la coupole des églises.

Ciborium: baldaquin à colonnes au-dessus d'un autel ou d'un tombeau.

Coupole: élément architectural de forme hémisphérique, parfois surhaussé d'un tambour, qui recouvre la salle d'un édifice. Le passage du plan carré au plan circulaire se fait à l'aide de triangles de maçonnerie courbes (système à pendentifs). La coupole est caractéristique des églises byzantines.

Cratère: gros vase à anses et à large ouverture servant au mélange d'eau et de vin.

Croix grecque: croix à quatre branches égales. Dans les églises à plan en croix grecque inscrite, le centre du sanctuaire est surmonté d'une coupole.

Dôme: habillage extérieur de la coupole.

Dorique: ordre architectural apparu au VIIe s. av. J.-C. *(voir également Chapiteau).*

Drogman: mot d'origine arabe signifiant «interprète». Dans les régions sous domination ottomane, représentant d'une communauté auprès des autorités ottomanes chargé de collecter les impôts (p. 221).

Fresque: peinture murale réalisée à l'aide de pigments minéraux délayés dans l'eau sur une couche de mortier frais à laquelle ces pigments s'incorporent.

Hadji : qualificatif respectueux que l'on ajoute au nom d'un musulman qui a effectué un pèlerinage à La Mecque. Sous la domination turque, ce terme s'est étendu aux chrétiens ayant effectué leur pèlerinage à Jérusalem.

Icône: image du Christ, de la Vierge ou des saints peinte sur bois, ivoire ou métal et vénérée dans la religion orthodoxe.

Iconostase: dans toutes les églises orthodoxes, cloison séparant la nef du sanctuaire où le prêtre s'isole pour célébrer l'eucharistie. Elle est ornée d'icônes disposées de part et d'autre de la porte centrale dans un ordre immuable.

Kouros, korê: statue archaïque de jeune homme ou de jeune fille.

Larnax: coffret, urne funéraire.

Narthex: vestibule précédant la nef où se tenaient les croyants en cours d'instruction avant le baptême (parfois précédé d'un exonarthex, vestibule extérieur).

Nef: partie de l'église qui s'étend de la façade au chœur; à l'avant de la nef se trouve le narthex.

Ogive: arc diagonal de renfort destiné à faciliter la construction d'une voûte et à augmenter sa résistance.

Pacha: gouverneur régional de l'Empire ottoman.

Panayia: la «Toute Sainte». Désigne la Vierge Marie. À ce terme est souvent ajoutée, chez les Grecs orthodoxes, une épithète indiquant une qualité (*Eleousa*, «compatissante», ou une origine géographique, *Trooditissa*, «du Troodos»).

Péristyle: colonnade sur le pourtour d'une salle, d'une rotonde, d'une cour, ou en avant d'une façade, formant un porche.

Stoa: portique, galerie.

Trésor: édifice élevé dans un sanctuaire en signe de gratitude envers la divinité du lieu.

Turcocratie: période de la domination ottomane.

Voûte en arête: voûte complexe, formée par l'intersection de deux voûtes en plein cintre.

NATURE

^ Golden Beach

ENTRE PLAGE ET MONTAGNE

La nature a été généreuse avec Chypre : c'est un véritable continent miniature. En une heure de voiture, on passe des pistes de ski aux plages caressées par le soleil, en traversant des paysages de luxuriantes forêts et de fertiles collines où prospèrent la vigne et l'olivier.

Les régions de Chypre

Du Nord au Sud, cinq régions compartimentent le relief de Chypre. Le long de la côte nord s'étire une plaine étroite de 3 à 5 km de large, où se trouvent le port de Kyrénia et la baie de Morphou, deux hauts lieux du tourisme avant l'occupation turque. Bien arrosée, c'est la contrée la plus verdoyante de l'île. Non moins étroit, le Pentadactylos est un relief calcaire aux pentes très fortes, long de 150 km et large de 3 à 4 km, qui court parallèlement au rivage, du cap Kormakitis à l'ouest au cap Saint-André à l'est. Le centre est occupé par l'étendue fertile de la plaine de la Mésorée, large de 30 à 50 km, domaine du blé, des primeurs et des agrumes. Elle est traversée par le Pédiéos, le plus long fleuve de l'île, et abrite la capitale, Nicosie. Plus au sud s'élève une haute chaîne de montagnes d'origine volcanique, le Troodos *(voir encadré p. 242)*, dominée par le mont Olympe, point culminant de l'île (1952 m). C'est le royaume de la forêt (19 % de la superficie de l'île). Enfin, du Troodos aux côtes méridionales s'étend une zone de collines arides exposées au sud et propices à la culture de la vigne et des oliviers, qui mêlent leur feuillage argenté à celui, vert sombre, des caroubiers.

L'hiver dans le massif du Troodos >

Flore : cèdres et caroubiers

Le caroubier est un arbre imposant au bois très dur, dont les gousses servent de nourriture au bétail et fournissaient une substance utilisée dans la fabrication de pellicules dans l'industrie cinématographique. En mars-avril, quelque 120 espèces de fleurs parent l'île d'un manteau de couleurs : asphodèles, narcisses, cyclamens, renoncules, jacinthes voisinent avec les plantes propres au maquis (thym, myrte ou ciste). Le cresson de roche, pourpre, possède des cosses pendantes que les chrétiens ont appelées les « larmes de la Vierge ». Certaines orchidées fleurissent jusqu'en août. Dans la forêt du Troodos domine l'élégant pin d'Alep, qu'accompagnent robiniers, arbousiers, térébinthes et une espèce de chêne nain, dit « doré », dont les feuilles ressemblent à celles du camélia et qu'on ne trouve à l'état naturel qu'à Chypre. Dans une vallée reculée, Chypre conserve un arbre devenu précieux, le cèdre (130 000 individus), dont la couleur gris-vert et le parfum sont un enchantement.

PARCS NATURELS

Sept zones forestières, couvrant une superficie totale de 4 800 ha, sont aujourd'hui protégées, tout comme la **péninsule d'Akamas** (p. 153).

De nombreuses espèces animales font également l'objet de mesure, de sauvegarde, comme le mouflon (p. 242) ou les **tortues de Lara Beach** (p. 142).

LE MASSIF DU TROODOS : PARADIS DES AMOUREUX DE LA NATURE

Nous ne saurions trop recommander aux visiteurs de délaisser pour un temps les attraits de la côte afin de consacrer quelques jours à cette région inoubliable. Au-dessus des vergers et des oliviers en terrasses s'ouvrent les **profondes forêts** du massif, domaine des pins, des chênes et des cèdres gris-bleu qui dominent un maquis de cistes, d'arbousiers et de genêts. Domaine aussi d'une faune abondante, dont le **mouflon** est le roi. Pour les amateurs de randonnée, de nombreux sentiers parcourent la région (p. 122). Côté nord, c'est le domaine des **cerises** dans la **vallée de Pedoulas** ou de la **pomme** autour de **Kakopétria** (dont le village ancien est à ne pas manquer, p. 111). Le royaume de la **truite** également, que l'on propose dans les tavernes de la région (ce sont le plus souvent des truites d'élevage, mais dans les eaux du massif). Côté sud, la **vigne** couvre les coteaux de cette région vallonnée: l'occasion de découvrir la production locale autour du **village d'Omodos** (p. 99).

Faune

Les mouflons du Troodos

Le mouflon de Chypre, appelé *agrino*, semble avoir été introduit dans l'île il y a huit mille ans et était, à l'époque, domestiqué. C'est aujourd'hui un animal sauvage qui vit en très petits groupes dans les forêts reculées du Troodos (p. 102), principalement autour de Stavros tis Psokas et de la vallée des Cèdres. Extrêmement craintif et d'approche très difficile, il ne quitte guère son abri forestier, même si, l'hiver, quand son territoire est recouvert de neige, il tente de timides incursions dans les vallées avoisinantes. Le mâle est robuste: il pèse de 50 à 55 kg et porte des cornes recourbées qui mesurent jusqu'à 60 cm. La femelle, plus petite, n'atteint que 40 à 45 kg à l'âge adulte. L'hiver, les mouflons sont recouverts d'un épais pelage brun foncé, qui devient ras et clair en été.

Reptiles et flamants roses

En hiver, le lac salé de Larnaca accueille la migration des flamants roses. Ils ne sont que l'une des 357 espèces d'oiseaux, migrateurs ou non, recensées dans l'île – hirondelles, martinets, fauvettes ou faucons d'Éléonore... Signalons aussi de nombreux lézards (certains de taille respectable), des caméléons et des serpents, pour la plupart inoffensifs. Chypre détient un record européen, avec une couleuvre qui peut dépasser 2 m de long. Les côtes sont peu poissonneuses: on y pêche mulets, bars, rougets et, plus au large, espadons.

Flamants roses sur le lac salé, Larnaca

TRADITIONS

^ Mezze

GASTRONOMIE

Au confluent de l'Orient et de l'Occident, la table chypriote mérite le détour. À l'Occident, elle doit ses estouffades longuement mijotées, ses charcuteries, ses alcools et ses vins. Elle est redevable à l'Orient de son infinie déclinaison d'entrées, à la manière libanaise, de ses grillades et de la douceur de ses desserts, et à son terroir la qualité de tous ces mets.

Les plats

Les viandes

Héritiers de la cuisine paysanne des jours de fête, les plats chypriotes, peu épicés, consistent en général en de solides grillades ou des ragoûts substantiels, de bœuf, de porc *(stifado)* ou d'agneau aux pommes de terre *(kleftiko)*. En saison, le gibier fournit des mets de choix (grives, cailles, lièvres, bécasses, perdrix...).

Le poisson

Il entre peu dans les compositions traditionnelles, à cause de sa rareté et de son prix. Toutefois, vous pourrez déguster d'excellents rougets, de l'espadon grillé ou de délicieux poulpes, seiches et calamars.

Le fromage et le yaourt

Le *halloumi* – traditionnellement fabriqué à partir de lait de chèvre et de brebis – est l'une des vedettes de la table chypriote : vous le consommerez en entrée, le plus souvent frit, arrosé d'un filet d'huile d'olive et saupoudré d'origan.

À Chypre, tout se mange accompagné de yaourt. On en met autant sur la salade que sur les grillades ou les pitas.

Les desserts

Ils sont en général très sucrés : ce sont les douceurs « orientales », que vous trouverez sur tout le pourtour méditerranéen, où miel, fruits secs et épices sont utilisés en quantité. L'île regorge de fruits en toute saison : bananes, figues de Barbarie, dattes, mandarines, oranges, abricots, mais aussi pommes, poires et raisin.

Le café

Il est grec, dans la partie sud – évitez de dire « turc » ! –, c'est-à-dire servi avec le marc. Laissez à celui-ci le temps de se déposer et ne videz pas votre tasse d'un trait, afin de ne pas avaler la poudre, sensation fort désagréable et qui vous empêcherait ensuite d'y lire votre avenir...

Les mezze

En buvant du vin, tout bon Chypriote se doit de manger des « mezze ». Cette **coutume séculaire** est commune aux pays voisins, Grèce, Turquie, Liban, Syrie. Lorsque la plupart des habitants étaient bergers ou paysans, les occasions de boire se faisaient rares. On ne buvait qu'au moment des fêtes religieuses ou agricoles. Ces célébrations duraient des heures ou même des journées, pendant lesquelles les participants devaient rivaliser de chansons, de plaisanteries ou de considérations « philosophiques ». L'afflux continuel de nouveaux mets, préparés et servis par les femmes, encourageait à boire, le vin coulait à flots. Il fallait bien entendu présenter aux invités les plats les plus variés : leur nombre et leur raffinement devaient témoigner de la richesse de la maison.

Les conserves au vinaigre constituaient un mets de choix : légumes, poulpes, oiseaux (les fameux becfigues, une rareté aujourd'hui dans les assiettes, la chasse aux oiseaux étant strictement réglementée) ou lapins. Champignons ou escargots bouillis étaient également servis à ces occasions : l'important était d'offrir de tout en quantité suffisante pour ne pas écourter la fête. Les mezze que l'on vous sert aujourd'hui gardent le souvenir de cette tradition. Outre les plats cités, vous en découvrirez bien d'autres : la salade de sésame, le tarama (préparation à base d'œufs de poisson), la salade d'aubergines, le *halloumi* ou même le houmous, purée de pois chiches d'origine libanaise. Puis arrivent en vagues

LES PSARI SAVORO

Voici une **recette de mezze héritée de Venise** que vous trouverez à la table des bonnes tavernes populaires.

• Prenez 1 kg de petits poissons (des sardines feront très bien l'affaire). Laissez-les mariner 90 min dans du jus de citron. Passez-les ensuite à la farine en ajoutant sel et poivre. Faites frire. Réservez.

• Faites chauffer de l'huile dans une poêle et faites-y revenir 3 gousses d'ail hachées. Ajoutez 10 cl de farine afin d'obtenir un roux homogène. Puis ajoutez 20 cl d'excellent vinaigre, 1 cuillerée à café de sucre, une branche de romarin et 40 cl d'eau froide. Laissez réduire jusqu'à obtenir une pâte lisse. Retirez le romarin.

• Versez cette sauce sur les poissons que vous aurez disposés dans un plat. Laissez refroidir et placez au réfrigérateur jusqu'à ce que la sauce épaississe. Servez froid.

successives les plats chauds: saucisses ou filets de porc fumés, boulettes de viande et brochettes. Autres spécialités traditionnelles, les *seftalia*, sorte de crépinettes qui utilisent la membrane qui entoure l'estomac du porc ou de l'agneau pour envelopper les ingrédients au lieu du boyau de saucisse, et les *loukanika krassata*, des saucisses cuites au vin particulièrement fameuses dans la région du Troodos (p. 121).

De bons mezze comportent au moins 15 plats. Ne vous effrayez pas d'une telle abondance, et n'oubliez pas que les mezze sont une occasion de rencontres et d'échanges et n'ont d'autre fonction que d'encourager à boire le vin chypriote qui délie les langues.

Les vins chypriotes

La vigne chypriote, premier volet du triptyque agricole méditerranéen complété par l'olivier et le blé, est célèbre depuis l'Antiquité. La proximité avec l'ancienne Mésopotamie (première région à avoir planté des vignes) n'y est pas étrangère. Des **amphores** qui datent d'environ 900 av. J.-C., retrouvées sur l'île, témoignent de cette **tradition vinicole**. L'historien Hésiode a décrit, au VIIIe s. av. J.-C., la fabrication du *nama*, un vin doux sucré, connu aujourd'hui sous le nom de «vin de la Commanderie». Au XIIe s., l'arrivée de Richard Cœur de Lion et des Lusignan contribua au développement de la culture de la vigne; on dit même que la qualité du vin chypriote serait à l'origine de l'invasion turque au XVIe s. Sélim II aurait déclaré en 1571, après y avoir goûté: «Il nous faut capturer Chypre. Dans cette île se trouve un trésor que seul le roi des rois est digne de posséder.»

La palette s'élargit aujourd'hui en une vaste gamme de vins, élevés selon des méthodes conformes au goût contemporain mais toujours gorgés de soleil et de fruit. Il s'agit de vins de qualité, en général assez corsés, parfois liquoreux, tel le **vin de la Commanderie**, qui accompagne très bien les desserts. Goûtez également les **vins blancs de Paphos**, commercialisés sous l'appellation d'origine contrôlée (WCNO) Laona-Akamas ou les **rouges de la région de Limassol** (WCNO Pitsilia).

Barriques de vin chypriote

ARTISANAT

Aujourd'hui, Chypre présente un double visage : des villes modernes et occidentalisées et des campagnes où sont préservés les arts et les traditions hérités parfois de la plus haute Antiquité.

Bijoux traditionnels en argent filigranes

Des dentelles à succès

Léonard de Vinci appréciait tant les **dentelles de Lefkara** qu'il en fit venir à Milan pour orner l'autel de la cathédrale. C'est dire que les travaux d'aiguille occupèrent des générations de femmes chypriotes. Ils servaient à constituer le trousseau des jeunes mariées : broderies sur lin pour le linge de maison et les chemisiers de fête, dentelles pour les pièces ornementales, napperons ou parures de col. Coton, laine, lin, soie (dont la culture fut importée sur l'île à l'époque byzantine) étaient produits dans l'île. Le village de **Fyti**, à 25 km de Paphos, perpétue la tradition avec ses **couvertures ou tapis colorés** en laine, et ses tissages de coton rehaussés de broderies aux motifs géométriques.

La terre de Chypre

Le travail de l'**argent**, filigranes et bijoux ciselés, est la spécialité des hommes du village de Lefkara, une tradition aussi ancienne que celle de leurs femmes occupées à broder.

Le **cuivre**, exploité depuis quatre mille ans, continue d'être travaillé par quelques maîtres dinandiers que vous verrez à l'œuvre au Centre d'artisanat de **Chrysaliniotissa**, à Nicosie (p. 77).

Plus ancienne encore, la poterie antique orne les salles du Musée archéologique de Nicosie (p. 78) ou la collection Piéridès de Larnaca (p. 40). Les artisans s'essaient à des **copies de statuettes antiques** ou réalisent des services de table rustiques et colorés. À **Kornos**, près de Nicosie, les femmes façonnent des **poteries naïves** de grès sombre.

Dans une île où la forêt aux multiples essences représente près de 20 % de la superficie totale, le **travail du bois** a depuis longtemps inspiré les artisans locaux: en témoignent les **iconostases** des chapelles du Troodos (p. 112 et 113) ou les coffres et ustensiles divers conservés dans les différentes **collections ethnologiques** de l'île. Parmi ces objets de la vie courante, les ***pinakotia*** sont une particularité chypriote. Il s'agit de longues planches de bois dotées de trous circulaires où l'on moulait la pâte à pain avant de l'enfourner. Les motifs décoratifs puisent dans les plus anciennes traditions: visages radieux des anges gardiens de la maison, cyprès (symbole d'immortalité), arbre de vie jaillissant d'un vase ou encore rosaces qui évoquent le soleil et la vie.

CHYPRE EN FÊTES

À Chypre, les fêtes sont celles que l'on célèbre généralement dans le monde grec. Elles s'avèrent assez nombreuses si l'on additionne les fêtes patriotiques, les fêtes religieuses et celles qui sont liées à la tradition d'une ville ou d'une région. Lors de ces festivités, vous découvrirez le folklore et les mille et une réussites de l'art populaire dans leur environnement traditionnel: les calebasses *(kolokythès)* à la décoration géométrique, devenues gourdes à vin; les tissages de soie ou de laine; les couvertures *(bataniès)*; les musettes des bergers; les merveilleuses dentelles de Lefkara; les coffres de bois...

‹ Dentelle de Lefkara

^ Défilé du carnaval à Limassol

Les saints, fêtes nationales et festivals

Janvier

Le 6 (Épiphanie) est la fête de la **submersion de la sainte Croix** en mémoire du baptême du Christ. À l'issue d'une procession, l'évêque jette une croix dans le port; un jeune homme plonge et la rapporte triomphalement au prélat (Larnaca, p. 45; Limassol, p. 171; Paphos, Paralimni, Ayia Napa).

Février-mars

Pendant les deux semaines qui précèdent le premier lundi de carême (50 jours avant Pâques, qui est une fête mobile), c'est l'époque du **carnaval**. Il est célébré dans toute l'île (Larnaca, Paphos), mais celui de Limassol reste le plus réputé. En effet c'est LA grande affaire du calendrier des fêtes de la ville, et incontestablement la plus spectaculaire. Après l'entrée solennelle du roi Carnaval s'organisent chaque soir des bals costumés. Le premier lundi de carême est appelé **Lundi vert**. Bien que le premier jour soit maigre, c'est la dernière occasion de réjouissances avant le long jeûne, tel un air de carnaval qui ne voudrait pas mourir. Traditionnellement, on déjeune sur l'herbe. Petits et grands revêtent leurs déguisements et font évoluer des cerfs-volants.

Mars

Le 25, fête nationale grecque. Elle commémore le 25 mars 1821, jour du soulèvement des Grecs contre les Turcs.

Avril

Le 22, à Larnaca (p. 45), la **fête de saint Lazare**, patron de la ville, donne lieu à une majestueuse procession à travers les rues. **Pâques** est la fête la plus importante du calendrier religieux orthodoxe (comme Noël dans le calendrier catholique). Les cérémonies durent toute la Semaine sainte. Chaque jour, deux offices, un le matin et un le soir, rassemblent dans les églises une foule considérable de fidèles. Le **Vendredi saint** est jour de deuil. Dans chaque paroisse, les jeunes filles fleurissent la représentation du tombeau du Christ, l'*épitaphion*, que l'on expose lors d'une procession une fois la nuit venue (vers 21h). Le samedi, à minuit, a lieu un office qui annonce la bonne nouvelle de Pâques. Chacun repart ensuite en cortège aux cris joyeux de: «**Christos anesti!**» («Christ est ressuscité!») avant de rompre le jeûne au cours d'un repas pris en famille. Dans la cour de l'église, les jeunes gens allument un bûcher pour y brûler l'effigie de Judas. Les festivités se poursuivent jusqu'au lundi.

Mai

Les **festivals des fleurs**, *anthesteria*, sont une survivance de fêtes antiques en l'honneur de Dionysos. Ces célébrations de la nature renaissante se déroulent à Paphos (ce sont les plus importantes), à Larnaca et à Paralimni (à des dates différentes).

Mai-juin

Le lundi de **Pentecôte** a lieu la fête la plus originale de l'île, le ***kataklysmos*** (voir encadré p. 250), que l'on célèbre uniquement à Chypre. Les **festivités** qui commémorent cet événement durent trois jours et n'ont lieu qu'au bord de la mer. Vous pourrez assister à des **compétitions sportives** – qui, toutes, ont trait au milieu aquatique (natation, courses de bateaux) –, à des concours de chant, comme les ***tchattista***, où plusieurs groupes rivalisent en improvisant des strophes. La coutume la plus populaire est celle de **gigantesques batailles d'eau** à travers la ville dans une atmosphère des plus joyeuses; cette aspersion mutuelle symbolise la purification des corps comme celle des âmes. La manifestation la plus réputée a lieu à **Limassol**, mais Larnaca, Polis et Ayia Napa commémorent également le Déluge.

Juin

À la fin du mois sont organisées depuis près de trente ans des **Nuits shakespeariennes** au théâtre antique de Kourion.

Juillet

Le festival de Limassol dure deux semaines (danse, musique et théâtre). Au théâtre antique de Kourion se déroule pendant un mois le **festival de tragédie antique** (p. 179).

Août

Le 3, on commémore la mort de Mgr Makarios (p. 223).
Un **festival d'art populaire** se déroule à Paphos.
Le 15: la fête de la **Dormition de la Vierge** donne lieu à des célébrations dans toutes les églises. Les cérémonies les plus suivies sont celles des monastères de Kykko (p. 101) et de Trooditissa.

Septembre

Les travaux des champs s'achèvent, les récoltes sont rentrées, et c'est le moment des fêtes villageoises. Si vous avez la chance de visiter Chypre à cette époque, ne manquez sous aucun prétexte l'occasion de participer à ces réjouissances où s'exprime l'âme du peuple chypriote. Vous y rencontrerez peu d'étrangers, mais vous serez toujours très cordialement reçus *(rens. dans les offices de tourisme)*. **Fête du vin à Limassol** (p. 171). **Festival folklorique d'Ayia Napa**, dans le cadre charmant du monastère vénitien (p. 49).

Octobre

Le 1er, **anniversaire de l'indépendance de Chypre**: défilé militaire à Nicosie.
Le 28, **seconde fête nationale** grecque (cortèges d'étudiants): c'est la «journée du Non», en souvenir du refus opposé, le 28 octobre 1940, par le général Metaxas, Premier ministre de la Grèce, à l'ultimatum posé par Mussolini.

Novembre

On retiendra essentiellement la célébration, le 30, de la **fête de saint André**, le saint patron de l'île.

Avant les événements de 1974, le monastère de Saint-André, situé dans le Karpas (p. 198), recevait des milliers de pèlerins.

Décembre

Noël est une fête secondaire dans le calendrier liturgique orthodoxe.

Renseignez-vous sur la possibilité de participer à une **fête villageoise** et assistez au service religieux, au repas et aux danses qui suivent. Si vous vous trouvez là au moment du repas, on vous invitera à vous asseoir parmi les convives.

La fête des monastères

Églises et monastères de Chypre fêtent chaque année leur **saint patron**. C'est l'occasion d'une **foire locale**, qui ouvre la **veille du jour de fête**. Les habitants du coin viennent y acheter les produits de la campagne et se régaler des friandises que les forains proposent: vous pourrez y goûter les délicieux *soudjouko*, spécialité de Chypre à base de jus de raisin et d'amandes. Voici les principales fêtes des monastères:

24-25 janvier: fête de saint Néophyte au **monastère d'Ayios Néophytos**, près de Paphos (p. 143).

1er-2 février: Présentation de Jésus au Temple au **monastère de la Chrysoroyiatissa**, dans le village de Pano Panayia (p. 103).

24-25 mars: Annonciation au **monastère d'Ayia Napa** (p. 49).

20-21 mai: fête de saint Constantin et sainte Hélène dans les villages de **Dhérinia** et de **Tsada**, aux environs de Paphos.

25-26 juin: fête de sainte Paraskévi à **Yermasoyia** près de Limassol (p. 160) et à **Yéroskipou** (p. 145).

28-29 juin: fête de saint Pierre et saint Paul à l'église Ayios Pavlos, à **Paphos**.

14-15 août: Dormition de la Vierge au **monastère de Kykko** (p. 101) et à celui de la Chrysoroyiatissa à **Pano Panayia** (p. 103).

7-8 septembre: naissance de Marie. Fêtée à l'**église d'Asinou**, près de Nikitari (p. 113), à celle de la **Panayia tou Arakou** à Lagoudéra (p. 117) et au **monastère de Kykko** (p. 101).

13-14 septembre: Exaltation de la Croix à **Lefkara** (p. 57), **Omodos** (p. 99) et à l'église **Stavros tou Ayiasmati**, près de Platanistassa (p. 118).

27-28 septembre: fête de saint Néophyte Englistos au **monastère d'Ayios Néophytos** (p. 143).

3-4 octobre: fête de saint Jean Lampadistis dans le village de **Kalopanayiotis** (p. 115).

17-18 octobre: fête de saint Luc à l'**église Ayios Loukas** de Kolossi (p. 174).

LE KATAKLYSMOS

Le terme signifie «**déluge**» et rappelle l'épisode biblique de la destruction par les flots de toute espèce vivante. À Chypre, une autre légende, venue de la Grèce antique, est toujours très vivace: celle du roi Deukalion. Fils de Prométhée et de Clymène, il régna avec son épouse Pyrrha sur le royaume de Thessalie. Sa justice était si grande que, lorsque Zeus décida de détruire par les flots l'espèce humaine – qu'il jugeait malfaisante –, il fit prévenir le couple royal pour l'épargner. Deukalion construisit un coffre en bois dans lequel il se réfugia avec son épouse durant les neuf jours et neuf nuits que dura le Déluge. Après le retrait des eaux, Deukalion et Pyrrha furent déposés au sommet du mont Parnasse et chargés par les dieux de repeupler la terre d'une nouvelle sorte d'hommes, plus rustres mais plus courageux. Ils furent ainsi les ancêtres des peuples conquérants qui firent la Grèce.

^ Intérieur d'une église orthodoxe

CARNET PRATIQUE

Tout pour réussir vos vacances...

CARNET PRATIQUE

FORMALITÉS

Carte d'identité ou passeport valable au moins 90 jours à partir de la date d'entrée à Chypre. Pour vous rendre dans la partie nord de l'île, il suffit de présenter votre carte d'identité ou votre passeport au poste de contrôle turc. Votre **permis de conduire national** suffit. Attention, la conduite se fait à gauche.

BUDGET

Devise : euro

Budget en haute saison pour 2 pers. :

–	+	+ +
100 €/j.	≈ 150 €/j.	≈ 200 €/j.

TÉLÉPHONE

Depuis l'étranger vers Chypre :

00 357 **n° du correspondant**

(indicatif des téléphones portables : XX).

Depuis Chypre vers la France :

00 33 **n° du correspondant**

(sans le 0 initial).

ÉLECTRICITÉ

240 V dans toute l'île. Les prises étant de type britannique, **un adaptateur est indispensable** ; la plupart des hôtels en proposent à leurs clients.

SANTÉ

Aucun vaccin n'est nécessaire pour séjourner à Chypre.

Carte européenne d'assurance maladie (CEAM) recommandée.

DÉCALAGE HORAIRE

+ 1H été comme hiver.

SAISON ET CLIMAT

Meilleures saisons : le printemps (début avril à mi-mai) et l'automne (octobre).

Langues : les langues parlées sont le grec (dans la partie sud) et le turc (dans la partie nord).

BON À SAVOIR

Réservations : les infrastructures touristiques sont nombreuses et de bonne qualité, et les services de réservation facilement joignables et fiables. En haute saison (tout comme l'hiver dans le massif du Troodos, notamment à Platrès, pour le ski), il peut s'avérer extrêmement difficile de trouver la moindre chambre. Passer par l'intermédiaire d'un voyagiste qui dispose d'un stock de chambres peut débloquer la situation.

Réserver un hôtel à Chypre-Nord : le séjour dans certains hôtels de Chypre-Nord obéit à des dispositions légales strictes. Avant de réserver un hôtel, consultez la rubrique « Hébergement » (p. 259).

Adresses utiles

Ambassades et consulats

En France

Ambassade de Chypre

23, rue Galilée, 75116 Paris ☎ 01 47 20 86 28. Lun.-ven. 9h30 à 12h30.

Consulat de Chypre

17, impasse des Douces, 13011 Marseille ☎ 06 75 41 37 50, www.consulatchypremarseille.com. Lun.-sam., sur rendez-vous uniquement.

Aux Pays-Bas (pour la Belgique)

Ambassade de Chypre

Surinamestraat 15, 2585 GG Den Haag (La Haye) ☎ (+31) (0) 70 21 72 020, hagueembassy@mfa.gov.cy. Lun.-ven. 9h-17h.

En Suisse

Consulat général honoraire de Chypre

Rue Goetz-Monin 17, 1205 Genève ☎ (+41) 22 32 97 822.

Consulat honoraire de Chypre

Scanzengraben 27, 8002 Zurich ☎ (+41) 44 51 52 510.

Plus de renseignements: www.mfa.gov.cy

Offices de tourisme

En France

3, bd Sébastopol, 75001 Paris ☎ 01 42 61 42 49, www.tourisme-chypre.fr et www.visitcyprus.com. Lun.-ven. 9h-12h30, 13h30-16h30.

Aux Pays-Bas (pour la Belgique)

Keizersgracht 174 III, 1016 DW Amsterdam. ☎ (+31) 20 62 44 358, www.visitcyprus.com

En Suisse

Gottfried-Keller Strasse 7, 8001 Zurich ☎ (+41) 262 33 03, ctozurich@bluewin.ch.

Culture chypriote en France

Amitié France-Chypre

Centre culturel Elsa-Triolet, rue Charles-Nédélec, 13110 Port-de-Bouc ☎ 04 42 45 91 28, http://francechypre.free.fr

Association œuvrant pour la réunification de l'île.

Musée du Louvre

1, place du Carrousel, 75001 Paris ☎ 01 40 20 53 17, www.louvre.fr. Mer.-lun. 9h-18h45 (21h45 mer. et ven.). F. certains jours fériés.

Dans le pavillon Sully, salles 21, A et B, le département des Antiquités orientales conserve des objets divers découverts lors de fouilles archéologiques.

Chypre en ligne

Informations générales

http://ambafrance-cy.org (français)

Site de la section consulaire de l'ambassade de France à Nicosie.

http://in-cyprus.com (anglais)

Revue de presse de l'actualité chypriote et internationale, ainsi que de l'information touristique et culturelle (restaurants, concerts, cinéma).

Informations touristiques

www.visitcyprus.com (français)

Site officiel de l'office de tourisme de Chypre.

www.visitncy.com (anglais)

Site officiel de tourisme du nord de l'île.

Comment y aller

En avion

Les aéroports internationaux de Chypre se situent à Larnaca (le principal) et Paphos (vols charters et lowcost). Comptez 4h de vol direct sans escale entre Paris et Chypre; 6-7h pour les vols avec correspondance.

Depuis la France

Vols directs

La compagnie grecque **Aegean Airlines** propose des vols directs au départ de Paris-CDG pour Larnaca, trois fois par semaine.

Aegean Airlines

☎ 01 70 03 13 23, www.aegeanair.com

Transavia

☎ 0892 058 888, www.transavia.com

La compagnie low cost Transavia a ouvert une ligne à destination de Larnaca à certaines dates (saison estivale), au départ de Paris-Orly.

Easyjet (www.easyjet.com) propose des vols directs

vers Larnaca et **Ryanair** *(www.ryanair.com)* de Beauvais vers Paphos.

Vols avec escale

Aegean Airlines

Depuis Paris-CDG, vols avec correspondance à l'aéroport international d'Athènes.

Austrian Airlines

0820 816 816
www.austrian.com

Assure des liaisons via Vienne au départ de Paris-CDG, Lyon et Nice.

Lufthansa

0892 231 690,
www.lufthansa.com

Propose des vols pour Larnaca au départ de Paris-CDG, Lyon, Marseille, Nice, Strasbourg et Toulouse, via Munich ou Francfort.

Depuis la Belgique

- **Aegean Airlines** (+32) 2 753 47 10, www.aegeanair.com
- **Austrian Airways** (+32) 2 642 25 70, www.austrian.com
- **Lufthansa** (+32) 7 035 30 30, www.lufthansa.com
- **British Airways** (+32) 2 717 32 17, www.britishairways.com
- **Swiss International Air Lines** (+32) 7815 53 19, www.swiss.com ou **Lot Polish Airlines** www.lot.com assurent des liaisons régulières, avec escale, au départ de Bruxelles et à destination de Larnaca.
- **Ryanair** (www.ryanair.com) assure 2 vols par semaine entre Larnaca et Charleroi.

Depuis la Suisse

Il existe des vols directs pour Larnaca au départ de Zurich avec **Swiss International Airlines** (+41) 848 700, www.swiss.com. La compagnie assure aussi des liaisons avec escale au départ de Zurich et Genève via Francfort ou Vienne. **Lufthansa** (+41) 900 900 933, www.lufthansa.com) propose des vols pour Larnaca au départ de Genève et Zurich, via Francfort. **Aegean Airlines** (+30) 210 626 1000, www.aegeanair.com assure des liaisons via Athènes.

L'aéroport d'**Ercan** n'est pas reconnu par les conventions aériennes internationales. Il est cependant utilisé par certaines compagnies turques entre Chypre-Nord et la Turquie.

Voyagistes

Les voyagistes proposent deux types de services : le voyage accompagné d'un guide sur un itinéraire précis ; des forfaits individuels avion + hôtel, avion + hôtel + voiture de location ou encore avion ou hôtel seul, qui laissent une totale liberté. Chypre est à la mode, aussi de nombreux voyagistes proposent-ils toutes sortes de séjours à forfait. Certains offrent de découvrir l'île en circuits itinérants ou en étoile à partir de Limassol. Les formules individuelles avec voiture de location sont nombreuses. Randonnées pédestres, séjours de remise en forme, vacances à la ferme font également partie de ces programmes. L'office de tourisme (p. 254) édite une liste complète de ces voyagistes.

Voyagistes spécialisés

Héliades

0892 231 523,
www.heliades.fr

Circuits à départ garanti, autotours, séjours balnéaires, formules à la carte, séjours en maisons traditionnelles.

Voyageurs du monde

01 42 86 16 00, www.voyageursdumonde.fr

Voyages sur mesure : séjour dans un village traditionnel, séjour golf, spa ou en hôtel de luxe.

Arts & Vie

01 40 43 20 21,
www.artsetvie.com

Séjour de 8 j. en hôtel, avec excursions en groupe à la découverte de Nicosie, Larnaca, Paphos, des monastères byzantins, des églises du Troodos, des sites gréco-romains et de la partie nord de l'île.

Clio

01 53 68 82 82,
www.clio.fr

Circuit « Toute l'île de Chypre » (8 j., Paphos, Troodos, Nicosie et Famagouste). Possibilité de personnaliser son séjour.

Les séjours sportifs Allibert

04 76 45 84 84, www.allibert-trekking.com

Circuit « Chypre, la déesse » : l'essentiel en 8 jours, montagne, côte, villes, sites historiques.

Terres d'aventure

01 70 82 90 00,
www.terdav.com

Un circuit accompagné « Sur les chemins d'Aphrodite ». Deux randos-liberté (sans guide) dans le Troodos.

Formalités

Papiers

Pour la partie sud de l'île (République de Chypre)

Une carte d'identité en cours de validité est nécessaire pour les ressortissants de l'Union européenne et de la zone Schengen. Un passeport et un visa sont demandés aux autres. Attention, le gouvernement chypriote refuse toute entrée sur son territoire aux touristes qui arriveraient par un port ou un aéroport de la zone occupée par les forces turques (le nord de l'île), ou dont le passeport porte le tampon de la République chypriote turque.

Pour passer dans la partie nord de l'île

Depuis l'adhésion de Chypre à l'Union européenne en 2004, tous les ressortissants de l'Union européenne sont autorisés à traverser la ligne de démarcation qui sépare le nord et le sud quelles que soient leur nationalité ou leur appartenance religieuse. Chypriotes orthodoxes, musulmans, maronites, arméniens ou juifs peuvent circuler sans restriction sur l'ensemble du territoire. Les conditions de passage d'un côté à l'autre se font dans les mêmes conditions qu'à l'aéroport pour les ressortissants hors Union européenne. Les détenteurs d'un passeport turc ne sont pas autorisés à passer du Nord au Sud.

Il existe **trois points de passage à Nicosie**: Ayios Dometios/Metehan, Ledra Palace *(plan p.68-69 / A2)* et Ledra/Lokmaci. Le premier, à l'ouest de la ville, dans le quartier de l'hippodrome *(hors pl. par A3)* est réservé aux voitures. Les deux derniers *(plan p.68-69 / B2)* sont réservés aux piétons et cyclistes. Quatre **autres points de passage** sont ouverts **hors de Nicosie**: deux à l'ouest (Limnitis/Yesilirmak et Astromeritis/Zodeia) et deux à l'est (Pergamos/Pyla et Ayios Nicolaos/Strovilia).

Les bases militaires britanniques

Les bases militaires britanniques d'Akrotiri, au sud, et de Dhekelia, à l'est, sont sous la juridiction du Royaume-Uni. Chypre faisant partie du Commonwealth, il n'est pas nécessaire de s'acquitter de formalité bien que ces territoires ne fassent pas partie de l'Union européenne, et l'euro y est utilisé de façon généralisée.

Permis de conduire

Votre permis de conduire national suffit. Attention, la conduite se fait à gauche!

Douane

Aucune limite n'est imposée sur ce que vous pouvez emporter avec vous lorsque vous voyagez d'un pays européen à l'autre, dans la mesure où ces biens sont destinés à l'usage personnel. Vous pouvez donc importer en territoire chypriote: 800 cigarettes ou 400 cigarillos ou 200 cigares ou 1 kg de tabac à fumer, 10 l de spiritueux, 20 l de vin fortifié, 90 l de vin et 110 l de bière. Les touristes se rendant dans la zone nord peuvent rapporter dans la zone sud 260 € d'achats, 1 l d'alcool et 40 cigarettes.

Si vous venez avec votre propre véhicule, aucun document douanier particulier n'est requis (pour une période ne dépassant pas trois mois).

Animaux domestiques

L'île est encore préservée de la rage, mais la procédure d'entrée des animaux domestiques s'est assouplie. Pour emmener votre compagnon (impérativement tatoué ou porteur d'une puce électronique), vous devez être en possession de son passeport européen, sur lequel figurent tous les vaccins à jour (vaccin contre la rage datant de moins de trois mois). Si vous venez d'un État hors de l'Union européenne, vous devez fournir un certificat de vaccination et **prévenir les autorités chypriotes** de l'entrée de votre animal sur l'île (48 h avant votre arrivée) pour qu'il soit soumis à un examen vétérinaire, à l'aéroport ☎ (+357) 22 80 52 15, bwww.moa.gov.cy/moa/vs/vs.nsf; précisez la compagnie aérienne, la date et l'heure d'arrivée, ainsi que le n° du vol).

CARTES ROUTIÈRES

Les routes ne sont pas toujours bien indiquées, et une carte sera indispensable si vous vous déplacez par vos propres moyens. Procurez-vous la carte éditée par ***Collins Bartholomew***, qui présente en outre le plan des villes principales. D'excellentes cartes sont offertes dans les bureaux locaux de tourisme ou remises gratuitement avec la location de votre véhicule.

Quand partir

On peut visiter Chypre toute l'année, avec une réserve pour janvier et février, où l'on risque de trouver un temps pluvieux. Cela étant, comme l'annonce le slogan de l'office de tourisme, le soleil brille 340 jours par an.

Les grosses chaleurs de l'été sont tempérées par les brises marines en **juillet et août**, période rêvée pour les sports nautiques ou le farniente sur le sable (mais ce sont les mois les plus fréquentés); à cette période, on peut trouver un peu de fraîcheur dans les montagnes du Troodos.

Pour partir à la découverte des sites gréco-romains et des églises byzantines, mieux vaut choisir le **printemps** ou l'**automne**. Durant ces **saisons intermédiaires**, la chaleur est agréable et les bains de mer encore possibles. Ce sont aussi les meilleures périodes pour partir en **randonnée en forêt** ou dans les **massifs montagneux**. En outre, la plupart des **fêtes et festivals** se déroulent à l'automne. L'hiver est doux, même si l'on peut skier en montagne.

TEMPÉRATURES

Mois	Air	Mer
Janv.	16	16
Fév.	16	17
Mars	18	17
Avr.	21	18
Mai	27	21
Juin	30	24
Juil.	33	26
Août	34	27
Sept.	31	26
Oct.	27	25
Nov.	22	21
Déc.	19	18

Argent et budget

Argent

Devise

Depuis le 1er janvier 2008, Chypre utilise l'euro. La partie turque de Chypre utilise la nouvelle livre turque (TL). Toutefois l'euro est accepté partout à Chypre-Nord. Le taux de change est très fluctuant. Attention, si vous payez en euros, on ne vous rendra pas la monnaie. Ayez l'appoint!

Cartes bancaires

La **République de Chypre** étant un pays de la zone euro, vous pouvez y effectuer vos retraits et paiements par carte (Visa, MasterCard, etc.) comme vous le feriez en France. Inutile d'emporter des sommes importantes en liquide. Tous vos paiements par carte sont gratuits, et vos retraits sont soumis aux mêmes conditions tarifaires qu'en France (ils sont donc gratuits pour la plupart des cartes bancaires).

Elles sont très largement acceptées chez les commerçants, dans les restaurants et dans les hôtels. La carte Visa est de loin la plus répandue. Vous trouverez dans toutes les grandes villes des distributeurs de billets à chaque coin de rue acceptant les cartes Visa et Eurocard/MasterCard.

Dans la **zone occupée**, les cartes de paiement sont également largement acceptées dans les établissements touristiques. Les **bureaux de change**, tout comme les **distributeurs de billets**, sont nombreux dans les villes. Restez tout de même très vigilants lorsque vous utilisez votre carte de crédit dans la zone nord (voir p. 186).

Renseignez-vous auprès de votre banque avant de partir pour vous assurer que vos **plafonds de retrait et de paiement à l'étranger** sont activés et connaître les montants hebdomadaires autorisés.

Perte ou vol de votre carte

Avant de partir, pensez à noter les 16 chiffres de votre carte bancaire, qui vous seront demandés en cas d'opposition.

Visa ☎ (+1) 303 967 1096 depuis Chypre, www.visa.fr

Mastercard ☎ 080-90569 depuis Chypre, www.mastercard.com/fr

American Express ☎ 01 47 77 72 00, www.americanexpress.com

Budget

À chacun son budget

Les prix chypriotes sont comparables aux prix pratiqués en France. Dans la partie nord, ils sont inférieurs de 10 à 20 %.

Combien ça coûte

Y aller: vols directs Paris-Larnaca à partir de 200 €. Les sites de vente de billets d'avion en ligne peuvent proposer des liaisons meilleur marché, avec escale dans la majorité des cas. Les prix seront d'autant plus attrayants que vous vous y prendrez tôt.

Hébergement: on peut trouver de grandes disparités de prix entre deux hôtels classés dans la même catégorie. Mais de manière générale, une chambre double vous coûtera de 150 à 300 € dans un hôtel luxueux, de 100 à 170 € dans un établissement de très bon confort, de 50 à 100 € dans un hôtel confortable, de 20 à 50 € dans une auberge de jeunesse ou un hôtel plus simple.

Restauration: comptez environ 20 € pour un bon repas, de 5 à 10 € pour un simple en-cas. Le prix d'une bouteille de vin varie de 15 à 30 € selon le cru et le type d'établissement.

Transports: entre 1 et 8 € pour un trajet en bus, 8 à 15 € en taxi collectif, 12 et 110 € en taxi. La location de voiture à la journée revient à environ 35 €.

Musées et monuments: la plupart des églises sont en accès libre. Le droit d'entrée des musées et sites touristiques varie entre 5 et 10 € environ dans la partie sud de l'île et entre 2 et 6 € dans la partie nord.

Hébergement et restauration

Hébergement

Chypre offre une capacité hôtelière d'environ 90 000 lits, dans des établissements de toutes catégories. C'est encore insuffisant lors des grandes migrations estivales de juillet et août. Il est prudent de réserver bien à l'avance.

Hôtels

Outre les hôtels classiques, vous trouverez de nombreux hôtels-appartements. Cette formule, qui convient particulièrement aux familles, met à votre disposition des appartements de deux ou trois pièces avec une cuisine équipée, tout en vous offrant les services classiques d'un hôtel: ménage quotidien, restaurant, bar, piscine... Vous pourrez vous informer des disponibilités hôtelières auprès des bureaux centraux de réservation de l'office de tourisme chypriote, aux aéroports de Larnaca et de Paphos.

Rens.: l'office de tourisme édite un répertoire gratuit de tous les hôtels, hôtels-appartements et pensions du pays, avec adresses, numéros de téléphone et indication de prix; une documentation indispensable pour trouver un logement vous-même.

À noter: la plupart des hôtels, de toutes

COMBIEN ÇA COÛTE ?

Voyage	Nuit	Repas complet	Transports	Musées
200€	50-100€	20€	1-8€	5-10€

catégories, consentent des ristournes durant la basse saison touristique, de mi-novembre à mi-mars, à l'exception de la quinzaine du 20 décembre au 6 janvier.

Gîtes ruraux et auberges de montagne

L'agrotourisme

Le ministère du Tourisme de Chypre a mis en place un programme destiné à promouvoir le tourisme en milieu rural. D'anciennes maisons de village ont été converties en chambres d'hôtes, gîtes ruraux ou petites auberges. On peut louer une maison entière pour une famille ou un groupe d'amis. Ces établissements offrent tout le confort moderne et privilégient un cadre traditionnel. Certains disposent d'une piscine. À la découverte de l'intérieur du pays, dont la beauté n'a rien à envier au littoral, s'ajoute le plaisir de partager au quotidien la vie des habitants. Accueil et qualité des prestations sont garantis par un label décerné par le ministère du Tourisme. Liste complète des gîtes de l'île dans les offices de tourisme et sur www.agrotourism.com.cy

Location (villas, appartements)

Près des centres touristiques. Rens. auprès du bureau de tourisme de chaque localité.

Restauration

Pour découvrir la cuisine locale, il est préférable d'éviter les restaurants d'hôtels qui servent une cuisine dite «internationale». C'est dans les innombrables **tavernes**, souvent au son d'un bouzouki, que vous découvrirez les spécialités chypriotes et, en premier lieu, les mezze, suite de hors-d'œuvre qui, à eux seuls, constituent un repas copieux (voir p. 244). Les restaurants font l'effort d'un service plus raffiné, les tavernes restent plus populaires, même s'il existe des tavernes touristiques de luxe.

RÉSERVER UN HÔTEL À CHYPRE-NORD

Pour les autorités de la République de Chypre, un séjour au nord de l'île dans un hôtel ayant appartenu à des propriétaires chypriotes grecs avant l'intervention turque de 1974, ou bâti sur un terrain dont la propriété est litigieuse, peut faire l'objet de poursuites judiciaires (peine maximale de sept années d'emprisonnement). Aucun des hôtels que nous conseillons n'est concerné par ces dispositions. Avant de réserver dans un autre établissement, consultez la liste des hôtels visés par ces dispositions sur le site Internet du ministère chypriote des Affaires étrangères : www.mfa.gov.cy (rubriques «The Cyprus Question», puis «Greek Cypriot Properties»).

Téléphone et courrier

Téléphone

Appeler Chypre depuis l'étranger

Comme en France, l'indicatif régional a été intégré au numéro.

Pour appeler Chypre depuis l'étranger, composez ☎ 00 357, puis le numéro de votre correspondant.

Appeler Chypre-Nord depuis l'étranger

Le réseau téléphonique de Chypre-Nord est intégré au réseau turc. Composez l'indicatif international de la Turquie (☎ 90), le code provincial de Chypre-Nord (☎ 392), puis le numéro de votre correspondant.

Appeler l'étranger depuis Chypre

Composez le ☎ 00, suivi de l'indicatif du pays (France 33, Belgique 32, Suisse 41, Canada 1) et du numéro de votre correspondant (sans 0 initial).

Appeler à Chypre

Pour appeler un correspondant dans la zone sud, il suffit de composer directement son numéro.

Appeler à Chypre-Nord

Composez l'indicatif international de la Turquie (☎ 90), le code provincial de Chypre-Nord (☎ 392), puis le numéro de votre correspondant.

Pour joindre un téléphone portable, composez le ☎ 0090 suivi de l'indicatif de l'opérateur, puis du numéro de votre correspondant.

Renseignements

Rens. locaux : ☎ 118 92.

Rens. internationaux : ☎ 118 94.

Courrier

Les bureaux centraux de chaque ville (Nicosie, Larnaca, Limassol, Paphos) sont ouverts du lundi au vendredi de 7h30 à 13h30. Vous y trouverez des timbres (disponibles également à la réception de la plupart des hôtels).

Tarif lettre moins de 20 g et carte postale : 0,64 €. Une lettre met trois ou quatre jours pour arriver à destination. Les boîtes aux lettres sont nombreuses et facilement identifiables : ce sont des colonnes peintes en jaune.

L'acheminement du courrier depuis la partie nord nécessite un long transit par la Turquie continentale. Mieux vaut poster son courrier depuis le Sud.

Vie quotidienne

Décalage horaire

Entre l'Europe occidentale et Chypre, il y a une heure de décalage, été comme hiver. Quand il est midi à Paris, Bruxelles ou Genève, il est 13h à Chypre.

Santé

Vaccins

Aucun vaccin n'est nécessaire avant de partir pour Chypre. La plupart des médicaments sont disponibles dans les pharmacies de l'île (mieux vaut prévoir la traduction de votre ordonnance). Si vous suivez un traitement, il est souhaitable d'emporter vos propres remèdes. Chypre a adopté les normes européennes de sécurité sanitaire, il n'y a donc pas de précautions particulières à prendre ; vous pourrez boire sans crainte l'eau du robinet ou celle que l'on vous offre immanquablement avec le café. Attention au soleil, dont les effets peuvent s'avérer cuisants.

Carte européenne

Avant de partir, demandez à votre caisse d'assurance maladie la carte européenne d'assurance-maladie (CEAM ; délai de 15 j., délivrance d'une attestation en urgence).

Cette carte européenne n'est pas reconnue dans la partie nord de l'île.

Carte européenne d'assurance maladie

7, rue Broca, 75005 Paris
📞 0811 70 36 46, www.ameli.fr

Centre des liaisons européennes et internationales de sécurité sociale (Cleiss)

11, rue de la Tour-des-Dames, 75009 Paris
📞 36 46, www.cleiss.fr

Voltage

240 V dans toute l'île. Les prises étant de type britannique, **un adaptateur est indispensable** ; la plupart des hôtels en proposent à leurs clients.

Horaires

Administrations et services publics

Ouverts toute l'année du lun. au ven. de 7h30 à 14h30 et, du 1er sept. au 30 juin, le jeu. seulement de 15h à 18h.

Banques

Ouvertes du lun. au ven. de 8h30 à 12h30. Dans les grands centres touristiques, certaines ouvrent l'après-midi les mar., mer. et jeu.

Dans la partie nord de l'île, elles sont ouvertes du lun. au ven. de 8h à 12h et de 14h à 16h ; f. l'après-midi en été.

Magasins

Les magasins sont ouverts en été (du 1er avril au 31 octobre), les lun., mar. et jeu. de 9h à 20h30 ; fermeture le mer. à 14h, le ven. à 21h30, le sam. à 17h du 15 juin au 31 août. Fermeture de 14h à 17h en hiver (du 1er novembre au 31 mars) ; fermeture les lun., mar. et jeu. à 19h, le mer. à 14h, le ven. à 20h, le sam. à 15h.

Dans la partie nord, ils sont ouverts en été de 8h à 13h et de 15h30 à 20h, en hiver de 9h à 13h et de 14h à 18h. Le dim. est le jour de fermeture.

Musées

Leurs horaires sont indiqués dans les chapitres consacrés aux visites.

Restaurants

Dans les restaurants et les tavernes, le déjeuner est en général servi de 12h à 14h30. Le dîner est proposé à partir de 19h, et jusque fort tard dans la nuit s'il s'agit d'une taverne « musicale ». Toutefois, si vous arrivez en dehors de ces horaires après une longue route, affamé et fourbu, vous pourrez toujours compter sur l'hospitalité chypriote pour ne pas vous laisser sur votre faim.

Usages et politesse

Il ne faut pas brusquer les gens en jouant au citadin

pressé: les Chypriotes sont affables et aiment parler calmement. Ne refusez pas le café que l'on vous offre. Demandez aux habitants la permission de les **photographier.** Ils vous la refuseront rarement, et c'est une excellente façon d'engager la conversation.

Respectez scrupuleusement la **forêt**; assurez-vous toujours que vous avez bien éteint votre cigarette et abstenez-vous de couper des branches de cèdre.

Dans les **monastères,** vous veillerez à avoir une tenue décente dans les endroits de culte (pas de short ni *a fortiori* de maillot de bain).

Quant aux **pourboires**, sachez que les additions des hôtels et des restaurants sont majorées de 10 % pour le service. Le pourboire n'y est donc pas obligatoire, même s'il reste apprécié.

Sécurité

La délinquance reste très faible à Chypre, et vous vous y promènerez en toute sécurité. Cependant, ne tentez pas le diable en laissant par exemple votre voiture ouverte avec portefeuille et appareil photo sur la banquette. Respectez les **interdictions de photographier** dans les bases militaires britanniques ou aux abords d'endroits considérés comme stratégiques (ligne de démarcation, notamment).

Shopping

L'**artisanat chypriote** est célèbre depuis l'Antiquité. Il dispose de salles d'exposition et de vente dans la plupart des centres touristiques. Broderie de Lefkara, tissage de Fyti (près de Paphos), poterie traditionnelle de Kornos, près de Nicosie, travail du bois ou du cuivre dans les villages (à Moutoullas, dans le Troodos, par exemple)... ce sont là quelques-unes des spécialités qui perpétuent dans l'île un savoir-faire ancestral. L'or et les bijoux en argent massif filigrané sont peu chers et vous pourrez même commander un bijou à partir du dessin de votre choix.

Un conseil: **marchandez vos achats!** La plupart du temps, une remise vous sera accordée sur votre bonne mine ou votre gentillesse. Cela dit, ne vous attendez pas à des rabais mirobolants.

Fêtes et jours fériés

Les bureaux administratifs, les banques et la plupart des commerces (sauf dans les zones touristiques) sont fermés durant les fêtes et jours fériés.

DANS LA PARTIE SUD DE CHYPRE

1er janv.: Nouvel An.

6 janv.: Épiphanie.

Février-mars: Lundi vert (fête mobile).

25 mars: fête nationale grecque.

1er avr.: fête nationale chypriote.
Avril: Pâques (fête mobile, du jeudi soir au mardi matin).

1er mai: fête du Travail.

Mai-juin: *Kataklysmos* (lundi de Pentecôte, fête mobile).

15 août: Dormition de la Vierge.

1er oct.: indépendance de Chypre.
28 oct.: seconde fête nationale grecque.

24, 25 et 26 déc.: Noël.

Pâques orthodoxes
2023: 16 avril.
2024: 5 mai.
2025: 20 avril.

À CHYPRE-NORD

1er janv.: Nouvel An.

23 avr.: journée des Enfants.

19 mai.: journée du Sport et de la Jeunesse.

20 juil.: journée de la Paix et de la Liberté.

1er août: journée de la Résistance turque.
30 août: jour de la Victoire.

29 oct.: jour de la République turque.

15 nov.: jour de la République turque de Chypre-Nord.

Fêtes musulmanes

2023: 1er jour du Ramadan: 23 mars. Grand Bayram: 29 juin.

2024: 1er jour du Ramadan: 11 mars. Grand Bayram: 17 juin.

2025. 1er jour du Ramadan: 1er mars. Grand Bayram: 7 juin.

Sports et loisirs

Faire l'inventaire des occasions de s'amuser à Chypre serait interminable, des fêtes de village où, sur la place principale, sont dressées les tables d'un banquet devant un orchestre local, aux tavernes où l'on mange et danse jusque fort tard dans la nuit au son d'un bouzouki, en passant par les innombrables boîtes de nuit de l'île. Évitez cependant les établissements appelés « cabarets » : ils sont en général destinés aux marins en goguette, aux militaires en mal de compagnie ou aux émirs qui trouvent là des distractions bien rares chez eux.

Pour ce qui concerne les sports, Chypre offre de nombreuses possibilités d'activités :

Équitation

Rens. : Cyprus Equestrian Federation 📞 22 87 21 72, www.cyef.org.cy (site en construction).

Des centres équestres sont à votre disposition à **Nicosie**, à **Limassol** et à **Paphos**.

Golf

Rens. : Minthis Hills Golf 📞 26 84 22 00, www.minthisresort.com/resort/golf-club/

La présence britannique (militaire et touristique) sur l'île a contribué à populariser ce sport. Vous apercevrez les superbes greens de la base anglaise d'Akrotiri, mais ces terrains ne sont pas accessibles au public. En revanche, signalons l'existence de trois 18-trous dans les **environs de Paphos**.

Plongée sous-marine

Rens. : Cydive – Cyprus Scuba Diving Center 📞 26 93 42 71 ou 96 00 25 14, www.cydive.com

Par la pureté de l'eau et la richesse des fonds, Chypre est un paradis pour les plongeurs, qui viennent admirer coraux, anémones de mer, éponges (il est interdit de les cueillir), poissons et coquillages. La location du matériel ne présente aucune difficulté. La recherche d'antiquités (amphores, sculptures, etc.) est considérée avec d'autant plus de méfiance qu'il est interdit d'exporter des objets d'art, depuis Chypre. En cas d'accident, l'hôpital général de Larnaca (📞 24 80 05 00) est équipé d'une chambre de décompression.

Rallye automobile

Rens. : www.cyprusrally.com.cy

Le rallye automobile annuel de Chypre, classé en quatrième catégorie dans le championnat européen, fait partie des 15 premiers rallyes automobiles mondiaux.

Ski

Rens. : Cyprus Ski Federation & Club 📞 22 44 98 37, www.cyprusski.com

Quatre remonte-pentes modernes ont été installés sur la face nord de l'Olympe et dans la « Sun Valley » du Troodos. Vous pouvez vous y procurer tous les équipements et y prendre des leçons. Une compétition annuelle est organisée par le Cyprus Ski Club de Nicosie.

Sports nautiques

Le climat fait de Chypre un endroit privilégié pour pratiquer les sports de plage tout au long de l'année : ski nautique, planche à voile, parachute ascensionnel. Ces activités sont proposées dans la plupart des hôtels de l'île et sur les plages des centres balnéaires.

Tennis et squash

Vous trouverez des courts de tennis dans toutes les grandes villes et dans la plupart des hôtels de villégiature. Le squash étant à la mode, toutes les villes et certains hôtels sont maintenant équipés.

Voile

La voile est un plaisir de roi à Chypre. La marina de Larnaca (210 anneaux), les ports de Paphos ou de Limassol offrent toutes les facilités pour la location de bateaux.

URGENCES • ADRESSES UTILES

URGENCES

Police : 📞 112. En cas d'urgence, adressez-vous toujours à la police. Ce numéro permet aussi d'appeler les pompiers.

Urgences médicales : 📞 112.

Pharmacies de garde : numéro unique pour tout le pays 📞 118 92.

LEXIQUE

L'alphabet

GREC	FRANÇAIS
Α α (alfa)	*A a*
Β β (vita)	*V v*
Γ γ (gama)	*G g (gh guttural devant les sons a, o et ou, y devant les sons i et e)*
Δ δ (delta)	*D d (prononcer dh comme le th anglais doux de* feather*)*
Ε ε (epsilon)	*E e (prononcer è)*
Ζ ζ (zita)	*Z z*
Η η (ita)	*I i*
Θ θ (thita)	*Th th (prononcer th comme le th anglais dur de* think*)*
Ι ι (iota)	*I i*
Κ κ (kapa)	*K k*
Λ λ (lambda)	*L l*
Μ μ (mi)	*M m*
Ν ν (ni)	*N n*
Ξ ξ (ksi)	*X x (prononcer ks, et gz après n)*
Ο ο (omicron)	*O o*
Π π (pi)	*P p*
Ρ ρ (ro)	*R r (prononcer roulé)*
Σ σ ou ς à la fin	*S s (prononcer s et z devant une consonne sonore) d'un mot (sigma)*
Τ τ (taf)	*T t*
Υ υ (ipsilon)	*Y y (prononcer i)*
Φ φ (fi)	*F f*
Χ χ (chi)	*X x (prononcer comme le ch allemand dur devant les sons a, o et ou; comme le ch allemand doux devant les sons i et e)*
Ψ ψ (psi)	*Ps ps (prononcer ps et bz après n ou m)*
Ω ω (omega)	*O o (prononcer o ouvert)*

La prononciation

La **syllabe accentuée** est ici typographiée en gras. Le signe de ponctuation marquant l'interrogation est le point-virgule.

La langue grecque dispose de **groupes de voyelles** qui se prononcent en une seule émission de voix:

ΑΙ αι	*AI ai (prononcer è)*
ΕΙ ει	*EI ei (prononcer i)*
ΟΙ οι	*OI oi (prononcer i)*
ΟΥ ου	*OU ou (prononcer ou)*

Dans le cas où la première des deux voyelles est accentuée, on les prononce toutes les deux, comme dans **τσάι** = *tsaï* (thé), alors que **μαχαίρι** = *machèri* (le couteau).

Les groupes **ευ** et **αυ** se prononcent *èf* et *af* devant une consonne sourde (**αυτοκίνητο** = *aftokinito*, voiture), *èv* et *av* devant une voyelle ou une consonne sonore (**αύριο** = *avrio*, demain).

Les **groupes de consonnes doubles** se prononcent comme des consonnes simples (**λλ** = ll = l), sauf dans quelques cas particuliers:

ΓΓ γγ	*GG gg (à l'intérieur d'un mot, prononcer ng)*
ΓΚ γκ	*GK gk (prononcer g au début d'un mot, ng au milieu d'un mot)*
ΓΞ γξ	*GX gx (prononcer x)*
ΜΠ μπ	*MP mp (prononcer b au début d'un mot, mb au milieu d'un mot)*
ΝΤ ντ	*NT nt (prononcer d au début d'un mot, nd au milieu d'un mot)*
ΤΣ τσ	*TS ts (prononcer ts)*
ΤΖ τζ	*TZ tz (prononcer dz)*

Les nombres

1 (masc., fém., neutre)	*ένας, μία, ένα*	*ènas, mia, èna*
2	*δύο*	*dhio*
3 (masc. et fém., neutre)	*τρεις, τρία*	*tris, tria*
4 (masc. et fém., neutre)	*τέσσερις, τέσσερα*	*tèssèris, tèssèra*
5	*πέντε*	*pèndè*
6	*έξι*	*èxi*
7	*φτά*	*èfta*
8	*οχτώ*	*ochto*
9	*εννιά*	*ènia*
10	*δέκα*	*dhèka*
20	*είκοσι*	*ikossi*
30	*τριάντα*	*trianda*
40	*σαράντα*	*saranda*
50	*πενήντα*	*pèninda*
60	*εξήντα*	*èxinda*
70	*εβδομήντα*	*(è)vdhominda*
80	*ογδόντα*	*oghdhonda*
90	*ενενήντα*	*ènèninda*
100	*εκατό*	*èkato*

Expressions et mots courants

Bonjour	*καλημέρα*	*kalimèra*
Au revoir (sing., pl.)	*χαίρε, χαίρετε*	*chèrè, chèrètè*
S'il vous plaît/de rien, je vous en prie	*παρακαλώ*	*parakalo*
Bonsoir	*καλησπέρα*	*kalispèra*
Parlez-vous français?	*μιλάτε γαλλικά*	*milatè ghalika?*
Je ne comprends pas	*δεν καταλαβαίνω*	*dhèn katalavèno*
Je suis français/e	*είμαι γάλλος/γαλλίδα*	*imè ghalos/ghalida*
Oui, non	*ναι, όχι*	*nè, ochi*
Merci	*ευχαριστώ*	*èfcharisto*
Madame (vocatif)	*Κυρία*	*Kiria*
Mademoiselle (vocatif)	*Δεσποινίς*	*Dhèspinis*
Monsieur (vocatif)	*Κύριε*	*Kiriè*
Où?	*πού*	*pou?*
Ici	*εδώ*	*èdho*
Loin	*μακριά*	*makria*
Près	*κοντά*	*konda*

Le temps

Mois	*Μήνας*	*minas*
Semaine	*(ε)βδομάδα*	*(è)vdhomadha*
Jour	*μέρα*	*mèra*
Heure	*ώρα*	*ora*
Matin	*πρωί*	*proï*
Midi	*μεσημέρι*	*mèssimèri*
Après-midi	*απόγευμα*	*apoyèvma*
Soir	*βράδυ*	*vradhi*
Nuit	*νύχτα*	*nichta*
Hier, avant-hier	*χτες, προχτές chtès*	*prochtès*
Aujourd'hui	*σήμερα*	*simèra*
Demain, après-demain	*αύριο, μεθαύριο*	*avrio, mèthavrio*

Quelle heure est-il ?	*τι ώρα είναι*	*ti ora inè?*
Lundi	*Δευτέρα*	*Dhèftèra*
Mardi	*Τρίτη*	*Triti*
Mercredi	*Τετάρτη*	*Tètarti*
Jeudi	*Πέμπτη*	*Pèmpti*
Vendredi	*Παρασκευή*	*Paraskèvi*
Samedi	*Σάββατο*	*Savato*
Dimanche	*Κυριακή*	*Kiriaki*
Janvier	*Ιανουάριος*	*Ianouarios*
Février	*Φεβρουάριος*	*Fèvrouarios*
Mars	*Μάρτιος*	*Martios*
Avril	*Απρίλιος*	*Aprilios*
Mai	*Μάιος*	*Maïos*
Juin	*Ιούνιος*	*Iounios*
Juillet	*Ιούλιος*	*Ioulios*
Août	*Αύγουστος*	*Avghoustos*
Septembre	*Σεπτέμβριος*	*Sèptèmvrios*
Octobre	*Οκτώβριος*	*Oktovrios*
Novembre	*Νοέμβριος*	*Noèmvrios*
Décembre	*Δεκέμβριος*	*Dhèkèmvrios*

En ville

À droite	*δεξιά*	*dhèxia*
À gauche	*αριστερά*	*aristèra*
Gare	*σταθμός*	*stathmos*
Office de tourisme	*γραφείο τουρισμού*	*ghrafío tourismou*
Police	*αστυνομία*	*astinomia*
Change	*συνάλλαγμα*	*sinalaghma*
Argent	*λεφτά, χρήματα*	*lèfta, chrimata*
Combien coûte... ?	*πόσο είναι…*	*posso inè... ?*
Autobus	*λεωφορείο*	*lèoforio*
Bicyclette	*ποδήλατο*	*podhilato*
Poste	*ταχυδρομείο*	*tachidhromio*
Boîte aux lettres	*γραμματοκιβώτιο*	*ghramatokivotio*
Stationnement	*στάθμευσις*	*stathmèfsis*
Timbre	*γραμματόσημο*	*ghramatossimo*
Téléphone	*τηλέφωνο*	*tilèfono*

En voyage

Avion	*αεροπλάνο*	*aèroplano*
Aéroport	*αεροδρόμιο*	*aèrodromio*
Bateau	*βαπόρι*	*vapori*
Essence	*βενζίνη*	*vènzini*
Train	*τρένο*	*trèno*
Billet	*εισιτήριο*	*issitirio*
Aller simple	*απλή μετάβαση*	*apli mètavassi*
Aller-retour	*ταξίδι με επιστροφής*	*taxidi me epistrofi*
Un billet pour...	*ένα εισιτήριο για…*	*èna issitirio yia...*
Arrêt	*στάση*	*stassi*
Carte d'identité	*ταυτότητα*	*taftotita*
Passeport	*διαβατήριο*	*dhiavatirio*
Consigne (bagages)	*φύλαξη αποσκευών*	*filaxi aposkevon*
Valise	*βαλίτσα*	*valitsa*

À l'hôtel

Hôtel	*ξενοδοχείο*	*xènodhochio*
Réservation	*κράτηση*	*kratissi*
Avez-vous une chambre?	*έχετε ένα δωμάτιο*	*èchètè èna dhomatio?*
Une chambre à deux lits	*ένα δωμάτιο με δύο κρεβάτια/ένα διπλό*	*èna dhomatio mè dhio krèvatia èna dhiplo/èna dhiplo*
Une chambre à un lit	*ένα δωμάτιο με ένα κρεβάτι*	*èna dhomatio mè èna krèvati*
Baignoire	*μπάνιο*	*banio*
Douche	*ντους*	*dous*
Salle de bains particulière	*ιδιαίτερο μπάνιο*	*idhiètèro banio*
Petit déjeuner	*πρωινό*	*proïno*
Service compris	*μαζί με το φιλοδώρημα*	*mazi mè to philodhorima*

Au restaurant

Restaurant	*εστιατόριο*	*èstiatorio*
Taverne	*ταβέρνα*	*tavèrna*
Déjeuner	*πρόγευμα*	*proyèvma*
Dîner	*γεύμα*	*yèvma*
Garçon, la carte	*γκαρσόν, τον κατάλογο*	*garson, ton katalogho*
Menu	*κατάλογος*	*kataloghos*
Donnez-moi l'addition	*δώστε μου τον λογαριασμό*	*dhostè mou ton loghariasmo*
Combien vous dois-je?	*τι σας οφείλω*	*ti sas ofilo?*
Toilettes	*τουαλέτες*	*toilètès*
Pain	*ψωμί*	*psomi*
Olives	*ελιές*	*èlyès*
Beurre	*βούτυρο*	*voutiro*
Huile	*λάδι*	*ladhi*
Vinaigre	*ξίδι*	*xidhi*
Sel	*αλάτι*	*alati*
Poivre	*πιπέρι*	*pipèri*
Sucre	*ζάχαρη*	*zachari*
Assiette	*πιάτο*	*piato*
Boisson	*ποτό*	*pioto*
Bière	*μπύρα*	*bira*
Café	*καφές*	*kafès*
Eau fraîche, froide	*φρέσκο, κρύο νερό*	*frèsko, krio nèro*
Thé	*τσάι*	*tsaï*
Vin	*κρασί*	*krassi*
Vin blanc	*άσπρο κρασί*	*aspro krassi*
Vin résiné	*ρετσίνα*	*rètsina*
Vin rouge	*κόκκινο κρασί*	*kokino krassi*
Hors-d'œuvre	*μεζέδες*	*mèzèdhès*
Œufs au plat	*αβγά μάτια*	*avgha matia*
Légumes	*λαχανικά*	*lachanika*
Pommes frites	*πατάτες τηγανητές*	*patatès tighanitès*
Poisson	*ψάρι*	*psari*
Poulpe	*χταπόδι*	*chtapodhi*
Calamars	*καλαμαράκια*	*kalamarakia*
Crevettes	*γαρίδες*	*gharidhès*
Viande	*κρέας*	*krèas*
Boulettes de viande	*κεφτέδες*	*kèftèdhès*
Brochettes de viande	*σουβλάκια*	*souvlakia*
Côtelette	*μπριζόλα*	*brizola*
Agneau	*αρνάκι*	*arnaki*

Mouton	*αρνί*	*arni*
Poulet	*κοτόπουλο*	*kotopoulo*
Spécialités	*σπεσιαλιτέ*	*spècialitè*
Courgettes farcies	*κολοκυθάκια γεμιστά*	*kolokithakia yèmista*
Feuilles de vigne farcies	*ντολμάδες*	*dholmadhès*
Salade	*σαλάτα*	*salata*
Salade aux herbes sauvages	*χόρτα*	*chorta*
Yaourt	*γιαούρτι*	*yiaourti*
Fromage	*τυρί*	*tiri*
Dessert	*γλυκό*	*ghliko*
Fruits	*φρούτα*	*frouta*
Gâteau de noix au miel	*μπακλαβάς*	*baklavas*
Glace	*παγωτό*	*paghoto*

La santé

Hôpital	*νοσοκομείο*	*nosokomío*
Médecin	*γιατρός*	*yatros*
Pharmacie	*φαρμακείο*	*farmakio*

⌄ Boîtes de loukoums Aphrodite Delights

INDEX

G

H

I-J

K

L

M

N

CRÉDITS PHOTOS

AdobeStock

ais60 : p. 127 ; Leonid Andronov : p. 73, 129 ; Galyna Andrushko : p. 102 ; anilah : p. 81 ; annapustynnikova : p. 9 (bas) ; barmalini : p. 182 (ht), 182 (bas) ; dinosmichail : p. 111 ; dudlajzov : p. 108-109 (ht), 203 ; efesenko : p. 24, 144 ; f8grapher : p. 180 ; Inna Felker : p. 220 ; fotoember : p. 227 ; Fotokon : p. 11 (bas) ; Grispb : p. 178 ; ismailgazel : p. 13 (ht) ; Julian : p. 237 ; kalyanby : p. 251 ; lightpoet : p. 136 ; Lyudmila : p. 246 ; mahout : p. 235 ; kirill_makarov :p. 57, 58, 100, 166, 176-177 ; Marcin Krzyzak : p. 46 ; mehdi33300 : p. 67 ; M-Production : p. 14 ; nejdetduzen : p. 200 ; Michalis Palis : p. 65, 123 (ht), 123 (bas) ; Panama : p. 135 ; Photojulia : p. 55 ; Ruslan Poluektov : p. 132 ; romanevgenev : p. 106, 153 ; smspsy : p. 154 ; Nikolai Sorokin : p. 120 ; Tetiana : p. 90 ; tns2710 : p. 242 ; vadim.nefedov : p. 211 ; Serg Zastavkin : p. 183.

Isabelle Cervellin-Chevallier

p. 1, 5 (ht), 83 (ht), 83 (bas).

Hemis

Jon Arnold Images : p. 13 (bas), 15, 30, 78, 112, 212, 225, 240, 243 ; Christophe Boisvieux : p. 44, 98 ; Maurizio Borgese : p. 238 ; Markos Loizou : p. 241 ; Ludovic Maisant : p. 2, 267 ; Tuul et Bruno Morandi : p. 231 ; Bruno Perousse : p. 12, 17 ; Bertrand Rieger : p. 117 ; Jacques Sierpinski : p. 245 ; Richard Soberka : p. 5 (bas), 101, 223, 232, 234.

Hemis / Alamy

Kirill Makarov : p. 28 ; Hercules Milas : p. 8 ; RedNumberOne : p. 21.

Shutterstock

Ailenn : p. 4 ; Alexilena : p. 149 ; Nina Alizada : p. 75 ; Senai Aksoy : p. 191 ; Oleg Bakhirev : p. 108-109 (bas) ; Oleksandr Berezko : p. 247 ; Capricorn Studio : p. 173 ; Joe Dejvice : p. 167 ; eFesenko : p. 37 ; f8grapher : p. 163 ; FrimuFilms : p. 71 ; Aleksei Golovanov : p. 49 ; Ioannis Ioannou : p. 43 ; Vladislav T. Jirousek : p. 192 ; Karnizz : p. 171, 175 ; Pawel Kazmierczak : p. 9 (ht) ; Konstantin Kopachinsky : p. 97 ; Dmitriy Krasko : p. 7 (bas) ; Heracles Kritikos : p. 16, 84 ; Marcin Krzyzak : p. 6, 11 (ht), 52, 141, 151, 152 ; Alexander Kuguchin : p. 61, 143 ; lisa-skvo : p. 139 ; L.Trott : p. 38 ; Magicmood : p. 10 (bas) ; Mahout : p. 142 ; kirill_makarov : p. 7 (ht), 10 (ht), 87, 99, 189, 207 ; Andriy Markov : p. 89 ; ms. Octopus : p. 228 ; Alex Ovchinnikoff : p. 103 ; Cem Ozer : p. 216 ; Irina Papoyan : p. 208 ; Dmitry Pichugin : p. 199 ; Tatiana Popova : p. 194-195 ; Michalakis Ppalis : p. 119 ; rontav : p. 157 ; ruzanna : p. 168, 248 ; Valery Shanin : p. 213 ; Sopotnicki : p. 219 ; Thanasis F : p. 62 ; trabantos : p. 76, 88, 92-93, 114-115, 197.

Cette nouvelle édition a été réalisée par Hachette Tourisme,
mise à jour par **Nathalie Mayeski** avec la collaboration de **Linda Talatas**,
sous la responsabilité de **Catherine Laussucq**.

L'édition originale de ce guide a été établie par **Serge Bathendier**,
puis revue et augmentée par **Isabelle Cervellin-Chevallier**.

Conception graphique de la couverture et de la maquette intérieure : Elsa Antoine
Illustrations de couverture : Nicolas Galkowski (agence Pekelo/www.pekelo.fr)

Hachette Tourisme
Direction : Sidonie Chollet
Direction éditoriale : Cécile Petiau
Édition : Catherine Laussucq
Cartographie : Frédéric Clémençon et Aurélie Huot
Fabrication : Liza Sacco
Contact presse : Rachida Mazef, rmazef@hachette-livre.fr
Contact publicité et partenariats : partenariat-tourisme@hachette-livre.fr

Pour nous écrire : Hachette Tourisme / Guides Évasion
58, rue Jean-Bleuzen - 92170 Vanves
evasion@hachette-livre.fr

Édité par Hachette Livre, 58, rue Jean-Bleuzen, CS 70007, 92178 Vanves cedex
Imprimé en République tchèque par Finidr

Achevé d'imprimer : avril 2023 – Dépôt légal : mai 2023
Collection n° 25 – Édition n° 1
ISBN : 978-2-01-719329-6
11-2272-7